関西学院大学研究叢書 第２０９編

抵当権と時効

草野元己

関西学院大学出版会

抵当権と時効

はしがき

一　本書は、『抵当権と時効』と題する研究書であり全体が五つの章からなるが、各章のタイトルと、それぞれの章の初出論考掲載書または掲載誌を掲記すると、以下のようになる。

第一章　抵当権と時効
〔初出：玉田弘毅先生古稀記念『現代民法学の諸問題』（信山社出版、一九九八）四五頁―八四頁〕
第二章　抵当権と時効・再論序説――最判平成一五・一〇・三一及び最判平成二四・三・一六の位置づけに向けて
〔初出：関西学院大学法政学会『法と政治』六八巻二号（松井宏興教授・西尾幸夫教授退任記念論集）（二〇一七）五一頁―一一四頁〕
第三章「抵当権と時効」問題と民法三九七条――最判平成一五・一〇・三一及び最判平成二四・三・一六の位置づけに向けて
〔初出：深谷格＝西内祐介編著『大改正時代の民法学』（成文堂、二〇一七）一〇五頁―一三三頁〕
第四章　民法三九七条と起草者意思――「抵当権と時効」問題に関する中間的考察
〔初出：関西学院大学法政学会『法と政治』六九巻二号上（田中通裕教授・相原隆教授退任記念論集）（二〇一八）五一頁―八一頁〕
第五章「抵当権と時効」問題と近時の判例についての一考察――最判平成一五・一〇・三一及び最判平成二四・三・一六の位置づけをめぐって
〔本書における書き下ろし〕

二　そもそも、第一章の初出論文（「抵当権と時効」）が公にされたのは、右記のとおり、今から二一年前の一九九八（平成一〇）年四月であった。著者は、大学院の時以来、時効法の研究に従事してきたが、当時、大学院時代の恩師であった玉田弘毅先生の古稀を祝って記念論文集（『現代民法学の諸問題』）が刊行されることになり、著者も、同書への寄稿の栄にあずかることとなった。そこで、どのようなテーマで拙稿を献呈すべきか色々悩んだ末、先生の専門領域の一つである担保物権の中で、自分の研究テーマである時効が関わる問題を追究すべきという考えにたどり着き、その結果選んだのが、民法三九六条や三九七条が規定する抵当権の時効に関する問題であった。

本論文で、著者は、これら条文が規定する時効の存在理由を考察するとともに、その沿革を旧民法及びボアソナード草案にまで遡って探究したが、特に三九七条については、それが旧民法債権担保編の二つの条文を併せて引き継いだものであるということを根拠に、次のような解釈を提言した。すなわち、同条は、①抵当不動産の第三取得者が長期の占有をした場合の抵当権の消滅を定める規定であるとともに、他方で、②登記簿上抵当権が付けられている不動産について取得時効が完成した場合の抵当権の消滅を定めた規定である、そして、②に関しては、抵当権の消滅は不動産占有者の時効取得の反射効によるものであるため、この効果は、当該不動産の長期占有者によって、時効の存在理由に適合した取得時効の援用がなされた場合にのみ認められるべきものである、と。

ところで、右述のような時効の存在理由を尊重する解釈論を展開した場合、一方で、不動産の原所有者Aから、Bが売買等によりその所有権を譲り受けて占有を開始したが未登記のままでいたところ、その後、もう一方で、AがCのために、当該不動産の上に抵当権を設定し、その登記も済ませてしまったといった二重の物権変動行為がなされたとき、Bは時効取得による抵当権の消滅を主張できないのか、換言すれば、二重の物権変動における未登記第一譲受人は、いくら長期間占有しても、時効によって救済されないことになるのか、もしそうだとすれば、長年月の占有者を救済する法的手段はほかにないのか、ということが問われることは必定のことと言えよう。

しかしながら、第一章初出論文の段階では、このような事案については、単に「対抗問題の原則に戻り、民法一七七条が適用されてしかるべきであろう」と述べたに過ぎず、それ以上突き詰めた論究を行うには至っていなかった。そして、以後、著者は、「抵当権と時効」のテーマをめぐって、〔1〕最判平成一五・一〇・三一判時一八四六号七頁、金判一一九一号二八頁、〔2〕最判平成二三・一・二一判時二一〇五号九頁、金判一三六五号一八頁に関する判例研究は行ったものの、取得時効に関するほかの課題にかかわっていたこともあり、より深くまとまった形の研究成果は何も著さないまま年月を経るにまかせていた。

三　さて、二〇一二（平成二四）年四月から一年間、著者は、勤務校たる関西学院大学の「学院留学」で、パリ第二大学へ客員研究員として留学したのであるが、留学を終えて帰朝後、著者の眼前に立ち現れたのが、ちょうど渡仏をした月に出された〔3〕最判平成二四・三・一六民集六六巻五号二三二一頁であった。というのは、この判決は、まさに第一章初出論文で未解決とされた問題に密接に関わる事案を扱うものであり、この点からして、同判決が提起する問題に応接すべきことは必要不可欠のことと考えられたからである。

そこで、著者は、新しく出現した判例の下で「抵当権と時効」の問題を再考し解明していくというミッションを果たすべく、そのための論考を、関西学院大学法政学会『法と政治』六七巻一号（塚本和彦教授・安井宏教授退任記念論集）（二〇一六）で公表せんと試みてみた。しかし、残念ながら、準備不足のためそれは断念せざるを得ず、ようやく、二〇一七（平成二九）年八月発表の第二章初出論文で、その計画したところの一部を公にしたが、本論考は、「取得時効と登記」に関する判例理論は既にその限界が露呈しているのであり、「抵当権と時効」

の問題においても、もはや同理論を前提とした解釈を採ることは許容されない、ということを主張するものであった。

次いで、同年一二月、右ミッションの継続課題として、著者は、第三章初出論文にあたる「『抵当権と時効』問題と民法三九七条」と題する論考を成文堂発行の『大改正時代の民法学』に掲載した。本論文では、民法三九七条の趣旨とそれが適用される法律関係について、まずは諸学説を検討し、その上で、旧民法以来の沿革を主たる根拠に、第一章初出論文で開陳した同条の重層的解釈を再確認している。ちなみに、前記〔1〕判決と〔3〕判決は、どちらも、不動産の自主占有者の占有開始後、当該不動産の所有名義人によって第三者のために抵当権が設定されたが、占有者が占有開始時以降、取得時効の要件を充たす期間を超えて占有を継続した事案に関するものである。しかし、そうだとするならば、これら事案は、二であげた①の場合には該当しないことになり、②に当てはまるかどうかだけが問題になると思量される。だが、本論文では、この点の具体的検討に入るには未だ至らず、それについては、後の考察に委ねることになった。

ところで、前述のように、民法三九七条は旧民法債権担保編二九六条と二九七条の両条を継受したものであるため、現行民法三九七条を解するにあたっては、その沿革に従い、旧民法の二つの条文それぞれの趣旨に基づいた両様の解釈がなされるべきであるというのが著者の見解である。しかし、現行民法の起草者によって二つの条文が一つに併合されたことを鑑みれば、その統合には相当の根拠があるとも考えられるわけであるから、一つの条文を二通りに解釈する私見には、果たして妥当性があるのか疑問が湧くところかもしれない。二〇一八年八月に公にした第四章初出論文は、この問題を解明するものであり、民法起草者が統一の理由としてあげた旧民法債権担保編二九六条と二九七条、および、同編二九六条と財産編二八七条二項（地役権の時効に関する規定）との不権衡を根拠とする主張は必ずしも合理性のあるものとは言えないということを明らかにしたものである。

四　最後に、残された問題、すなわち、「抵当権と時効」に関する近時の判例である〔1〕最判平成一五・一〇・三一と〔3〕最判平成二四・三・一六の具体的位置づけを論述するのが本書第五章である。本来から言えば、ここで扱う問題も、最初に紀要等に掲載した上で他の論考とともに一書にまとめるべきであろうが、本書の企画が二〇一八年度「関西学院大学研究叢書」に採用され、二〇一九年三月末までに出版することが義務づけられたため、右テーマについては、本書に書き下ろすことにした。

三で述べたように、右〔1〕判決と〔3〕判決は、二であげた②の場合に該当するかどうかが問題となる事案であるが、第五章では、以上二つの判決のうち、〔1〕については、境界紛争において、取得時効の趣旨に即した時効の援用がなされた事案であるため、具体的結論は別として、②の場合に適合する可能性もあるということを論じた。一方、〔3〕については、それが二重の物権変動行為の事案であるため、取得時効の存在理由とは無縁であり、②の場合に含めることはできないとした上で、むしろ、民法一八六条一項、一八八条、一七六条、一七七条の解釈により占有者を保護しうる可能性があるのではないか、ということを示唆した。もっとも、本章で繰り広げた見解はあくまでも試論であり、今後、歴史的・比較法的検証は欠かせられないのであるが、多くの批判は覚悟しつつ、現段階での愚論を示すことも意味のないことではないと考え、あえて披露してみたものである。

五　先述のとおり、本書第一章初出論文の発表から第二章初出論文が公にされるまでには、一九年の歳月が流れている。このため、第一章初出論文と第二章以下初出論文との間には、その文章の形式面でも、また、具体的内容面でも、いささかのずれが生じている。そこで、本書にまとめるに際しては、形式面については、そのずれをなくすため、第一章の文体等をできるだけ第二章以下に合わせるようにした。これに対し、内容面では、ほとんど修正を行っていない。

すなわち、第一章初出論文公表後、二〇〇四（平成一六）年に民法が現代語化され、従来の旧仮名遣い片仮名文が新仮名遣い平仮名文に改められたが、本書第一章掲載の条文は改正前の文言そのままで表記している。さらに、より重要なこととして、これより一年前、二〇〇三（平成一五）年に担保・執行法制の改正が行われ、同改正により、従来、民法三七八条以下に定められていた滌除制度に代え、新たに抵当権消滅請求（民三七九条以下）の制度が設けられたが、この点についても、本書第一章の記述を変更することは一切行っていない。第一章初出論文では、現行民法における抵当権は、実は一般に言われているほど強固な権利ではないのではないかという私見を述べ、その一つの根拠として、滌除制度の存在をあげていた。従って、その制度が廃されたということは、私見の論拠の一つが失われることになるということも懸念され、それゆえ、何らかの補足が必要ではないかと考えられないわけでもない。しかし、現在の抵当権消滅請求制度が滌除制度を根本的に変革するものではないという点も鑑み、むしろ原文の論調を崩しかねない訂正は行わず、当時の叙述をそのまま生かしておくことにした。読者諸賢におかれては、年月の経過にもかかわらず貫かれている著者の見解と、その中における多少の揺らぎを玩味していただければ誠に幸いである。

六　本書は、既述のように、二〇一八年度関西学院大学研究叢書の一冊として採択されたものである。採択されるにあたってご助力をいただいた法学部はじめ関西学院大学の皆様に感謝申し上げる。

二〇一八年一二月

大阪・梅田のビル群を見晴るかす研究室にて

草　野　元　己

抵当権と時効

目次

第一章

抵当権と時効

第一節　はじめに

一　わが民法は、その一六七条二項で、「債権又ハ所有権ニ非サル財産権ハ二十年間之ヲ行ハサルニ因リテ消滅ス」と規定するとともに、三九六条では、「抵当権ハ債務者及ヒ抵当権設定者ニ対シテハ其担保スル債権ト同時ニ非サレハ時効ニ因リテ消滅セス」と規定している。従って、これら条文の文理からすれば、抵当権も、債務者または抵当権設定者以外の者との関係では、被担保債権から独立して消滅時効にかかるのではないかとも考えられる。また、民法三九七条は、「債務者又ハ抵当権設定者ニ非サル者カ抵当不動産ニ付キ取得時効ニ必要ナル条件ヲ具備セル占有ヲ為シタルトキハ抵当権ハ之ニ因リテ消滅ス」と規定するが、この条文は、それを一瞥した限りでは、単に、債務者または抵当権設定者以外の者が抵当不動産を時効取得（民一六二条）した場合の効果に関する規定のようにも理解されないわけではない。実際、これらの点について判例や学説を参照してみると、判例（後掲〔1〕の大判）は、抵当不動産の第三取得者や後順位抵当権者に対しては、民法一六七条二項により抵当権が単独で消滅時効にかかることを認めており、さらに、従来の代表的学説である我妻説によれば、民法三九七条は抵当不動産の事実上の占有者が時効取得した場合の抵当権の消滅に関する規定である、とされる[1]。

これに対し、かねてから来栖三郎は、民法の沿革などを理由に、民法三九七条は抵当不動産の第三取得者に適用され、抵当権が被担保債権から独立して消滅するのは民法三九七条の場合のみであるという解釈を提唱してきたが[2]、著者も、基本的には、この解釈を概ね正当なものと考えている。しかし、来栖の説は、何分にも簡単な判例評釈で表されただけのものであり、従って、その詳細については、不明な点もないわけではない。

二　思うに、抵当権と時効の問題に関しては、主として次の点が論議の対象となるであろう。

① 抵当権は、債務者または抵当権設定者以外の者との関係では、民法一六七条二項により、被担保債権の消滅時効とは別に、独自に消滅時効にかかるのか。
② 抵当不動産の第三取得者や後順位抵当権者は、被担保債権の消滅時効を援用できるのか。
③ 抵当不動産の第三取得者は、民法三九七条による抵当権の消滅を主張できるのか。
④ 民法三九七条は、抵当不動産の時効取得の効果に関する規定か。また、そうだとすれば、抵当不動産を時効取得しうるのは誰か。
⑤ 民法三九七条は、時効による抵当権消滅の具体的要件を「取得時効ニ必要ナル条件ヲ具備セル占有ヲ為シタルトキハ」と一六二条に委ねている。では、この場合、占有取得者の善意・悪意は、所有権・抵当権のいずれに関してであろうか。換言すれば、時効により抵当権の消滅が認められるためには、占有取得者にはどのような主観的態様が必要とされるのであろうか。

そこで、以下においては、右の諸点を中心に、最初に、主な判例と学説を検討し（第二節）、次いで、民法一六七条二項、三九六条、三九七条の沿革を、旧民法にまで遡って考察する（第三節）。というのは、抵当権と時効の問題を解釈するにあたっては、まず第一に、これら条文が旧民法のどのような規定を承継したものか、現行民法の起草者はこれら条文をどのような意図で起草したのかなどが正確に把握されなければならないはずである。そして、それらについては、これまでもかなり紹介されてはいるが、詳細な点については依然不明な点もあり、また、判例や多くの学説においては、必ずしもこれら条文の沿革を考慮した解釈がなされていない面も見られるからである。最後に、以上の考究の結果を踏まえ、抵当権と時効に関する私見を提示することにしたい（第四節）。なお、このように沿革を遡って考察しようとするならば、本来から言えば、旧民法の母法であるフランス民法の規定をもその対象とすべきかもしれない。しかし、今のところそのための時間的余裕もないこと、さらには、現行民法の条文と旧民法のそれとの連関を精緻に探究することこそ現在の緊要な課題と考えられることなどから、フランス民法についての研究は近い将来に行うこととし、本章の叙述では、この点御寛容を願いたいと思う。

注

(1) 後注（10）参照。
(2) 後注（12）参照。

第二節　判例・学説の概要

一　判例

(1)　まず第一に、前第一節二の①に関しては、〔1〕大判昭和一五・一一・二六民集一九巻二一〇〇頁が存在する。すなわち、同判決は、抵当権は債務者及び抵当権設定者に対しては被担保債権と同時でなければ消滅時効にかからないが、抵当不動産の第三取得者、後順位抵当権者との関係では、被担保債権から独立して、民法一六七条二項により二〇年の消滅時効にかかると判示し、抵当不動産の第三取得者の抵当権消滅の主張を認容した（従って、後順位抵当権者については、傍論）。もっとも、本事案において、原告たる第三取得者が最初に援用したのは被担保債権の消滅時効であり、もしその援用が認められさえすれば、この場合わざわざ抵当権の時効を問題とする必要もなかったかもしれない。(3)ところが、当時の判例によれば、第三取得者は被担保債権の消滅時効の直接受益者でないためその援用ができないとされていたのであり（〔2〕大判明治四三・一・二五民録一六輯二二頁、〔3〕同昭和一〇・五・二八新聞三八五三号一一頁、〔4〕同昭和一三・一一・一四新聞四三四九号七頁）、〔1〕の昭和一五年大判が抵当権の時効を認めたのは、このような判例理論が背景にあったからである、とも推測される。(4)

(2)　第二に、②の点については、〔5〕最判昭和四八・一二・一四民集二七巻一一号一五八六頁により、〔2〕の明治四三年大判以来の判例は変更され、今日では、抵当不動産の第三取得者は被担保債権の消滅時効の直接受益者であるから、(5) 被担保債権の消滅時効を援用しうる、とされている。従って、このような判例の下では、抵当権の時効を肯定した大判〔1〕は、既にその先例的価値を失ってしまった、と考えられないわけでもない。(6) なお、〔5〕の最判と同趣旨の判例として、〔6〕最判昭和六〇・一一・二六民集三九巻七号一七〇一頁があり、同判決は、仮登記担保権が設定された不動産の第三取得者に被担保債権の消滅時効の援用を認めている。

（3） 第三に、③、④、⑤の点についてであるが、一般に、これらの点に関する判例としてまずあげられるのは、〔7〕大判大正九・七・一六民録二六輯一一〇八頁である。すなわち、同判決は、土地の受贈者（国）の時効取得（短期時効取得）を理由に、民法三九七条に基づき、右土地に付着した抵当権の消滅を認めたものであるが、この場合の善意・悪意は右土地の所有権についてであり、抵当権の存在についてではない、と判示する。そして、抵当権を認容して不動産を占有した場合は、抵当権が付着したままの不動産を時効取得することになる、と述べている。しかし、同判決が消滅を認めた抵当権は、受贈者が右土地の所有権を取得（未登記）した後に設定されたものであり、(7) 従って、この場合の受贈者は、③で論点とした抵当不動産（既に抵当権が付された不動産）の第三取得者には該当しない、と考えられる。なお、右述のように、〔7〕の大判は、時効取得者の占有取得時における抵当権に対する認識と時効取得との関係について判示しているが、この判示部分で問題となっている抵当権は、当該土地に付されていた別の抵当権であり、それゆえ、同判示部分は傍論に過ぎないと言えよう。

これに対して、抵当不動産の第三取得者に関する最初の大審院判例としてあげうるのは、〔8〕大判昭和一三・二・一二判決全集五輯二五九頁であり、同判決は、抵当不動産の第三取得者が抵当権の存在を承認してその不動産を占有した場合について、民法三九七条の適用を否定する。従って、同判決を単純に反対解釈すれば、同判決は、第三取得者が抵当権の存在を承認していない場合は、第三取得者にも三九七条が適用されるということを示した判決と理解すべきことになろう。しかし、同判決は、第三取得者への三九七条の適用を積極的に認めたものではないため、この判決から第三取得者一般について三九七条の適用を否定する解釈を生み出す余地が全くないわけではない。そして、この点について今日先例とされているのは、〔9〕大判昭和一五・八・一二民集一九巻一三三八頁であり、同判決によれば、民法三九七条は「所有者ニ非サル債務者若ハ抵当権設定者以外ノ者」（傍点――引用者）が時効取得した場合の規定であって、「抵当不動産ヲ買受ケ其ノ所有者ト為リタル第三取得者ニ対シテハ其ノ買受ケ当時抵当権ノ設定アル不動産ナルコトヲ知レリヤ否ヤヲ問ハス」適用しえないものとされる。

以上の大審院の判例に対し、〔10〕最判昭和四三・一二・二四民集二二巻一三号三三六六頁は、抵当権の実行により抵当不動産が競落された事案において、抵当不動産の第三取得者（未登記）も当該不動産を民法一六二条に基づき時効取得できることを認める。そして、このような前提の下で、第三取得者がその占有している不動産に抵当権が設定されていることを知り、または不注意により知らなかった場合でも、民法一六二条二項にいう善意・無過失の占有というを妨げない、と判示している。もっとも、この最判の事案では、第三取得者が時効取得したとされるのは既に競落された不動産である。従って、この事案と抵当権の消滅を規定した民法三九七条とは直接関係がないと考えれば、〔9〕の昭和一五年八月大判と〔10〕の最判とは、必ずしも矛盾しないということになろう。しかし、民法一四四条の定める時効の遡及効によれば、第三取得者はその占有開始時に時効取得したことになるはずであるが、〔10〕の事案でも、第三取得者の占有開始時における当該不動産はまだ抵当権が付着した不動産である。そうすると、〔10〕の事案においても、第三取得者の時効取得と抵当権の消滅との関係は問題とならざるを得ず、この結果、〔9〕との矛盾はやはり存在するということが明らかとなるであろう。

二　学説

（1）　まず第一に、①の点について、通説は、債務者または抵当権設定者以外の者に対しては、被担保債権の消滅時効とは別に、抵当権が独自に消滅時効にかかることを認める。そして、その時効期間は、民法一六七条二項により二〇年とされる。もっとも、このような解釈を採る説の中にも多少のニュアンスの違いはあり、例えば柚木馨は、抵当権が債権とは別個の権利であることを理由に、抵当権のみが消滅時効にかかる場合があることも当然とした上で、債務者及び抵当権設定者との関係でその例外を定めた民法三九六条は信義則に基づく規定である、と論ずる。(8)　また、清水誠は、債務者や抵当権設定者は担保信用取引の直接の当事者であるから「抵当権のみの時効消滅の主張を認めるべきでない」が、抵当不動産の第三取得者や後順位抵当権者らは右「担保信用関係の直接の当事者ではない」から、「被担保債権の帰すうがどうであろうと、別個の立場で抵当権の消滅を主張できてよい」とその理由を述べている。(9)　これに対して、我妻榮は、抵当権はその担保物権としての性質から単独で時効にかからないのが本来の姿であり、三九六条は「この当然の事理を」債務者及び抵当権設定者について定めたものと主張するが、抵当不動産の第三取得者や後順位抵当権者に対しては、判例に従い、抵当権の時効消滅を認めるのが簡明であり必ずしも不当とは言えない、と論述する。(10)(11)

以上の通説に対して、来栖は、フランス民法、旧民法以来の沿革から、民法三九六条、三九七条を両条で一体のものと捉え、「三九六条は抵当不動産が債務者及抵当権設定者の手許に留つてゐる限りは被担保債権と独立に抵当権だけが時効に因つて消滅することはないとの意味であり」、一方、「抵当不動産が第三者の手中に帰した場合には抵当権が被担保債権と独立に消滅することがあるが」、その要件を規定したのが三九七条であり、従って、「抵当権が被担保債権と独立に消滅するのは三九七条の規定する場合のみ」である、と主張する。[12] このように、来栖は、沿革に基づき両条を解釈するのであるが、その結果、通説と異なり、抵当不動産の第三取得者や後順位担保権者との関係でも、抵当権が民法一六七条二項の消滅時効にかかることを否定するのである。また、有泉亨は、抵当権はそれが登記され有効に「交換価値の上に坐つてゐる」（傍点——原文）限り「行使されてゐる」ことになるという理由で、一六七条二項により抵当権が消滅することを否定し、「第三九七条が抵当権の時効に因つて消滅する唯一の場合」である、と主張している。[13]

(2)　第二に、②の点についてであるが、学説は、時効の援用権者を、「時効によって直接権利を取得しまたは義務を免れる者の他、この権利または義務に基づいて権利を取得しまたは義務を免れる者」[14]（傍点——原文）とか、直接・間接を問わず、「時効によつて当然に法律上の利益を取得する者」[15]とか、「当該の訴訟上の請求について時効の主張をなす法律上の利益を有する者」[16]といったように、様々に定義している。しかし、そのような差異にもかかわらず、今日、時効の援用権者は広く認められており、抵当不動産の第三取得者が被担保債権の消滅時効を援用しうるという点については、学説上ほぼ異論がないものといえよう。[17]

(3)　第三に、③、④、⑤の点については、まず、民法三九七条が抵当不動産の時効取得の効果を定めた規定かどうかが各学説の最初の分岐点となろう。そして、通説は、抵当不動産が時効取得された場合、それは原始取得であるから、その反射的効果として当該不動産上の抵当権も消滅するが、三九七条はこの当然の事理を規定するとともに、債務者や抵当権設定者にまでこの効果を及ぼすことが不合理であるため、これらの者を同条の適用から除外する規定である、と説明する。[18] しかし、ここで次に問題となるのが、この時効取得による抵当権の消滅を抵当不動産の第三取得者が主張できるかどうかという点である。そして、この点について、我妻は、〔9〕の昭和一五年八月大判に従い、第三取得者に対する三九七条の適用を否定し、その結果、三九七条が適用されるのは、外形上も取引行為がなく事実上抵当不動産を占有した者が完全な所有権を時効取得するという稀な場合に限られる、と論ずる。[19] なお、我妻は、前述のように、「そのほうが簡明であ」るということのみを理由に右判例に従うのであるが、この点、川井健は、「第三取得者は抵当権の負担を覚悟すべき立場にあり、物上保証人に準じて扱ってよい」から、という実質的根拠を述べる。[20] これに対し、柚木は、「自己の所有物たることの確証ある者にも取得時効の援用」が認められているということを根拠に、第三取得者にも時効取得による抵当権の消滅を肯定し、このことにより「『所有者ニ非サル』者の時効取得の利益と権衡を保ちうる」ことになる、と主張している。[21]

以上に対して、来栖は、民法三九七条の「抵当不動産ニ付キ取得時効ニ必要ナル条件ヲ具備セル占有ヲ為シタルトキ」という表現をも根拠に、[22] 同条が取得時効の効果に関する規定であることに疑問を提示し、前述のように、三九七条は抵当不動産が第三取得者の占有に帰した場合の規定であり、抵当権が被担保債権から独立して時効消滅するのは同条の規定する場合だけである、と述べる。[23] そして、同条により抵当権が時効消滅する期間に関しては、第三取得者が抵当権の存在について善意・無過失であるか否かによって一〇年または二〇年となることを示唆する。[24][25] また、星野英一は、三九六条・三九七条の関係を来栖と同様に捉えるが、第三取得者が抵当権について悪意の場合は、「抵当権つき不動産を時効取得する」ものと叙述している。[26] さらに、石田穣は、来栖説に基本的に賛成するが、第三取得者が取得時効に必要な条件を具備して抵当不動産を占有するという要件を、「抵当権の否認を抵当権者に表示し所有の意思を持って占有す」ることと解する。[27] 従って、石田の説によれば、第三取得者が抵当権の存在を容認している場合、あるいは、抵当権の存在を否認してはいるもののそのことを抵当権者に表示していない場合には、抵当権は消滅しないことになろう。なお、前述のように、有泉も、三九七条は抵当権が時効によって消滅する「唯一の場合」であると解しているが、〔9〕の昭和一五年八月大判については、抵当権が「登記簿上で行使されてゐる」ということを理由に、抵当権の消滅を否定したその結論には賛成しているの。[28] しかし、未登記の抵当権は第三取得者に対抗できないのであるから（民一七七条）、有泉の論理に従えば、第三取得者に対抗しうる抵当権はすべて時効にかからないことになり、結局のところ、第三取得者は、三九七条によっても抵当権の消滅を主張できないことになろう。

最後に、清水は、来栖と同様、民法三九七条は「第三取得者が自己の所有権取得を前提としながら、さらに占有継続を根拠として抵当権の消滅を主張することを認めたものであ」り、そのための期間としては、「第三取得者の抵当権についての善・悪意によって」一〇年と二〇年に区別される、とその説を展開する。[29] しかし、清水は、このほか、抵当不動産が民法一六二条により時効取得され、その反射的効果によって抵当権が消滅することも当然の事理と解し、[30] 抵当不動産の第三取得者も、「所有権の立証に困難を感じた場合」や「登記欠如による対抗不能などの場合に」、一六二条による取得時効を主張できるものとする。[31] 従って、先述したところも含めて清水の見解をまとめると、第三取得者が抵当権の消滅を主張する方法としては、(i)被担保債権の消滅時効、(ii)抵当権独自の消滅時効（民一六七条二項）、(iii)抵当不動産の取得時効（民一六二条）、(iv)民法三九七条による抵当権の消滅の四つの主張方法が可能性として存在することになろう。[32]

注

(3) 同旨——来栖三郎・判民昭和一五年度(有斐閣、復刊、一九五四)一一七事件四六五頁。
(4) この点を示唆するものとして、我妻榮=有泉亨(清水誠補訂)『コンメンタール担保物権法〔新版〕』(日本評論社、一九九七)一七二頁参照。
(5) 但し、この「直接」受益者という概念があいまいで、時効の援用権者を画する明確な基準にはなりえないことを指摘するものとして、柚木馨『判例民法総論下巻』(有斐閣、一九五二)三五二頁、川井健「判批」民商五八巻五号(一九六八)一三四頁、同『民法概論1』(有斐閣、一九九五)三六六頁、山田卓生「〔5〕判決判批」ジュリ増刊『民法の判例第三版』(一九七九)四九頁、幾代通『民法総則〔第二版〕』(現代法律学全集5)(青林書院新社、一九八四)五三七頁、松久三四彦「時効の援用権者」北大法学論集三八巻五=六合併号(下)(一九八八)一九五頁以下、同「判批」判評三八八号(一九九一)一四頁以下(判時一三七九号一六〇頁以下)、米倉明「〔6〕判決判批」法協一〇七巻一二号(一九九〇)一三七頁以下、拙稿「判批」ジュリ一〇一六号(一九九一)一一三頁等。
(6) 同旨——槇悌次『担保物権法』(有斐閣、一九八一)二四四頁、遠藤浩編『基本法コンメンタール〔第四版〕物権』(別冊法セ)(日本評論社、一九九六)二七四頁〔槇〕。
(7) この点を指摘するものとして、原島重義「後掲〔11〕判決判批」民商五八巻二号(一九六八)一二三頁。
(8) 柚木馨=高木多喜男『担保物権法〔第三版〕』(法律学全集19)(有斐閣、一九八二)四二〇頁以下、柚木「〔9〕判決判批」民商一三巻二号(一九四一)九九頁。同旨——柚木編『注釈民法(9)物権(4)』(有斐閣、改訂版、一九七二)二三三頁〔柚木馨=小脇一海〕。
(9) 清水「抵当権の消滅と時効制度との関連について」加藤一郎編『民法学の歴史と課題』(東京大学出版会、一九八二)一八一頁。
(10) 我妻『新訂担保物権法』(民法講義Ⅲ)(岩波書店、一九六八)四二二頁以下。
(11) このほか、債務者または抵当権設定者以外の者に対して、民法一六七条二項による抵当権独自の消滅時効を認める学説として、川井『担保物権法』(現代法律学全集7)(青林書院新社、一九七五)三九頁以下、同『民法概論2』(有斐閣、

一九九七）四九六頁以下、松坂佐一『民法提要物権法』（有斐閣、第四版・増訂、一九八四）三七〇頁、鈴木直哉「抵当権と時効制度」高島平蔵教授古稀記念『民法学の新たな展開』（成文堂、一九九三）三〇〇頁、三一六頁、鈴木禄弥『物権法講義四訂版』（創文社、一九九四）一九一頁、我妻＝有泉（清水補訂）・前掲注（4）一七二頁以下等。

(12) 来栖・前掲注（3）一一七事件四六六頁。なお、同・判民昭和一五年度七六事件三〇三頁以下も参照。

(13) 有泉「〔1〕判決判批」民商一三巻五号（一九四一）一〇二頁以下。

(14) 我妻『新訂民法総則』（民法講義Ⅰ）（岩波書店、一九六五）四四六頁。

(15) 柚木・前掲注（5）三五二頁。

(16) 川島武宜『民法総則』（法律学全集17）（有斐閣、一九六五）四五四頁。

(17) その他の学説として、川島編『注釈民法(5)総則(5)』（有斐閣、一九六七）四七頁〔川井〕、川井・前掲注（5）概論1三六七頁、幾代・前掲注（5）五三九頁、松久・前掲注（5）北法二一一三頁、石田穣『民法総則』（悠々社、一九九二）五五〇頁、鈴木（直）・前掲注（11）三六頁、我妻＝有泉（清水補訂）『コンメンタール民法総則〔新版〕』（日本評論社、一九九六）二九五頁等。反対説として、野村豊弘「〔5〕判決判批」法協九二巻九号（一九七五）一七五頁以下。

(18) 柚木＝高木・前掲注（8）四二一頁、柚木編・前掲注（8）注民(9)二三四頁〔柚木＝小脇〕、川井・前掲注（11）担保一四〇頁、同・前掲注（11）概論2四九七頁、松坂・前掲注（11）三七〇頁、高木『担保物権法〔新版〕』（有斐閣、一九九三）二七七頁、鈴木（直）・前掲注（11）三〇二頁、鈴木（禄）・前掲注（11）一九一頁。

(19) 我妻・前掲注（10）四二一頁以下。同旨——川井・前掲注（11）担保一四〇頁、同・前掲注（11）概論2四九七頁以下、鈴木（直）・前掲注（11）三一〇頁以下（特に三一三頁）、三一六頁以下。丸山英気『物権法入門』（有斐閣、一九九七）四二六頁。なお、近江幸治『担保物権法〔新版〕』（弘文堂、一九九二）二三九頁は、我妻説を支持した上で、「抵当不動産が未登記（抵当不動産の第三取得者への所有権移転が未登記という意味か——引用者）で対抗力を有しないものならば、取得時効を抗弁として提出できるのであって、第三取得者は時効取得しうることになる」、と論じている。

(20) 川井・前掲注（11）担保一四〇頁。ほぼ同旨——同・前掲注（11）概論2四九八頁。

(21) 柚木＝高木・前掲注（8）四二二頁以下。同旨——遠藤「〔10〕判決判批」民商六一巻五号（一九七〇）一〇九頁。なお、鈴木（禄）・前掲注（11）一九一頁以下は、第三取得者による抵当不動産の時効取得を認めた上で、「第三取得者は、抵当権の存在をその登記によって知って承認したうえで（……）譲受けたものとみられる」から「抵当権は存続する」、と主張する。また、内田貴『民法Ⅲ』（東京大学出版会、一九九六）四二六頁以下は、未登記の第三取得者について一〇年の短期取得時効を認めるが、抵当権の存在を登記により知っている以上、第三取得者は「抵当権の負担付の所有権しか取得でき」ず、抵当権の負担を免れるためには、二〇年の長期取得時効によるべきものとする。

(22) 来栖・前掲注（12）七六事件三〇四頁。

(23) 前注（12）参照。

(24) 来栖・前掲注（12）七六事件三〇四頁参照。

(25) 同旨――道垣内弘人『担保物権法』（三省堂、一九九〇）一八六頁。古くは、岡松参太郎『註釈民法理由中巻』（有斐閣書房、九版、一八九九〔初版、一八九七〕）〔信山社出版、復刻版、一九九一〕五八一頁以下。但し、岡松は、民法三九七条を、第三取得者が時効取得する場合の規定と捉えている。

(26) 星野英一『民法概論Ⅱ』（良書普及会、合本再訂、一九八〇）二九三頁。

(27) 石田・前掲注（17）六三五頁。

(28) 有泉・前掲注（13）一〇五頁。

(29) 清水・前掲注（9）一八一頁。

(30) 清水・前掲注（9）一六九頁以下、一八一頁。

(31) 清水・前掲注（9）一八四頁以下。

(32) なお、槇は、一方で、抵当不動産の第三取得者など「抵当権の負担を前提として目的不動産上に権利を取得した者」については、「信用と担保の取引の事実上の部分的な承継者と規定してよく」、債務者や物上保証人と特に区別する必要がないとして、民法一六七条二項の適用を否定する（槇・前掲注（6）二四五頁）。しかし、もう一方で、槇は、取得時効が「取引の補完や予備としての」役割を与えられている実情の下では、「一旦抵当不動産の所有者より目的物を承継取得して、抵当権の負担を引受けるべき地位に立たされた者は、占有の継続だけで抵当権の負担を脱する論理的根拠がな」いとして、第三取得者への民法三九七条（槇は三九七条を、取得時効による抵当権の消滅に関する規定と理解する〔同頁〕）の適用を否定している（同二四六頁）。従って、以上の槇の説を総合すると、抵当不動産の第三取得者は、一六七条二項、三九七条のいずれによっても、抵当権の消滅を主張できないということになろう。

第三節　現行条文の沿革——旧民法との関連で

周知のように、現行民法は旧民法の修正として立法されたものである。(33)従って、現行民法の各条文の立法趣旨を探究する場合、まず第一に問題となるのは、各条文が旧民法のどの条文を承継し、起草者等のどのような意図によりどのように修正されたか、また、旧民法の規定と現行民法の規定との間に断絶があるとすれば、現行民法独自の規定がどのような経過でどのような理由により設けられたかであろう。そこで、本節では、この問題を現行民法一六七条二項、三九六条、三九七条の順に、考察してみることにする。

一　一六七条二項

（1）まず、旧民法の修正案すなわち現行民法案を審議した法典調査会の審議過程から検討すると、現行民法一六七条はこの段階では一六八条とされており、起草委員から提出された当初の一六八条案は、「財産権ハ所有権ヲ除ク外特別ノ規定ナキトキハ二十年間之ヲ行ハサルニ因リテ消滅ス」という文案であった。(34)そして、梅謙次郎起草委員によれば、同条案は旧民法証拠編一五〇条、(35)一五五条を修正したものとされるが、(36)その修正点としては、①時効期間を三〇年から二〇年に短縮したということ、②旧民法証拠編一五〇条が義務（債務）の免責時効、一五五条が「遺産請求ノ訴権」（現行民法〔八八四条〕の相続回復請求権）の時効に関する個別的規定であったのに対し、一六八条案は所有権以外の財産権全般を対象とする消滅時効の原則的規定として立案されたこと、の二点があげられよう。[37] ところが、この原案に対しては、箕作麟祥委員から、一六八条案の文言を「所有権以外ノ財産権ハ二十年間之ヲ行ハサルニ因リテ消滅ス」と変更すべしとする意見が出され、[38] これを採決したところ、右調査会においては、箕作委員の修正案が採択されることになった。[39]

次に、現行民法案（前三編）は法典調査会の案を政府原案として第九回帝国議会（一八九六〔明治二九〕年）に提出され、右記一六八条案は一六七条に繰り上げられたものの、箕作案がそのまま衆議院に上程された。[40] しかし、衆議院の民法中修正案委員会では時効期間を二〇年から一〇年に短縮すべしとする修正意見などが出され、[41] 最終的には、条文を二項に分け、債権の消滅時効は一〇年（一項）、「債権又ハ所有権ニ非サル財産権」の消滅時効は二〇年（二項）とする案が確定された。[42] そして、この案は衆議院で可決され、貴族院も通過し、その結果、現行民法一六七条の規定が成るに至った。[43]

（2） 以上が現行民法一六七条の制定経過であるが、右述のように、現行民法一六七条の前身である旧民法の規定すなわち証拠編一五〇条、一五五条は個別的な時効規定であるため、本章の論点に関わる現行民法一六七条二項の財産権に抵当権が含まれるかどうかという点については、ほとんど参考にすることができない。従って、この点に関しては、現行民法起草者の意思が大きなウエートを占めるとも考えられよう。

そこで、右の点に関する起草者の主張を検討していくと、まず法典調査会において、梅委員は、所有権以外の財産権に所有権の支分権が含まれると説明し、その例として地役権や地上権をあげている。[44] また、衆議院民法中修正案委員会において、同じく梅政府委員は、「物権デアラウト人権（債権——引用者注）デアラウト、所有権以外ノ財産権ハ二十箇年行ハナケレバ消滅シテシマフト斯ウ云フコトニシタ、……」と説明している。[45] 要するに、右委員会で債権については別に一〇年の時効期間が設けられたが（現行民法一六七条一項）、梅委員の以上の説明からすれば、現行民法一六七条二項はもともと所有権以外の財産権全般に関する包括的規定として構想されたものであり、抵当権もその対象と考えられていた、という推測が可能かもしれない。

しかし、法典調査会や民法中修正案委員会では、梅委員等も、抵当権についてはっきりと言及しているわけではない。[46] とすると、この点について起草者の意思をさらに詳しく知るためには、起草者の著書などを検討してみる必要があると考えられる。そこで、これに関する梅の著書を参照してみると、梅は、その『訂正増補民法要義巻之二』の三九七条の注釈において、「債務者又ハ抵当権設定者ニ非サル者ニ付テハ」「抵当権モ亦第百六十七条第二項ニ定メタル一般ノ消滅時効ニ因リテ」被担保債権から独立して「消滅スルコトアルヘシ」と明確に述べているのである。[47] 従って、現行民法起草者の意図からすれば、財産権一般について消滅時効に関する規定があるのは言うまでもないことであり、抵当権もその規定に基づき時効消滅することになる、と考えられないわけでもない。[48]

（3）　だが、ここで我々が再考すべきはむしろ、なぜ旧民法には財産権全般の時効に関する規定がなかったのか、という点ではなかろうか。すなわち、旧民法においては、各権利・義務について必要に応じそれぞれ時効の規定が設けられていたのであり、抵当権の場合は、債権担保編二九五条以下の条文がまさにそのための規定だったのである。

しかし、そうだとするならば、現行民法においても、これら条文を承継した三九六条、三九七条を、抵当権の時効に関する唯一の規定と解釈する余地がないわけではなかろう。従って、次項においては、民法三九六条、三九七条の系譜を旧民法にまで遡って検討することにより、抵当権の時効規定は、沿革的に見て本来どのような体系であるべきなのか考察していくことにしたい。

二　三九六条、三九七条

（1）そこで、これら条文についても、最初に法典調査会の審議内容から検討していくと、まず、現行民法三九六条は調査会提出案では三九一条とされ、「抵当権ハ債務者及ヒ抵当権設定者ニ対シテハ債権ト同時ニ非サレハ時効ニ因リテ消滅セス」と、現行民法とほぼ同様の文案が考えられていた。(49) そして、梅委員によれば、同条案は旧民法債権担保編二九五条一項（「抵当ノ時効ハ不動産カ債務者ノ資産中ニ存スル場合ニ於テハ債権ノ時効ト同時ニ非サレハ成就セス」）に修正を加えたものであるとされるが、その修正の理由としては、旧民法の規定では「債務者ナラザル者ガ抵当権ヲ設定シタ場合」に対処できないことなどがあげられている。(50)

次に、現行民法三九七条は調査会提出案では三九二条とされ、「債務者又ハ抵当権設定者ニ非サル者カ抵当不動産ニ付キ取得時効ニ必要ナル条件ヲ具備シタル占有ヲ為ストキハ抵当権ハ之ニ因リテ消滅ス」と、これも現行民法とほぼ同様の文案が考えられていた。(51) そして、同条案は旧民法債権担保編二九六条（本文「抵当不動産ノ所有者タル債務者カ其不動産ヲ譲渡シテ取得者又ハ其承継人カ之ヲ占有スルトキハ登記シタル抵当ハ抵当上ノ訴訟ヨリ生スル妨碍ナキニ於テハ取得者カ其取得ヲ登記シタル日ヨリ起算シ三十个年ノ時効ニ因リテノミ消滅ス」）と二九七条（一項「真ノ所有者ニ非サル者カ不動産ヲ譲渡シタルトキハ占有者ハ其善意ナルト悪意ナルトニ従ヒ所有者ニ対シテ時効ヲ得ル為メニ必要ナル時間ノ経過ニ因リ抵当債権者ニ対シテ時効ヲ取得ス」）とを併せたものとされるが、(52) 両条を統合した改正案を調査会に提出した理由を、梅委員は、以下のように説明する。

すなわち、旧民法では「占有者ガ所有者カラ不動産ヲ譲受ケタ場合ト所有者ナラザル者カラ譲受ケマシタ場合トヲ区別シテアル」が、右掲のように、不動産を真の所有者から譲り受けた場合のほうが三〇年の時効期間を要するのに、非所有者から譲り受けた場合は一五年で時効にかかる可能性がある。しかし、「若シ此二ツノ間ニ区別ヲスルナラバ寧ロ反対デナケレバナラヌ」。「所有者カラ譲受ケタモノデアルナラバ……夫レハ特別ノ保護ヲ受ケルト云フコトニナルカモ知ラヌガ第二ノ場合ハ」非所有者を真の所有者と誤解して買い受けたのであるから、それ以上に保護される理由はなく、権衡を得ない。「夫故ニ寧ロ此区別ヲ廃シテ総テ取得時効ノ規則ニ当嵌マル丈ケノコトガアツタナラバ矢張リ期間モ取得時効ノ方ノ規定ニ依」るとするのがよい。そして、「抵当権ノアルト云フコトヲ知ラナイデ」不動産を取得し、なおかつ、「其知ラナイト云フノハ自分ガ登記簿ヲ見ナカツタトカ或ハ登記簿ノ写ヲ請求シタ所ガ其登記簿ノ写ノ中ニ登記官吏ノ疎漏デ抵当権ガ書イテナカツタト云フト云フヤウナ止ムコトヲ得ナイ場合ニ限ツテハ本案デハ年限ガ短クナリマシタカラ十年デ抵当権ガ消滅スルヤウニシタ方ガ宜カラウ之ニ反シテ若シ悪意デアル即チ抵当権ノアルコトヲ知リツヽ、取得シタナラバ夫レハ所有者カラ取得シタ場合デアツテモ所有者ナラザル者ヨリ取得シタ場合モ矢張リ二十年トシタ方ガ宜イト云フノデ此点ニ付テ既成法典ヲ改メマシタ」。また、旧民法では、「『所有者タル債務者』抔ト云フ言葉ガ使ツテアツテ債務者ハイツモ所有者デアルカノ如クナツテ居ルガ……債務者デナイ人カラ抵当権ヲ設定シタ場合ニ債務者ハ所有者デナイ」ということなどから、旧民法の「文字ヲ改メマシタ」、と。(53)

（2）　では、現行民法三九六条、三九七条により修正された旧民法債権担保編二九五条以下の条文は、どのような立法理由の下で規定されたのであろうか。周知のとおり、旧民法はボアソナード起草の草案に基づくものであり、その草案とそれに対する注釈は、『ボアソナード氏起稿再閲修正民法草案註釈第四編』で明らかにされている。よって、以下においては、同書により、旧民法債権担保編二九五条以下の草案（「再閲修正民法草案」と呼ぶことにする）について検討を試みることにする。

（a）そこで、まず第一に、債権担保編二九五条の草案から見ていくと、同条は、再閲修正民法草案では一八〇八条にあたる。同草案一八〇八条は債権担保編二九五条と同様、二項からなるが、その第一項は「抵当ノ時効ハ不動産カ債務者ノ財産中ニ存スル場合ニ於テハ債権ノ時効ト同時ニ非サレハ成就セス」、第二項は「右ノ場合ニ於テ債権ニ関シ時効ノ進行ヲ中断スル所為及ヒ之ヲ停止スル原由ハ抵当ニ関シテ同一ノ効力ヲ生ス」という文案であり、債権担保編二九五条とほぼ同様の内容である。そして、ボアソナードは、この草案の趣旨を次のようにいう。「蓋シ債権ノ時効ヲ中断シ又ハ時効ノ停止ノ利益ヲ有スル者ニシテ其抵当ヲ保存スルカ為メ特殊ノ配慮ヲ為サヽル可カラスト到底認メ難キ所ナリ」[54]、と。

（b）第二に、債権担保編二九六条の草案は再閲修正民法草案一八〇九条であるが、同草案一八〇九条は、「抵当不動産ノ所有者タル債務者カ其不動産ヲ譲渡シテ取得者又ハ其承継人カ之ヲ占有スルトキハ記入シタル抵当（l'hypothèque inscrite.[55] 従って、適訳は「登記をした抵当権」――引用者注）ハ抵当訴訟ヨリ生スル妨碍ナキニ於テハ取得者カ其証書ヲ登記シタル（a transcrit.[56] 従って、適訳は「謄記した」――引用者注）日ヨリ起算シ三十个年ノ時効ニ因リテノミ消滅ス但債権カ免責時効ニ因リテ其前ニ消滅ス可キ場合ヲ妨ケス」と、これも債権担保編二九六条とほぼ同様の文案が構想されている。そして、この草案は、債務者自身が抵当不動産を譲渡して、第三取得者がその占有を取得した場合に関する規定であるが、抵当権が消滅するためには、①必ず三〇年の占有期間を要するものとされ、しかも、②この期間は抵当不動産の第三取得者が謄記をした日から起算すべきものとされる。

そこで、このような要件を必要とする理由であるが、まず①の理由について、ボアソナードは、以下のように言う。すなわち、「第三握有者（le tiers détenteur：第三取得者のこと――引用者注）不動産ノ所有者タル債務者ト結約シタル場合ニ於テハ抵当ノ事ニ関シ善意ナリト謂フ可カラス何トナレハ其登記（正しくは「謄記」――引用者注）以前ノ記入（正しくは「登記」――引用者注）ニ依リ之ヲ知ルヲ得ヘク又之ヲ知ラサル可カラサルモノナレハナリ」[58]、よって、「第三取得者が抵当権を知らなかった点や彼の誠実さの点がどうであれ、いかなる場合においても、第三取得者は法律上、抵当権に関して悪意であるとみなされる」[59]、と。次に、②の理由については、ボアソナードは、以下のように説明する。すなわち、「抵当債権者は、第三取得者がその権利証書を謄記して初めて、以後抵当権は第三取得者に対して行使しなければならないということを知るのであるが、この点で、抵当債権者に対しては、唯一当該謄記のみが、第三取得者を占有者の地位に就かせることのできるものとみなされるからである」[60]、と。

（c）　第三に、債権担保編二九七条の草案は再閲修正民法草案一八一〇条であるが、同草案も、債権担保編二九七条と同様、二項からなる。そして、同草案の第一項は「若シ真ノ所有者ニ非サル者カ不動産ヲ譲渡シタルトキハ占有者ハ其善意ナルト悪意ナルトニ従ヒ所有者ニ対シテ時効ヲ得ル為メニ必要ナル時間ノ経過ヲ以テ記入シタル抵当債権者ニ対シテ時効ヲ取得ス」、第二項は「無名義ニテ不動産ヲ占有スル者ニ付テモ亦同シ」という文案であり、同草案と債権担保編二九七条とでは、債権担保編二九七条一項で同草案の「記入シタル」(inscrits：「登記をした」)[61]という語句が省かれている点を除けば、ほぼ同様の内容である。

そこで、まず同草案第一項はいかなる趣旨の条文かというと、「真ノ所有者ニ非サル者」から抵当不動産を譲り受けた第三者が、取得時効の要件を充たしたことによりその不動産の所有権を取得したとされる場合、その不動産上の抵当権はどうなるかという問題、つまり、抵当権の帰趨について規定したものと考えられよう。そして、この点について、ボアソナードは、以下のように詳説する。すなわち、「もし第三取得者が所有者について悪意であるならば、彼は抵当権の登記をした債権者に対して、自ら善意であると主張することはできず、従って、前条（草案一八〇九条――引用者）の場合と同じく、三〇年の占有を必要とする。但し、右第三取得者は権利証書の謄記によって何の権利も得られないし、その謄記が必要なわけでもないのであるから、三〇年間の起算点は権利証書の謄記の時ではなく、占有取得の時である。これに対して、第三取得者が真の所有者について善意の場合は、真の所有者の権利を知らなかった以上抵当権の存在も知らなかったのは当然であるという理由から、……、第三取得者は、真の所有者からの取戻訴権を免れると同時に抵当訴権をも免れることができる」[62]、と。また、第三取得者が善意の場合の時効起算点については、ボアソナードは、段落を変えて、以下のように言う。すなわち、「第三握有者真ノ所有者及ヒ抵当附債権者ニ対シ時効ヲ得ルカ為メ善意ヲ唱フル場合ニ於テハ時効ノ期限ハ其証書ノ登記（la transcription.[63]従って、「謄記」――引用者注）ノ日ヨリ始メテ之ヲ起算ス」[64]、と。

次に、再閲修正民法草案一八一〇条二項は占有者が権利証書を有していない場合に関する規定であるが[65]、この場合について、ボアソナードは、「権利証書を有しない占有者の場合は、所有者に対しても債権者に対しても、三〇年経過しなければ時効の利益を受けることはできない。しかし、むろん謄記は必要でない」[66]、と述べている。

（d）以上が、抵当権の時効に関する再閲修正民法草案とそれに対するボアソナードの注釈であるが、これまで見てきたように、これら草案はほとんど変更されず、旧民法債権担保編として立法化された。従って、再閲修正民法草案に対するボアソナードの前掲の注釈は、そのまま旧民法の抵当権の時効規定に関する立法理由と言っても構わない、と思われる。

注

(33) 拙著『取得時効の研究』（信山社出版、一九九六）一七頁の注（44）に掲記した文献等参照。
(34) 法務大臣官房司法法制調査部監修『法典調査会民法議事速記録一 第一回―第二十六回』（商事法務研究会、一九八三）五四一頁参照。
(35) 本文「義務ノ免費時効ハ債権者カ其権利ヲ行フコトヲ得ヘキ時ヨリ三十个年間之ヲ行ハサルニ因リテ成就ス」。
(36) 「相続人又ハ包括権原ノ受贈者若クハ受遺者ノ分限ヲシテ効用ヲ致サシムル為メノ遺産請求ノ訴権ハ相続人又ハ包括権原ノ受贈者若クハ受遺者ノ権原ニテ占有スル者ニ対シテハ相続ノ時ヨリ三十个年ヲ経過スルニ非サレハ時効ニ罹ラス」。
(37) 法務大臣官房司法法制調査部監修・前掲注（34）五四一頁以下〔梅謙次郎委員説明〕。なお、『未定稿本民法修正案理由書自第一編至第三編完』一五二頁〔廣中俊雄編著『民法修正案（前三編）の理由書』（有斐閣、一九八七）所収、二一二頁〕。
(38) 法務大臣官房司法法制調査部監修・前掲注（34）五四三頁以下〔箕作麟祥委員発言〕。
(39) 法務大臣官房司法法制調査部監修・前掲注（34）五四四頁。
(40) 廣中編著『第九回帝国議会の民法審議』（有斐閣、一九八六）二九〇頁参照。なお、『第九回帝国議会衆議院民法中修正案委員会速記録』四号（一八九六）五二頁〔廣中編著・審議所収、一四四頁〕参照。
(41) 前掲注（40）速記録四号五二頁、五号（一八九六）五三頁以下〔廣中編著・審議一四四頁以下〕。
(42) 前掲注（40）速記録一二号（一八九六）一五八頁〔廣中編著・審議二五〇頁〕、廣中編著・前掲注（40）審議一五頁以下。
(43) 廣中編著・前掲注（40）審議五四頁以下、二九〇頁参照。
(44) 法務大臣官房司法法制調査部監修・前掲注（34）五四二頁〔梅委員回答〕。
(45) 前掲注（40）速記録五号五四頁〔梅政府委員発言〕〔廣中編著・審議一四六頁〕。
(46) なお、衆議院の民法中修正案委員会で、本文所掲の梅委員の説明の後、山田泰造委員により、抵当権なども「所有権以外ノ財産権」に包含されるかという質問がなされたが、これに対して、梅委員は、「抵当ノ如キモ矢張債権ヲ行使シマセヌト、債権ノ従タル権利デアリマスカラ消滅致シマス」、と回答している〔前掲注（40）速記録五号五四頁以下〔廣中編著・審議一四六頁以下〕。しかし、この回答はあまりにも短く、そのため、その真意については、いく通りもの解釈が可能である。すなわち、①抵当権は独自に消滅時効にかからず、常に被担保債権と運命を共にする。②債務者・物上保証人に対しては、債権と同時でなければ時効消滅しない。③抵当権の付従性により被担保債権が時効消滅すれば抵当権も消滅するが、抵当権独自の消滅時効が否定されるわけではない。④債権の時効中断手続を取らなければ、抵当権の時効も中断しない。従って、梅委員の右回答をもって、民法一六七条二項の財産権から抵当権が除かれるという真意であったと断言することは困難であろう。

(47) 梅『訂正増補民法要義巻之二物権編』（法政大学＝有斐閣書房、第三一版、一九一一）〔有斐閣、明治44年版完全復刻版、一九八四〕五九〇頁。

(48) なお、同じく民法起草者である富井政章は、その著書『民法原論第一巻総論』（有斐閣、大正一一年合冊、一九二二）〔有斐閣、大正11年合冊版完全復刻版、一九八五〕において、「担保権ハ従タル権利ナルカ故ニ其担保スル債権ト離レテ単独ニ消滅時効ニ罹ルコトナシ」と述べている（六七七頁）。そこで、この記載にのみ注目すれば、富井は、民法一六七条二項の「財産権」から抵当権を除外していると見えないわけでもない。しかし、同書『第二巻物権』（有斐閣、大正一二年合冊、一九二三）〔有斐閣、大正12年合冊版完全復刻版、一九八五〕の「消滅時効ニ関シテハ抵当権ハ主タル債権ヨリモ其時効期間永キコト常ナルカ故ニ実際時効ノ適用ヲ生スルコト稀ナリトス」という叙述（六〇九頁）は、抵当権には独自の消滅時効が認められるという論理を前提としているとも考えられよう。もっとも、富井は、すぐその後で、債務者・物上保証人との関係で抵当権独自の消滅時効を認めない三九六条をあげ、これに続けて、抵当不動産が時効取得された場合は抵当権が消滅すると述べているのであるから（六〇九頁）、同所全体を通読すれば、抵当権独自の消滅時効を認めないのが富井の見解と理解されないわけでもない。

(49) 法務大臣官房司法法制調査部監修『法典調査会民法議事速記録二 第二十七回—第五十五回』（商事法務研究会、一九八四）九六一頁。

(50) 法務大臣官房司法法制調査部監修・前掲注（49）九六一頁。なお、前掲注（37）理由書三二五頁〔廣中編著・理由書三八五頁〕参照。

(51) 法務大臣官房司法法制調査部監修・前掲注（49）九六二頁。

(52) 法務大臣官房司法法制調査部監修・前掲注（49）九六二頁。

（53）法務大臣官房司法法制調査部監修・前掲注（49）九六二頁以下。なお、前掲注（37）理由書三二六頁〔廣中編著・理由書三八六頁〕参照。

（54）ボアソナード『再閲修正民法草案註釈第四編』（司法省、刊行年不明）〔五五一〕。

（55）G. BOISSONADE, *Projet de Code civil pour l'Empire du Japon accompagné d'un commentaire*, t. IV, Tokio, 1889, Art. 1309.

（56）*Loc. cit.*

（57）*Ibid.*, n°552.

（58）ボアソナード・前掲注（54）〔五五二〕。

（59）BOISSONADE, *op. cit.*, n°552. ボアソナード・前掲注（54）の訳が不明瞭な場合は、原著から直訳することにする（以下同じ）。

（60）*Loc. cit.*

（61）*Ibid.*, Art. 1310.

（62）*Ibid.*, n°553.

（63）*Loc. cit.*

（64）ボアソナード・前掲注（54）〔五五三〕。

（65）藤原明久『ボワソナード抵当法の研究』（有斐閣、一九九五）二四二頁参照。なお、再閲修正民法草案一八一〇条二項及び旧民法債権担保編二九七条二項の解釈については、次節の三（4）で詳述。

（66）BOISSONADE, *op. cit.*, n°553.

第四節　私見

前第三節で検討したように、旧民法における抵当権の時効は債権担保編二九五条以下に規定され、一つのまとまった体系を成していた、と考えられる。そして、現行民法三九六条、三九七条は、旧民法のこれらの条文を修正しつつ継受したものである。そこで、以下では、この旧民法以来の系譜を念頭に置きながら、現行民法における抵当権の時効の解釈を試みてみたい。

一　債務者及び物上保証人との関係

（1）まず、抵当不動産が債務者のもとに留まっている場合について、前述のように、ボアソナードは、債権者が抵当権の時効を中断するために債権の時効中断とは別の特別な行為をしなければならないとするならば、それは容認しがたいことである、と主張する（前第三節二（2）（a））。実際、債権の時効が中断されているにもかかわらず抵当権が時効にかかってしまう場合があるというのでは、債権者と債務者間の公平は大いに害されると言えよう。[67]

では、既に弁済等を行って自己の義務を免れた義務者の立証の困難を救済するという点に消滅時効の存在理由を求める見解に従えば、どうであろうか。この見解はボアソナードの採るところでもあり、[68]今日多くの学説が賛同するところでもある。[69]著者もこの見解に与するものであるが、[70]右述のような機能を消滅時効が持ちうる根拠は次の点にある、と考えられよう。すなわち、権利者の権利行使や義務者の承認に基づく権利の確認がなされないまま長期間が経過したということは、既にその権利が消滅している蓋然性が高いことの徴憑と理解できるからである、と。[71]

しかし、例えば債務者が弁済の猶予を懇請して債務の承認をしたような場合、債権者（抵当権者）が債務者に対して抵当権の実行を控えるのは普通のことであろうし、また、債務者は抵当権の承認をしているわけでもないから、この事例では、抵当権の行使や承認がなされていない状態が長期間継続しているということになる。ところが、それにもかかわらず、このような場合は、むしろ抵当権が存在する蓋然性の方が強いと判断される。要するに、債権者・債務者間では、抵当権の存否についての蓋然性は、債権存否の蓋然性と一致するのであり、抵当権だけが先に消滅する可能性はあまりないと考えられる。そして、そうだとするならば、抵当権の行使や承認が長期間なかったということだけを理由に抵当権を時効にかからせることは大いに疑問となろう。

これに対して、債権の行使や承認（に基づく債権の確認）が長期間行われず債権消滅の蓋然性が高い場合は、抵当権の付従性により、抵当権消滅の蓋然性も高いと思量される。従って、債務者が抵当不動産を有している場合について、「債権ノ時効ト同時ニ非サレハ」抵当権の時効が成就しないとした旧民法債権担保編二九五条は、以上の点で、誠に妥当な規定であり、また、これを継受した現行民法三九六条も、適切な条文と評価することができよう。但し、旧民法では、債権の免責時効の時効期間は基本的に三〇年であったのに対し（証拠編一五〇条）、現行民法における債権の消滅時効の時効期間は、原則として一〇年と、かなり短くなっている（一六七条一項）。そして、時効期間が短縮されれば、債権が既に消滅している可能性も低くなるわけであるから、債権消滅の蓋然性を根拠とする消滅時効の趣旨からすれば、この期間の短縮は、あまり好ましいことではないかもしれない。しかし、一〇年に期間が短縮されたからといって、それだけで必ずしも債権消滅の高度な蓋然性がなくなるわけではないから、現行民法の下においても、右述の消滅時効の趣旨は貫くことができよう。そして、このように考えるならば、現行民法においても、債権の時効が中断されず一〇年経過すれば、債権者と債務者の間では、債権消滅の蓋然性と同時に抵当権消滅の蓋然性が形成され、抵当権が時効にかかるという結論を導き出すことが可能となろう。

(2) ところが、現行民法三九六条は、債務者のみならず抵当権設定者に対する関係でも、抵当権は被担保債権と同時に時効により消滅すると規定しており、この点は、旧民法と大いに異なる点である。実際、法典調査会において、旧民法の規定では物上保証人による抵当権設定の場合をカバーできないということが旧民法を修正する理由としてあげられていたことは、前述のとおりである。従って、現行民法の下では、債務者以外の抵当権設定者も、被担保債権の債務者と全く同様に扱われることになる。

問題は、その理由であるが、債務者自身が抵当権を設定しようとも物上保証人が抵当権を設定しようとも、これは抵当権を設定する側のみの事情と一応考えられよう。それゆえ、債権者(抵当権者)の立場からすれば、そのような事情により自己の利益に差異が生ずるなどということは、認めがたいことと思われる。また、債務者が債務の承認をしたような場合、抵当権者(債権者)が改めて物上保証人の承認を求めるとか抵当権を実行するということは、通常はありえないことであろう。従って、以上の点から見れば、債務者と同様、物上保証人に対しても抵当権が独自に時効にかかることはないと規定した現行民法は、妥当な立法であるということになろう。

これに対して、物上保証人の立場からすれば、現行民法三九六条の下では、自己の関与しえない事由によって被担保債権の時効が中断された場合でも抵当権の時効を主張できない、という不利益を負わされる可能性が存在する。例えば、実際は既に債務が弁済されていたとか相殺により消滅していた、あるいは、過去に債務が免除されていたにもかかわらず、何らかの理由で債務者がそれを裁判で主張せず、債権者の請求が認容された場合とか、債務者が債務を承認したような場合、債権の時効は中断され、当初の時効期間が過ぎても債権は時効にかからないことになる。ところが、三九六条によれば、このような場合でも、物上保証人は、債権の時効のみならず抵当権の時効も主張できない、とされる。しかし、物上保証人は一般に、債務者を信頼して自ら抵当権設定者としての負担を引き受けた者であるから、このような事情と抵当権者（債権者）の利益とを比較衡量すれば、たとえ物上保証人が以上のような不利益を負わされたとしても、それはそれでやむを得ないものと言えよう。

二　抵当不動産の第三取得者との関係

（1）　次に、旧民法は、占有者がその占有する抵当不動産を真の所有者から譲り受けた場合（債権担保編二九六条）と所有者以外の者から譲り受けた場合（同編二九七条一項）とで、抵当権の時効を区別して規定していたのであるが、既述のように、現行民法はこれを修正し、両場合を併せて規定することにした（三九七条）。そして、旧民法債権担保編二九六条が前者の場合について、抵当権は「三十个年ノ時効ニ因リテノミ消滅ス」と規定していたのに対し、現行民法三九七条は、この場合も、取得時効に準じた処理を定め、法典調査会で表明された修正理由（前述〔第三節二（1）〕）等によると、抵当権の存在につき善意・無過失であったかどうかを基準に時効期間に一〇年と二〇年の差異を設けた、と説明されている。(72)

しかし、第一に、抵当権が登記されている場合、法典調査会等で無過失の例としてあげられた、登記官の過失で登記簿謄本から抵当権が欠落してしまうような事態[73]は、今日ではめったに生じないと考えられる。だが、そうだとするならば、結局のところ、既登記の抵当権については、抵当不動産の第三取得者が善意・無過失というようなことは事実上ありえないことになろう。[74]これに関して、ボアソナードは、前第三節（二一頁）で紹介したように、第三取得者は抵当権の登記により抵当権の存在を知ることができるから、「法律上、抵当権に関して悪意であるとみなされる」と主張しており、これは、大いに注目される見解である（もっとも、登記簿を見ずに取引を行うというように、自己の不注意で抵当権の存在を知りえなかったといったような場合は、端的に過失ありとすればよく、[75]現行民法の下では、わざわざ悪意とみなす構成を採る必要はない）。第二に、現行民法一七七条によれば、抵当権者が抵当権の設定を抵当不動産の第三取得者に対抗するためにはその登記をしなければならないわけであるから、第三取得者は、未登記の抵当権は無視することができる。従って、この場合は、最初から、三九七条の問題にはなりえないことになる。[76]以上を要するに、真の所有者から抵当不動産を譲り受けた第三取得者は、抵当権（既登記）の存在について常に悪意、または善意でも過失ある場合にあたり、現行民法起草者の意図にもかかわらず、第三取得者が抵当権の存在について善意・無過失であるという事態は実際上は全く生じないことになろう。

そこで、抵当不動産の第三取得者が抵当権の消滅を主張するのに必要な占有期間であるが、現行民法で修正された以上、もちろん旧民法の三〇年という期間を採ることはできない。そして、現行民法三九七条は、「取得時効ニ必要ナル条件ヲ具備セル占有ヲ為シタルトキハ」と規定するが、取得時効について定めた一六二条によると、「占有ノ始善意ニシテ且過失ナカリシトキハ」一〇年（二項）、そうでないときは、二〇年（一項）の期間が必要とされる。ところが、右述のように、抵当不動産の第三取得者は、抵当権の存在について常に悪意または過失あるものと考えられるのであるから、この場合、抵当権の消滅を主張するためには、必ず二〇年の占有期間が必要となろう。

（2）　問題は、現行民法と異なり、旧民法債権担保編二九六条は「取得者カ其取得ヲ登記シタル日ヨリ起算シ」と、第三取得者が抵当不動産の所有権の取得を登記した日を、右の時効期間の起算日と規定していた、という点である。そして、前述のように、ボアソナードの再閲修正民法草案に対する注釈によれば、旧民法が起算日をこのように定めたのは、第三取得者の登記があって初めて抵当債権者は抵当権の行使の相手を第三取得者と知ることができるからである、とされる。確かに、旧民法債権担保編二九八条一項によれば、抵当権者が第三取得者との関係で抵当権の時効を中断するには、第三取得者に「催告」などをしなければならないことになるが、そのためには、抵当権者は、第三取得者に抵当不動産の所有権が移転したということを知る必要がある。この意味で、第三取得者の登記日を起算日とした旧民法の規定は、きわめて妥当な立法であると言えよう。

しかるに、現行民法三九七条は、起算日について、特にそのような規定を設けていない。そこで、もし同条の文理解釈のみによるならば、この場合の起算日は、第三取得者が抵当不動産の占有を開始した日と解することになるのかもしれない。しかし、三八一条[*1]は、抵当権者が抵当権を実行しようとするときには、抵当権者はあらかじめ第三取得者にその旨の通知をすべきものと規定する。ところが、抵当権者の知らないうちに抵当不動産が譲渡されてしまったような場合、抵当権者がその通知をすべき第三者を了知するためには、登記による公示に依拠する必要も出てくるであろう。そして、対抗要件の点から言えば、抵当権者は、登記（あるいは仮登記）を済ました第三取得者に対してのみ通知をすればよいことになる。従って、以上のような抵当権者の利益をも勘案するならば、この場合の時効は、現行民法においても、旧民法と同様に、第三取得者が抵当不動産の取得を登記した日から進行させるのが適当と考えられる。そして、現行民法におけるその根拠条文としては、一六六条一項をあ

げることができよう。(77)

(3)　さて、以上のように考えてくると、次に問題となるのは、抵当不動産に対する第三取得者の長期占有によりなぜ抵当権の消滅が認められるのか、すなわち、民法三九七条が規定する第三取得者のための時効の根拠は何かという点である。というのは、元来抵当権というものは物権の一種として対世効があり、第三者に対しても追及力があるのだから被担保債権が存在する限り、第三取得者の占有如何にかかわらずその存続を肯定してよいと理解されないわけでもないからである。そして、この点を考察しようとするときまず第一に脳裏を掠めるのは、おそらく第三取得者の取引の安全の保護という見解であろう。しかし、抵当権が公示されない「隠れた抵当権の時代(78)」ならいざ知らず、登記制度が整備された今日、前述のように、第三取得者が抵当権（既登記）について善意・無過失ということは、実際上はありえないものと思われる。従って、そのような状況の下では、第三取得者の取引の安全は(79)、ほとんど保護に値しないと言ってよいであろう。

第二に、そもそも抵当権は担保物権とはいっても、債権が存在する限り半永久的に存続するといった強力な性質を有するものではなく、不動産の流通を促進するため(80)あるいは占有者の利用権を保護するため(81)、さらには、いつ所有権を失うかもしれない第三取得者の不安定な地位を安定化させるために(82)消滅させられることもある、という見解があげられるかもしれない。そして、この見解に従えば、民法三九七条は第三者に対する抵当権の時間的限界を時効という形で規定したものということになろう。実際、わが旧民法（債権担保編二一一条）やその母法たるフランス民法（二一五四条）においては、抵当権の登記に有効期間が定められ（旧民法においては三〇年）、その期間満了前に登記の更新がなされなければ、登記の効力（第三者に対する対抗力〔旧民債権担保編二一三条一項、仏民二一三四条一項、二一六六条〕）は失われるものとされている。*2 また、現行民法はその三七八条以下で、旧民法（債権担保編二五五条以下）に倣い、抵当権の滌除の制度を設け、第三取得者の滌除により抵当権が消滅することを認めているが、これも、現行制度における抵当権がそれほど強固な権利としては規定されていない、ということを示すものといえよう。しかし、旧民法とは異なり、現行民法では、抵当権の登記に時間的限界を課すような規定は設けられず、また、滌除制度については、抵当権の効力を弱め、現代における抵当制度の理想に反するものであるとして、学説により種々批判されていること[83]は周知のところである。そして、このように考えるのならば、沿革的にはともかく、今日の解釈論としては、有効に存在していた抵当権を弱体化させ、それによって不動産の流通の促進や利用権の保護あるいは第三取得者の地位の安定を図るといった見解は、民法三九七条の時効の存在理由として必ずしも賛成を得ることはできないのではないか、とも思われる。

では、抵当権の存在につき悪意または有過失であったにもかかわらず、抵当不動産を長期占有した第三取得者を保護する理由は、いったいどこに求められるのであろうか。以下、一つの試論を述べてみることにする。

そこで、あまたある抵当権設定の事例の中で卑近な一例に過ぎないが、例えば住宅ローン等を思い浮かべながら、抵当不動産を売却する場合を考えてみると、この場合、売主は買主から得た代金の中から残債務を弁済するか、あるいは買主が売主に代わり第三者弁済（民四七四条一項）をし、その後抵当権の抹消登記を行うことが多いであろう。それゆえ、抵当不動産の取得登記後、第三取得者が不動産を長期間占有しているにもかかわらず、その間抵当権者が抵当権の実行や第三取得者に抵当権の承認を求める行為などを行わなかった場合、万が一抵当権の抹消登記がなされていなかったとしても、それは売主や抵当権者、仲介業者、さらには登記手続を代理する司法書士の懈怠や過誤などによるのであり、抵当権はむしろ消滅している蓋然性が強いという判断も可能となってくるかもしれない。よって、このような仮定に従い試論を進めるならば、民法三九七条が規定する第三取得者のための時効は、実際は抵当権が消滅しているにもかかわらず、何らかの理由で抵当権の登記が残っており、二〇年以上という長年月の経過のため抵当権の消滅を証明できない第三取得者について、その立証の困難を救済するための制度と言うことができないであろうか。

もっとも、右述の例とは反対に、抵当不動産譲渡時に債務は弁済されず、その後債務者が債務を承認しているような場合も[84]、決して少なくはないと思われる。特に抵当不動産の代価よりも被担保債権額のほうが大きい場合はそうであろう。そして、このような場合、抵当権者（債権者）の立場からいえば、債務者の以後の弁済を信頼して、抵当権の実行を差し控えることもあろうし、あるいは、第三取得者の承認を求める行為をわざわざ行う必要もないと考えるかもしれない。しかし、第三取得者の側から見れば、債務者の債務の承認などは自己の関知しえないことがらであり、もしかすれば、実際は弁済や免除、相殺などにより債権が消滅しているにもかかわらず、債権者・債務者間の何らかの理由で承認等がなされていた可能性も想定される。そして、第三取得者は、それを阻止できる立場にあるわけではない。従って、このような第三取得者の立場をも勘案すれば、第三取得者のための時効を中断するには、第三取得者自身への権利実行行為あるいは第三取得者自身の承認が必要であり、それらがなされない場合、民法三九七条の時効は進行すると解するのが妥当と言えるのではなかろうか。

次に、抵当不動産が被担保債権の履行期以前に第三取得者に譲渡された場合を考えてみると、抵当権者（債権者）は、被担保債権の履行期が到来し、債務の履行を請求できるようになるまでは抵当権を実行することはできない。そこで、前掲の民法一六六条一項の趣旨から言えば、三九七条の時効についても、第三取得者が抵当不動産の占有を取得し、登記を経由しただけでは進行は認められず、債務の履行期が到来して初めて進行すると解すべきではないか、という疑問が生じないわけでもない。しかし、債務の履行期というものも、元来、債権者・債務者という当事者間でのみ問題となるものであり、第三取得者が関与しえないものであるから、二〇年以上もの長年月経過後債権者（抵当権者）から実際とは異なった履行期を主張されても、第三取得者は、それを否定する証拠を提出するのに困難を来すこともあるであろう。また、抵当不動産が譲渡された場合は、先に卑近な事例として住宅ローンを例にあげて説明したように、履行期末到来の債務がその時点ですべて弁済されることも多々ある、と思われる。従って、以上のような仮定の下で第三取得者の利益をも衡量するならば、たとえ履行期以前に抵当不動産が譲渡された場合でも、三九七条の時効はその進行を開始し、抵当権者が履行期以前に時効の中断をするためには、第三取得者による抵当権の承認を求めることが必要になると考えられよう（民一六六条二項但書の類推）。

なお、以上のような見解、すなわち、民法三九七条の第三取得者のための時効の根拠を抵当権消滅の蓋然性に求めるという考え方に対しては、抵当権の登記があればむしろ抵当権が存在している蓋然性のほうが強いのではないか、という反論がなされるかもしれない。確かに、今日の不動産取引実務を見てみると、権利の得喪と登記手続とは密接に結びつけて意識されている。従って、この点なども考慮すれば、右の反論にもかなりの説得力があると言えよう。しかし、一方で、抵当権者が二〇年以上も抵当不動産を第三取得者の占有に委せ、その間第三取得者に対して何らの行為もしなかったということは、抵当権の消滅を推測させる重要な徴憑であるとも言えよう。そして、この場合、登記と長期占有との間でどちらの徴憑を優先すべきかが問題となるが、少なくとも、登記に公信力等の強力な効力を与えていない現行民法体系の下では、長年月の占有という後者の徴憑にこそ大きな意味があると考えてよいのではなかろうか。

（4）　ところで、民法三九七条の第三取得者のための時効の根拠を右のように捉えるならば、第三取得者が抵当権を容認して不動産を譲り受けた場合はどのように考えたらよいのであろうか。まず、第三取得者が譲受時に抵当権の存在を知っていても（悪意）、第三取得者が債務者の被担保債権の弁済を期待して譲り受けた場合は、長年月の間抵当権が実行されなければ債務者の弁済により抵当権も消滅した蓋然性が強いと判断されるため、時効の完成を認めてよいということになろう。しかし、ここで「容認」というのは、そのような場合ではなく、第三取得者が債務者に代わり第三者として債務を弁済するつもりであり、もし弁済できなければ抵当権を実行されてもやむを得ないと抵当権の負担を甘受しているような場合である[85]。だが、このような場合でも、第三取得者による抵当不動産の占有が長年月継続し、その間抵当権の実行がなされていないとすれば、既に第三取得者自身が債務の弁済を行った蓋然性が形成されたと考えることもでき、そうだとすれば、この場合も、時効の完成を認めることが可能になると思われる。但し、抵当不動産の占有中、第三取得者が抵当権者に対して抵当権を容認する表示をすれば、第三取得者は時効中断事由としての承認（民一四七条三号）をしたことになり、時効はこの時点から新たに進行することになる（一五七条一項[86]）。

三　取得時効の完成と抵当権の帰趨

（1）　第三節で紹介したように、現行民法三九七条は、旧民法債権担保編二九六条と二九七条とを統合した条文とされるが、このうち旧民法債権担保編二九七条一項は、第三者が非所有者から抵当不動産を譲り受け長年月占有した場合に関する条文として規定されている。そして、第三者が取得時効（旧民証拠編一三八条以下）の要件を充たしたときは「抵当債権者ニ対シテ時効ヲ取得ス」るとされているのであり、要するに、所有権の取得時効が完成した場合の抵当権の帰趨について規定したものである。しかし、そうだとするならば、旧民法および現行民法三九七条で問題となる取得時効も、取得時効の存在理由に適合したものでなければならないはずである。

（2）　そこで、まず第一に、長期取得時効（現行民法一六二条一項）の存在理由から見ていくと、この時効は、長年月の占有者が所有者である蓋然性が高いことを根拠に、主として、真の所有者から所有権を取得したにもかかわらず、長年月の経過のためそのことを証明できない者の立証の困難を救済することを目的とするものと思量される(87)。

　では、このような存在理由との関連で抵当権の帰趨が問題となる場合を考えてみると、二つの事例が想定される。すなわち、その一つは、(i)真の所有者でない者が所有者として登記されており、しかも、その不動産に抵当権設定登記が付されている場合であり、もう一つは、(ii)境界紛争で隣地に抵当権が付けられている場合である。そして、(i)の場合、抵当権設定者は真の所有者でないから、実際はその不動産上には抵当権は付けられないはずである。ところが、真の所有者からの譲受人は、登記名義人が実は所有者でないことを一般の証拠によっては証明できず、従って、また、その抵当権設定登記が無効であることを証明できない状況にある。そこで、現行民法は、この者の立証困難を救済するため、時効により所有権が原始取得されるという法律構成を採用し、その所有権の取得を認めるのである。そして、所有権に関してこのような法律構成がなされるならば、長期取得時効の完成により抵当権が消滅すると構成している現行民法三九七条も、妥当な立法として位置づけることができよう。

　次に、(ii)に関して三九七条が具体的に問題となるのは、隣地の抵当権が実行された結果、不動産競売による買受人が係争地を新たに占有しようとする場合などと思われる。しかし、この場合、隣地の所有者は係争地の真の所有者ではないのであるから、実のところは、隣地に設定された抵当権の効力を係争地に及ぼすことはできず、買受人が係争地を支配することもできないはずである。ところが、係争地の真の所有者は一般の証拠によっては自己の所有権を証明できないため、現行民法は、この者に係争地の時効取得を認め、その救済を図ろうとする。従って、このような法律構成の下では、時効取得した係争地について三九七条により抵当権が消滅するとされるのは、当然のことと言えよう。そして、この結果、抵当権の効力は係争地に及んでいないことになり、係争地の真の所有者は、隣地の買受人の占有を排除することが可能になる、と考えられる。

なお、長期取得時効は、真の所有者の登記名義の有無にかかわらず長年月の占有を根拠に時効を認めるものであるから、その起算点は占有者が占有を開始した時であり、その効果は占有開始時に遡る（民一四四条）と解釈される。そして、この場合、三九七条による抵当権消滅の要件・効果も、取得時効のそれと同様に考えてよい、と思量される。ところが、そうだとするならば、当該不動産が二〇年以上占有されていさえすれば取得時効が成立するのであるから、抵当権設定の登記がなされてから二〇年経過しておらず、きわめて短期間であっても、三九七条によって抵当権の消滅が認められることがあるかもしれない。しかし、もし抵当権設定者こそ真の所有者であるとするならば、抵当権設定以前においても、抵当権設定者自身が占有者に対して時効中断の手続を執っているはずであり、抵当権設定者及び抵当権者の時効中断手続がなされず占有者の占有が長年月継続したということは、占有者が真の所有者であり、登記簿上の抵当権設定者は真の所有者でないという高い蓋然性が形成された、と考えられる。従って、抵当権設定以前からであっても、占有者の占有が二〇年間継続すれば、三九七条により、その不動産上の抵当権は消滅することが認められよう。

ところで、既述のように、旧民法債権担保編二九七条一項は、文言上、非所有者から抵当不動産を譲り受けた第三者が長期占有した場合の規定として定められており、第三者が所有権について悪意であれば、長期取得時効の要件（三〇年の占有）が充足されたとき抵当権者に対して時効を取得するものとされている。しかし、占有取得者が悪意の者と確定しているならば、その者の取引の安全を保護する必要もなく、ましてや真の所有者に対する保護とも無関係である。従って、同項は、非所有者と悪意で取引した第三者を保護するための規定ではなく、真の所有者から譲り受けたことを証明できず、かつ、善意により占有取得したことも証明できない場合には、三〇年の占有により抵当権者に対して「時効ヲ取得ス」ることを認めた規定と解釈すべきであろう。そして、真の所有者から譲り受けたことを証明できない場合には、真実非所有者と取引した場合もあるが、実際は真の所有者（抵当権設定者でない）から譲り受けているにもかかわらずそれを証明できない場合も含まれる、と解される。このようにして、同項には、その文理には反するかもしれないが、真の所有者（抵当権設定者にあらず）からの譲受人を保護する趣旨が含まれており、現行民法三九七条は、この趣旨も含めて旧民法債権担保編二九七条一項を継受している、と理解してよいと思われる。

（3）　第二に、短期取得時効（現行民法一六二条二項）は、取引の相手方を所有者と信じて不動産の取引を行い、その占有を取得した者の取引の安全を保護するための制度と言うことができよう。(88) そこで、このような存在理由との関連で抵当権の帰趨が問題となる場合を探究することになるが、現行民法の解釈として注意すべきは、占有の始めにおける善意・無過失という要件、すなわち、取引の相手方を所有者と信ずるにつき無過失であった場合でなければならない、という要件の存在である。この点、全く未登記の不動産であるならばいざ知らず、既登記の不動産であれば、特別の事情のない限り、取引の相手方に登記名義があるということを登記簿で確認した場合でなければ、要件は充たされないことになろう。(89) そうだとすれば、抵当不動産について短期取得時効が認められるのは、ごく限られた場合になると思われる。例えば、甲乙両地が隣接しており乙地には抵当権が設定されていたところ、甲地が係争地も含むものとして譲渡され、甲地の譲受人が善意・無過失で係争地の占有を始めた場合などである。そして、係争地が乙地に含まれるか、または、実際は甲地に含まれるがそのことを証明できないため裁判上は乙地に含まれると扱われる場合、甲地の譲受人の取引の安全を保護するため、短期取得時効により係争地の所有権の取得が認められる。また、甲地の譲受人は、係争地も含め、何の負担もないものとして甲地を譲り受けたわけであるから、この者の取引の安全を完全に保護するためには、係争地に抵当権の効力を及ぼしてはならないことになる。よって、民法三九七条は、短期取得時効が完成した係争地について、抵当権の消滅を認めているのである。

ところで、第三節で紹介したように、ボアソナードは、旧民法債権担保編二九七条一項の草案（再閲修正民法草案一八一〇条一項）に関して、不動産の占有者がその不動産を善意で譲り受けた場合の抵当権に対する時効は譲受けの登記の時から起算される、と注釈している。しかし、本来抵当権者は、隣地の所有権がだれに帰属していようとも、そのこととは無関係に抵当権を実行するはずである。従って、抵当権者が抵当権を実行しようとする場合、あらかじめ隣地の譲受人を登記で確かめるようなことは、普通は行う必要がないことである。そうすると、右述のような事例の場合でも、乙地の抵当権者の利益の保護と甲地の登記とは一般には無関係ということになろう。ところが、抵当不動産について短期取得時効が認められるのが右のごとき境界紛争のような場合に限られるとするならば、抵当権に対する時効を占有者の登記時から進行させようとするボアソナードの見解は、少なくとも現行民法の規定とは合致しない解釈と考えられる。そこで、現行民法三九七条の解釈としては、この場合の抵当権の時効は、所有権の短期取得時効とともに、譲受人の占有開始の時点が起算点ということになる。そして、右述の事例で言うならば、乙地の抵当権者の係争地に対する利益は、原則として乙地の所有者の時効中断手続によって保護され、それがない場合に抵当権が時効によって消滅してしまっても、それはやむを得ないこととなろう。

次に、前述の事例で、甲地の譲受人の係争地に対する占有開始後乙地に抵当権が設定された場合を考えてみると、係争地の短期取得時効が完成した時点では、抵当権が設定されてからまだ一〇年経過していないことになる。そこで、このような場合、短期取得時効が完成すれば、抵当権設定時から一〇年経過していなくても抵当権の消滅を認めてよいかが一つの問題となろう。しかし、短期取得時効は、不動産の譲受人が所有者（あるいは所有者として裁判上扱われる者）との間で時効中断事由がなく一〇年占有を継続した場合に、その者の取引の安全を保護するために認められるものである。従って、この目的を全うするためには、たとえ抵当権設定時から短期間しか経過していなくても、短期取得時効の完成を理由に抵当権の消滅を認める必要があろう。また、乙地の所有者（あるいは所有者として裁判上扱われる者）は、係争地が他人に占有されているとき自己の利益を保全しようとするならば、必ず時効中断の手続を執るはずである。そこで、この者により中断手続が執られず占有が継続し、その後乙地に抵当権が設定された場合、抵当権者は、抵当権設定者（乙地の所有者あるいは所有者として裁判上扱われる者）の一種の承継人であり、抵当権設定者の占有者に対する利害関係を引き継ぐべき者であるから、抵当権設定時から一〇年経過していなくても、占有が一〇年継続すれば抵当権は消滅することになろう。

（4）最後に、旧民法では、その債権担保編二九七条二項が「無権原ニテ不動産ヲ占有スル者ニ付テモ亦同シ」と規定し、「無権原」の占有者についても、抵当権者に対する時効を認めている。一方、先に紹介したように、我妻は、現行民法三九七条について、「現実の占有と真実の所有関係とが食い違ってい」て、抵当不動産の事実上の占有者が完全な所有権を時効取得する場合の、抵当権の消滅に関する規定と解釈している。[90] そして、この両者を比較してみると、旧民法の右規定は、一見、我妻説と同趣旨のことを定めたものと見えないわけでもない。

そこで、右規定の起草過程を検討してみると、前掲の再閲修正民法草案一八一〇条二項では、右の「無権原ニテ」という部分は「無名義ニテ」と訳されており、ボアソナードの原著では、この部分は、“sans titre”[91] と記されている。しかし、この場合、“sans titre”を「無権原ニテ」ないしは「無名義ニテ」と訳すのは誤訳かと思われ、この部分は、既に第三節で示したように、「権利証書なしで」ないしは「証書なしで」と訳すのが正しいのではないか、とも考えられる。(92) 従って、旧民法債権担保編二九七条二項の規定は、決して、不法な侵奪者や事実上の占有者に時効を認める規定ではなく、かつて不動産の所有権を取得したのであるが、その証書を取得していなかったり紛失したりした長期占有者、または、古来からの占有者について取得時効が成立した場合に関する規定と考えられる。すなわち、この規定も、実際は抵当権の負担のない不動産の真の所有者のために、その立証困難を救済するためのものであり、旧民法の下では三〇年の占有を要することになる。そして、同じく立証困難の救済を目的とする同条一項における三〇年の時効と本項の時効との差異はどこにあるかといえば、一項が譲受けの証書はあるがそれが真実の所有者からの譲受けであることを証明できない場合の規定であるのに対して、二項は、譲受けの証書すらない場合の規定と思量されよう。なお、このような内容の旧民法債権担保編二九七条を継受している現行民法三九七条は、譲受行為が証明される場合もされない場合も併せて、二〇年の取得時効（長期取得時効）の完成による抵当権の消滅を定めている規定と解することができよう。

注

(67) なお、星野・前掲注（26）二九二頁以下は、債権の消滅時効が中断されているのに、「抵当権の消滅時効についてさらに手続をふ」まなければならないとするのは、債権者にとって酷なことである、と主張している。

(68) ボアソナード『再閲修正民法草案註釈第五編』（司法省、刊行年不明）〔二五二〕。

(69) 中島弘道「時効制度の存在理由と構造（一）」法学新報六四巻四号（一九五七）七頁以下、我妻・前掲注（14）四三二頁、舟橋諄一『民法総則』（法律学講座双書）（弘文堂、二〇版、一九六五）一六七頁、川島・前掲注（16）四三一頁以下、星野「時効に関する覚書（四・完）――その存在理由を中心として――」法協九〇巻六号（一九七三）六三頁（民法論集第四巻（有斐閣、一九七八）所収、三〇三頁）、同『民法概論Ⅰ』（良書普及会、改訂第四刷、一九七四）二五一頁、山中康雄『民法〔総論・総則・家族・相続〕』（法律文化社、一九七八）一二一頁以下、石田・前掲注（17）五二六頁以下等。

(70) なお、取得時効の存在理由に関する著者の見解については、拙著・前掲注（33）一頁以下。

(71) 時効の中断を権利の確定ないしは確認と捉える学説として、吾妻光俊「私法に於ける時効制度の意義」法協四八巻二号（一九三〇）三三頁以下、同『民法総則改訂版』（弘文堂、一九六九）二〇六頁以下、川島・前掲注（16）四七三頁以下、安達三季生「判批」判評一二二号（一九六九）三五頁〔判時五四四号一三三頁〕、石田「裁判上の請求と時効中断――時効中断と争点効――」法協九〇巻一〇号（一九七三）六一頁以下〔民法と民事訴訟法の交錯（東京大学出版会、一九七九）所収、一八五頁以下〕、山中・前掲注（69）一三五頁以下、拙稿「裁判上の請求と時効の中断――既判力との関連で――」明治大学大学院紀要一七集(1)法学篇（一九八〇）五九頁以下等。但し、同拙稿は、時効の中断の根拠として、権利の確認のほか、当事者間の公平をも視野に入れるものである。

(72) 同旨――梅・前掲注（47）五九一頁。同書五九〇頁―五九一頁によれば、梅は、抵当不動産の第三取得者に関しては、民法一六七条二項による抵当権の消滅（本章前第三節一（2）参照）と三九七条によるそれとの二つの場合を認めていたということになる。

(73) この例は、梅・前掲注（47）五九一頁でもあげられている。

(74) 同旨――内田・前掲注（21）四二六頁。

(75) 前掲（第三節）のように、法典調査会で梅は、「自分ガ登記簿ヲ見ナカツタ」という場合を無過失の例としてあげているが、このような場合は、本文で述べたように、むしろ有過失と評価されよう。

(76) 同旨――鈴木（禄）・前掲注（11）一九二頁、鈴木（直）・前掲注（11）三一一頁。

(77) このように解するならば、未登記の第三取得者は、民法三九七条による抵当権の消滅を主張できないことになろう。なお、仮登記のみ有する第三取得者と時効の関係については、結論を留保したい。

(78) 来栖・前掲注（12）七六事件三〇五頁等。

(79) ここでいう「取引の安全」とは、抵当権の存在を知らずに取引をした第三取得者の取引の安全である。

(80) 梅・前掲注(47)五四五頁、藤原・前掲注(65)一三六頁、二五五頁、川井・前掲注(11)担保一〇九頁、同・前掲注(11)概論2四五四頁、近江・前掲注(19)一九六頁、高木・前掲注(18)二〇八頁等参照。

(81) 川井・前掲注(11)担保一〇九頁、同・前掲注(11)概論2四五四頁等参照。

(82) 道垣内・前掲注(25)一二八頁以下、近江・前掲注(19)一九五頁以下等参照。なお、注(80)~注(82)で引用した文献は、主として滌除制度について述べたものである。

(83) 我妻・前掲注(10)三七二頁以下、川井・前掲注(11)担保一一一頁、同・前掲注(11)概論2四五七頁、星野・前掲注(26)二八七頁、槇・前掲注(6)二二九頁以下、柚木=高木・前掲注(8)三九四頁以下、鈴木(禄)・前掲注(11)一八七頁、内田・前掲注(21)四〇二頁以下等。

(84) 債務の承認などの時効中断行為が長期間なされていない場合は、被担保債権の消滅時効を援用すればよく、民法三九七条の時効を問題とする必要はない。

(85) 鈴木(禄)・前掲注(11)一九一頁以下で言う、第三取得者が抵当権の存在を承認した上で譲り受けた場合(前注(21)参照)というのも、これに該当しようか。

(86) なお、本文で述べた試論に従えば、石田説(本章第二節二(3)参照)のように、第三取得者が「抵当権の否認を抵当権者に表示」する必要はなく、わざわざそのようなことをしなくても、民法三九七条の第三取得者のための時効は認められるという結論になろう。

(87) 長期取得時効の存在理由に関する私見の詳細については、拙著・前掲注(33)一頁以下(第一章)参照。

(88) 短期取得時効の存在理由に関する私見の詳細については、拙著・前掲注(33)六九頁以下(第二章)参照。なお、取引による占有取得者が「其占有ノ始」における善意・無過失を立証できない場合は、その者の取引の安全は、長期取得時効(一六二条一項)により保護されることになろう。そして、これは、長期取得時効の副次的機能ということができよう(同拙著一七六頁以下)。

(89) 拙著・前掲注(33)一一三頁以下参照。

(90) 前注(10)参照。

(91) BOISSONADE, *op. cit.*, Art. 1310.

(92) sansに続く名詞が無限定であれば文法上冠詞は付かない、とされる。

＊1　二〇〇三（平成一五）年改正前の民法三八一条「抵当権者カ其抵当権ヲ実行セント欲スルトキハ予メ第三百七十八条ニ掲ケタル第三取得者ニ其旨ヲ通知スルコトヲ要ス」。
＊2　以上のフランス民法の条文は、本章初出論文執筆当時の条文である。

第五節　結びにかえて

一　以上、抵当権と時効の問題について、旧民法からの沿革を参考に考察してきたが、最初にあげた①～⑤の論点を整理すると、次のようになろう。

①　民法一六七条二項により抵当権が独自に消滅時効にかかることはない。

②　抵当不動産の第三取得者（及び後順位抵当権者）は、被担保債権の消滅時効を援用できる。

③　抵当不動産の第三取得者が被担保債権から離れて抵当権独自の消滅時効を主張できるのは、民法三九七条の場合だけである(93)。そして、その要件としては、第三取得者が抵当不動産の取得を登記した日から二〇年の

占有が必要となる。

④　民法三九七条は、旧民法債権担保編二九六条と二九七条とを統合した条文である。従って、三九七条は、抵当不動産の第三取得者が二〇年占有した場合の抵当権の消滅時効の規定であるとともに、抵当不動産（または、一般の証拠によれば抵当不動産とされる不動産）について所有権の取得時効が完成した場合の抵当権の帰趨に関する規定である。

⑤　(i)抵当不動産の譲渡であることの争いがない場合、抵当不動産の第三取得者の所有権に対する善意・悪意は問題となりえない。そこで、この場合は、抵当権に対する善意・悪意が問題となるが、既登記の抵当権については、第三取得者が善意・無過失ということは事実上ありえない。従って、抵当権の消滅時効が認められるためには、第三取得者は、その登記の時から抵当不動産を二〇年占有することを要する。第三取得者が抵当不動産の占有中に抵当権を容認する表示をした場合は、時効は中断する。

(ii)真の所有者の立証の困難を救済するために二〇年の取得時効（長期取得時効）が認められ、それに伴い抵当権が消滅するとされる場合は、占有者の善意・悪意は問題とならない。不動産の占有取得者の取引の安全を保護するため取得時効が認められる場合は、占有取得者が所有権の帰属について善意・無過失ならば、一〇年の短期取得時効が認められ、それに伴い抵当権の消滅も認められる。この場合、所有権について善意・無過失ならば、抵当権についても善意・無過失となる。善意・無過失が立証できない場合は、二〇年の占有期間が必要である。(94)

二　ところで、〔7〕の大正九年大判は、土地の受贈者（国）に時効取得を認め、それを理由に同土地上の抵当権の消滅を認容した判決であるが、この事案における抵当権は、前述のように、土地が贈与された（未登記）後に設定された抵当権であった。また、〔11〕最判昭和四二・七・二一民集二一巻六号一六四三頁は、不動産の未登記譲受人に自己の物の時効取得を認めた判決であるが、同事案は、原審の認定によれば、係争家屋が占有者に贈与されたが、その登記が経由されないうちに原所有者により抵当権が設定され、競売手続により競落人に競落された事案である。従って、両事案とも、不動産の取得者は、取得当時に抵当権の付いていた不動産（抵当不動産）を取得した第三取得者ではないのである。ところが、大判〔7〕は、民法三九七条を根拠に取得時効の完成による抵当権の消滅を判示しており、また、最判〔11〕についても、「民法三九七条による抵当権消滅を考える余地があったこと[95]」を主張する学説が存在する。しかし、これまでの論述からも推測できるであろうが、私見によれば、どちらの事案も、本来民法三九七条とは関係のない事案と考えられる。では、これらの事案はどのように解釈されるのであろうか。以下では、この点を簡単に検討し、本章の結びに代えることにしたい。

そこで、両事案の構造を明らかにすると、どちらも不動産の譲渡がなされた後、原所有者が同一不動産に抵当権を設定した事案なのであるから、これは二重の物権変動の事案であり、譲受人と抵当権者は民法一七七条の対抗関係にあると捉えられる。ところが、譲受人は未登記であり、その所有権取得を抵当権者や競落人に対抗できないため、時効取得を主張したのである。しかし、このように、譲受人が自己の登記の欠缺を補完するために取得時効を主張することは、決して前述した取得時効の存在理由に適うものとは考えられない。よって、この場合、未登記の譲受人は取得時効の主張をすることはできず、対抗問題の原則に戻り、民法一七七条が適用されて然るべきであろう。[96]*3

注

(93) このことは、非常に簡単ながら、既に拙稿・前掲注(5)一一四頁で示しておいたところである。なお、同稿は、担保目的で売買予約がなされた場合について、売買予約目的不動産の第三取得者も、抵当不動産の第三取得者と同様に扱われるべきだと主張するものである。

(94) 前注(88)参照。

(95) 原島・前掲注(7)一二四頁。

(96) 以上について、拙著・前掲注(33)二一七頁以下(第五章)参照。なお、両事案のような場合においても、不動産の譲受人が当該不動産に後から抵当権が設定されたことを否定しており、自称抵当権者の主張する抵当権設定時から二〇年以上譲受人による占有が継続していれば、抵当権設定行為の不存在ないしは無効の蓋然性が示されたと考えられないであろうか。そして、このことが了解されるならば、譲受人は、抵当権の負担のない完全な所有権を確保するため、民法三九七条の類推適用により、抵当権の消滅を主張することが可能になると思われる(この試論については、同拙著二三八頁以下も参照)。

＊3 なお、この問題については、本書第五章で、新たに独自の解釈を展開している。

第二章

抵当権と時効・再論序説

――最判平成一五・一〇・三一及び最判平成二四・三・一六の位置づけに向けて

第一節　緒論

一　はじめに――判例の推移

（1）いわゆる「抵当権と時効」の問題に関する判例としては、従来、〔1〕大判大正九・七・一六民録二六輯一一〇八頁、〔2〕大判昭和一三・二・一二判決全集五輯一二五九頁、〔3〕大判昭和一五・八・一二民集一九巻一三三八頁、〔4〕大判昭和一五・一一・二六民集一九巻二一〇〇頁、〔5〕最判昭和四二・七・二一民集二一巻六号一六四三頁、〔6〕最判昭和四三・一二・二四民集二二巻一三号三三六六頁があげられ、これらをめぐっては、諸学説により様々な議論がなされてきた。著者自身においても、民法一六七条二項（二〇一七（平成二九）年改正民法では、一六六条二項（以下同じ））、三九六条、三九七条に関する旧民法以来の沿革を参考に、今から二一年前、すなわち一九九八（平成一〇）年に、本書第一章の初出論文にあたる「抵当権と時効」と題する論考によって、この問題の考察を試みたところである[1]。ところが、近年、〔7〕最判平成一五・一〇・三一判時一八四六号七頁、金判一一九一号二八頁、〔8〕最判平成二三・一・二一判時二一〇五号九頁、金判一三六五号一八頁、〔9〕最判平成二四・三・一六民集六六巻五号二三二一頁と重要判例が三件登場したことにより、抵当権と時効の問題は再びクローズアップされるようになり、現在、この問題は学説によって盛んに議論がなされている状況にある[2]。

（2）（a）ところで、本書第一章では、その冒頭において、次の五点を、抵当権と時効の問題に関する論点として掲げた。

① 抵当権は、債務者または抵当権設定者以外の者との関係では、民法一六七条二項により、被担保債権の消滅時効とは別に、独自に消滅時効にかかるのか。

② 抵当不動産の第三取得者や後順位抵当権者は、被担保債権の消滅時効を援用できるのか。

③ 抵当不動産の第三取得者は、民法三九七条による抵当権の消滅を主張できるのか。

④ 民法三九七条は、抵当不動産の時効取得の効果に関する規定か。また、そうだとすれば、抵当不動産を時効取得しうるのは誰か。

⑤ 民法三九七条は、時効による抵当権消滅の具体的要件を「取得時効に必要な要件を具備する占有をしたときは」と一六二条に委ねている。では、この場合、占有取得者の善意・悪意は、所有権・抵当権のいずれに関してであろうか。換言すれば、時効により抵当権の消滅が認められるためには、占有取得者にはどのような主観的態様が必要とされるのであろうか。[3]

これらのうち、まず②についてであるが、今日、〔10〕最判昭和四八・一二・一四民集二七巻一一号一五八六頁により、抵当不動産の第三取得者は、被担保債権の消滅時効の直接の受益者として、被担保債権の消滅時効の援用権者に含まれるものとされている。[4] 次に、①については、〔4〕の昭和一五年一一月大判が、抵当不動産の第三取得者との関係で、民法一六七条二項による抵当権独自の消滅時効を認めている。但し、この点については、〔4〕判決が出された当時、第三取得者による被担保債権の時効の援用が認められていれば、[5] 抵当権の時効を問題とする必要はなかったのであり、[6]〔10〕判決により、抵当不動産の第三取得者が被担保債権の消滅時効を援用

できることが肯定された現在では、〔4〕判決の先例性は失われたという指摘も可能かもしれない。(7)

（b）（ア） 以上に対し、上記③④⑤は、民法三九七条の解釈・適用をめぐる論点と言うことができるが、この場合、主に念頭に置かれていたのは、不動産を長期占有する者の占有開始時、既に当該不動産上に抵当権が設定されていたという事例と思われる。そして、前掲〔1〕、〔2〕、〔3〕、〔5〕、〔6〕の判決の中で、〔2〕、〔3〕、〔6〕の事案はまさにこれに該当するものであったが、このうち、〔2〕の昭和一三年大判は、⑤の論点に関連し、抵当不動産の第三取得者が抵当権の存在を承認してその不動産を占有した場合について、民法三九七条の適用を否定するものであった。(8) また、その二年後に出された〔3〕昭和一五年八月大判は、論点③④に関し、民法三九七条は「所有者ニ非サル債務者若ハ抵当権設定者以外ノ者」が時効取得した場合の規定であって、抵当不動産の第三取得者には適用されないとの判示を行った。(9)

（イ） ところが、上記大審院判例に対し、〔6〕の最判昭和四三・一二・二四は、抵当権の実行により抵当不動産が競落された事案において、抵当不動産の未登記の第三取得者も当該不動産を民法一六二条に基づき時効取得できることを暗黙のうちに認容し、その上で、第三取得者がその占有不動産に抵当権が設定されていることを知り、または不注意により知らなかった場合でも、民法一六二条二項にいう善意・無過失の占有と言うを妨げない、と判示した。

もっとも、〔6〕判決の事案で第三取得者が時効取得したとされるのは、既に競落人が競落により所有権を取得した土地、および、同競売手続で競落人が競落し、時効完成前に転得者に転売した、当該土地上の建物である。そこで、〔6〕判決は、後述の「取得時効と登記」に関する判例理論に基づき、原所有者から所有権を取得した競落人及び建物の転得者は、第三取得者の取得時効完成時における物権変動の当事者であるとして、第三取得者の時効取得による競落人及び転得者の所有権喪失と第三取得者の所有権取得を認めた原審の判断を前提として、前述のような判示を行っている。

しかし、民法一四四条の定める時効の遡及効によれば、第三取得者はその占有開始時に時効取得したことになるが、この論理からすれば、〔6〕の事案における第三取得者の時効取得によって消滅する権利は、占有開始時に当該不動産に付けられていた抵当権となるはずである。そうすると、〔6〕の事案についても、民法三九七条との関係如何が問題となるわけであるが、このように考えれば、〔6〕判決は、抵当不動産の第三取得者の時効取得を認め、それに伴い、当該不動産に付着していた抵当権の消滅を肯定したという点で、従来の大審院判例を変更したものであるという評価[10]もなしうるかもしれない[11]。

（c）（ア）以上の〔2〕、〔3〕、〔6〕の判決に対し、〔1〕、〔5〕の判決は、不動産の未登記譲受人の占有開始後に原所有者から抵当権の設定を受けた第三者が現れた事案である。そして、このうち、まず〔1〕の大判大正九・七・一六は、土地の未登記受贈者（国）の短期取得時効の完成を理由に、民法三九七条に基づき、同土地に後から付けられた第三者の抵当権の消滅を認め、抵当権実行により競落した抵当権者自身の所有権取得を否定したものである[12]。〔6〕判決と〔1〕判決とでは、原所有者から不動産を譲り受けて占有を開始した者と、抵当権の設定を受けた者の出現する順番が逆である点で大きな違いがあるが、両者とも、原所有者からの不動産の譲受人に時効取得を肯定している点では共通している。但し、〔1〕判決は、不動産譲受人の占有開始時には抵当権が存在していなかった事案に民法三九七条を適用したものであり、この点で多少問題がないとは言えない。

（イ）（α）次に、〔5〕の最判昭和四二・七・二一は、家屋の未登記受贈者が同家屋を占有中、原所有者から同家屋に抵当権が設定され、その後競売がなされた事案であるが、最高裁は、競落人からの明渡請求に対し、未登記のため所有権取得の立証が困難であったり、所有権の取得を第三者に対抗できない場合には自己の物の時効取得も認められるという理由の下で[13]、未登記受贈者の時効取得を肯定した[14]。この判決は、(i)取得時効を主張する者が原所有者からの未登記譲受人である、(ii)判決文では明言されていないものの、占有者の時効取得時における所有者は取得時効により所有権を喪失する物権変動の当事者であるから、時効取得を登記なく対抗できるとする「取得時効と登記」に関する判例理論（後述）を前提とするものである、(iii)占有者の時効取得によって所有権を失う当事者とされる者が不動産の競落人であるという点で、〔6〕判決と共通している。

しかし、〔6〕の昭和四三年最判が既に抵当権の付着した不動産について占有が開始された事案であるのに対し、〔5〕判決の事案では、抵当権が付けられたのは、未登記譲受人の占有開始後である。そこで、ⓐ時効の遡及効（民一四四条）により時効取得するのは占有開始時であるという論理に従えば、家屋の未登記受贈者の時効取得時には抵当権はまだ存在していないわけであるから、〔6〕の事案で問題とされた「時効取得による抵当権の消滅」は議論の対象となりえないはずである。そうすると、この場合は、占有開始時に生じた時効取得の第三者に対する対抗が問題となりうるが、〔5〕の訴訟で対抗関係が問題となった「第三者」は、直接には、抵当権の実行によって家屋を競落し抵当不動産の所有者（抵当権設定者）から所有権を取得した競落人であり、抵当権者ではないと考えられるため、ここでも時効取得と抵当権の関係は問題とならないようにも思われる。一方、ⓑ上述のように、判例理論に従い、占有者が時効取得するのは時効完成時であると解した場合は、競落人が時効取得により権利を失う物権変動の当事者となるのであるから、この点を勘案してみても、〔5〕の判決が果たして時効取得による抵当権の消滅に関わる事案か疑問がないわけではない。

（β）もっとも、〔5〕の事案のような場合、競落人は、競落以前に不動産占有者の取得時効を中断する方法がなく、もしこの取得時効を中断しようとするならば、結局のところ、抵当権者が占有者に抵当権の承認を求めていかざるを得ない（民一六六条二項ただし書〔二〇一七（平成二九）年改正民法では、同条三項ただし書〕）。また、〔5〕の事案で、仮にまだ競売がなされず、抵当権が存続している時に時効が完成するとすれば、〔1〕の大判大正九・七・一六の事案と同様、不動産の未登記譲受人が時効取得したことによる抵当権の消滅如何、あるいは、時効の遡及効という考え方を前提とした抵当権者に対する時効取得の対抗が問題となる可能性もあるかもしれない[15]。

さらに、前述（α）の二段目のⓐでは、時効の遡及効を前提に、〔5〕の事案において、占有開始時に生じた時効取得の対抗が問題となる第三者は、直接には、抵当不動産の所有者（抵当権設定者）から所有権を取得した競落人であるとしたが、この遡及効を貫けば、占有開始時に不動産を時効取得したが未登記の占有者は、占有開始後原所有者（所有名義人）から抵当権の設定を受けた者が出現した時点で、その抵当権者に時効取得を対抗できないことになろう。そうすると、この場合の時効取得者は抵当権の実行を否定できないことになり、その結果として、抵当権の実行に基づき所有権を取得した競落人にも対抗できなくなるとも考えられる。従って、このような論理に従えば、〔5〕の事案でも、競売前の抵当権者に対する時効取得の対抗が問題になることになろう。

そこで、以上のように考えるならば、〔5〕のような事案も、未登記譲受人の時効取得と抵当権の関係が問題となる範疇に含まれうると思量される。

(3) では、冒頭に掲げた判例のうち、最近の最高裁判決、すなわち、〔7〕、〔8〕、〔9〕判決は、どのような類型に位置づけられるのであろうか。〔7〕、〔8〕、〔9〕判決の中で、〔7〕と〔9〕の事案と判旨については、次の二で詳細に紹介する予定であるが、以下では、〔7〕、〔8〕、〔9〕に関して、その要点のみあげることにする。

(a)(ア) そこで、まず〔7〕の最判平成一五・一〇・三一と〔9〕の最判平成二四・三・一六であるが、これら判決は、〔1〕大判大正九・七・一六、〔5〕最判昭和四二・七・二一と同様、時効取得を主張する者の占有開始後に係争地の所有名義人から抵当権の設定を受けた者が現れた事案（以下、このような事案の類型を「占有開始後抵当権設定ケース」と呼ぶことにする）であり、この抵当権者（〔9〕判決）、ないしは抵当権者からの抵当権の譲受人（〔7〕判決）との関係で時効取得が問題となったものである。そして、前述のように、〔1〕、〔5〕の事案では、時効取得者（未登記譲受人）の取得時効が完成したのは、当該不動産上に抵当権が存在していた時（〔1〕の事案）、または、抵当権の実行による競売がなされた後（〔5〕の事案）であったため、抵当権者または競落人が未登記譲受人の時効取得による物権変動の当事者とされ、抵当権者の抵当権の消滅（〔1〕判決）、ないしは、競落人の所有権の喪失（〔5〕判決）が認容された。

ところが、〔7〕判決と〔9〕判決では、係争地の所有名義人から抵当権の設定を受けた抵当権者が登場したのは、当該土地の占有者の最初の取得時効が完成した後であり、後述の「取得時効と登記」に関する判例理論によれば、時効取得について登記がなされていなければ、時効取得者は所有権の取得を第三者にあたる抵当権者に対抗できないことになる。そこで、これらの事案では、係争地の占有者は、抵当権の登記時を起算点とする取得時効を援用するという方法で、抵当権設定登記の抹消登記手続を請求し（〔7〕の事案）、あるいは、抵当権の実行としての競売の不許を求めて第三者異議訴訟の提起を行った（〔9〕の事案）のである。だとすれば、〔7〕と〔9〕は、抵当権登記時を起算点とする所有権の時効取得と抵当権との関係が問題となる、新たな類型と位置づけることも可能なのかもしれない。

（イ）もっとも、右述の視点からは、〔7〕判決、〔9〕判決は一つの類型に括ることができるが、〔1〕、〔5〕の事案と同様に、不動産の占有者が原所有者からの未登記譲受人であるのは〔9〕の平成二四年最判のみである、という点は注意しなければならない。すなわち、〔7〕の平成一五年最判は、抵当権設定者たる所有名義人の承継人以外の者が当該土地の占有を継続して取得時効を主張した事案であり、この点をどう評価するかが大きな問題となるが、本章では、これを論ずる余裕がないため、以上の点についての詳論は次章以下で行うことにしたい。

（b）次に、〔8〕の最判平成二三・一・二一は、土地を賃借して他主占有する者が賃借権の対抗要件を具備しない間に、当該土地に抵当権が設定された事案である。そして、この事案においても、〔7〕や〔9〕と同様、抵当権設定登記時を起算点とする取得時効が主張されているため、この点に注目すれば、一応、〔8〕判決も、〔7〕、〔9〕と同じ類型に含まれると言うこともできよう。

ところが、〔8〕の事案では、土地の占有者は賃借人であり、ここで問題となっているのは、賃借人が援用する賃借権の時効取得の対抗である。そして、この点について、最高裁は、抵当権の目的不動産につき賃借権を有する者は当該抵当権の設定登記に先立って対抗要件を具備しなければ、抵当権の実行により目的不動産を買い受けた者に対して賃借権を対抗できず、このことは抵当権設定登記後に賃借権が時効取得された場合であっても同じであるとし、抵当権設定登記後、賃借人が賃借権の時効取得に必要とされる期間、当該不動産を継続的に用益したとしても、右買受人に対して賃借権の時効取得を対抗することはできない、と判示した。要するに、〔8〕判決は、賃借権の取得原因が何であれ、賃借権は債権に過ぎないのであるから、賃借権者が当該土地の物権取得者に先んじて、民法六〇五条や借地借家法一〇条等による対抗要件を備えない限り、賃借権を物権取得者に対抗することはできないという論理に基づくものであり[16]、この点に鑑みれば、〔7〕の平成一五年最判や〔9〕の平成二四年最判と同列に扱うことのできない事案ではないか、と思量される。また、著者は、賃借権は所有権とは大きく異なり、原則として取得時効が問題となりえない権利ではないかという疑念を抱いているのであるが[17]、仮にこの立場に立つとするならば、〔8〕の事案はやや特殊な事案であり、〔7〕、〔9〕とは全く別個の考察が必要になると思われる。

（c）以上により、本書の研究では、最近の最高裁判例〔7〕、〔8〕、〔9〕のうち、〔8〕判決はひとまず検討の対象から除外し、〔7〕の平成一五年最判と〔9〕の平成二四年最判を中心に、これら判決の事案が「抵当権と時効」に関する問題の中でどのような位置を占めるべきか考察していくことにする。そこで、このような考察を進めるため、次の二では、まず、〔7〕〔9〕両判決の事案と判旨を詳説し、次いで、それら事案と判旨から具体的にどのような論点が導き出されるか考えていきたい。

二　最判平成一五・一〇・三一及び最判平成二四・三・一六の事案・判旨と両判決をめぐる論点の提示

（1）最判平成一五・一〇・三一の事案と判旨

（a）事　案

原審（広島高松江支判平成一二・九・八金判一一九一号三五頁）の認定によれば、係争地（本件土地）は従来Aが所有していた土地であるが、Xは一九六二（昭和三七）年二月一七日にその占有を開始し、二〇年経過した一九八二（昭和五七）年二月一七日以降も占有を継続していた。Aは一九八三（昭和五八）年一二月一三日、住宅ローン会社CのD旅館に対する債権を担保するため係争地に抵当権を設定して登記を経由していたところ、Y（株式会社整理回収機構）は一九九六（平成八）年一〇月一日、Cから同抵当権を被担保債権と共に譲り受け、一九九七（平成九）年三月二六日、抵当権移転の付記登記がなされた。一方、Xは、係争地について、一九六二（昭和三七）年二月一七日を起算点とする二〇年間の占有継続に基づきAに対して取得時効を援用し、一九九九（平成一一）年六月一五日、「昭和三七年二月一七日時効取得」を原因とする所有権移転登記を経由したが、さらに、同年一〇月六日、Yに対し、Cの抵当権の登記がなされた一九八三（昭和五八）年一二月一三日から一〇年間の占有継続による取得時効を援用。これにより本件抵当権が消滅したとして、その設定登記の抹消登記手続を請求した。

以上に対して、第一審（鳥取地米子支判平成一二・三・二七金判一一九一号三六頁）及び原審は、①Xが最初の時効取得の登記をしないうちにCの抵当権の登記がなされた本件の場合、XはCの抵当権の登記の日からさらに時効取得に必要な期間、係争地の占有を継続すれば、C及び抵当権の譲受人Yに対し、登記なくして時効取得を対抗でき、時効取得の効果として消滅する抵当権の抹消登記手続を請求できる、②Xは本件抵当権設定登記の日には既に時効取得していたことからすると、その日以降の占有は善意・無過失のものと認められ、その結果、同登記の日から一〇年の占有で係争地は時効取得され、これに伴い本件抵当権は消滅した、と判示。そこで、Yが上告受理の申立てを行った。

(b) 判旨

Xは、最初の「時効の援用により、占有開始時の昭和三七年二月一七日にさかのぼって本件土地を原始取得し、その旨の登記を有している。Xは、上記時効の援用により確定的に本件土地の所有権を取得したのであるから、このような場合に、起算点を後の時点にずらせて、再度、取得時効の完成を主張し、これを援用することはできないものというべきである。そうすると、Xは、上記時効の完成後に設定された本件抵当権を譲り受けたYに対し、本件抵当権の設定登記の抹消登記手続を請求することはできない」。以上の理由により、最高裁は、原判決を破棄し、Xの請求を棄却した（自判）[18]。

(2) 最判平成二四・三・一六の事案と判旨

(a) 事案

原審(福岡高宮崎支判平成二一・一一・二七民集六六巻五号二三四一頁)の認定によれば、Aは、以前から、二〇〇五(平成一七)年三月に乙地・丙地等に換地がされる前の甲地[19](地目——原野)(本件旧土地)を所有していたところ、一九七〇(昭和四五)年三月、Xに対し、甲地を売却。甲地の買受人Xは、所有権移転登記を経ないまま、遅くとも同月三一日から、甲地につき占有を開始し、サトウキビ畑として耕作していた。一方、Aの子であるA'は、一九八二(昭和五七)年一月一三日、甲地につき、一九七二(昭和四七)年一〇月八日の相続を原因とする所有権移転登記を了し、一九八四(昭和五九)年四月一九日には、Dの債務を担保するため、同土地について、Y(独立行政法人奄美群島振興開発基金[20])を抵当権者とする本件抵当権(一番抵当権)を設定し、同日付けでその旨の抵当権設定登記を経由。さらに、一九八六(昭和六一)年一〇月二四日、Eの債務を担保するため、同じくYを抵当権者として、同土地の上に二番抵当権を設定してその登記も行った。ところが、Xは、これらの事実を知らないまま、右換地の前後を通じて、甲地または乙・丙両地(地目——畑)(本件各土地)を耕作し、その占有を継続。また、Xは、本件抵当権の設定登記時において、甲地を所有すると信ずるにつき善意かつ無過失であった。

二〇〇六(平成一八)年九月二九日、鹿児島地方裁判所名瀬支部は、Yの申立てにより、乙・丙両地について、本件抵当権(一番抵当権)の実行として競売開始を決定(ちなみに、上記二番抵当権は、登記が残ってはいるものの、一九九七(平成九)年一二月一一日、債務者Eが被担保債権を完済したことにより、既に消滅している)。そこで、Xは、本件競売の不許を求めて第三者異議の訴えを提起し、さらに、二〇〇八(平成二〇)年八月九日、Xは、A'に対し、本件の関連事件に関する訴状の送達をもって、乙・丙両地につき、所有権の取得時効を援用する旨の意思表示を行った。なお、本件競売手続についてはXの申立てにより、二〇〇八（平成二〇）年七月三一日、停止決定がなされている。

第一審（鹿児島地名瀬支判平成二一・六・二四民集六六巻五号二三三〇頁）及び原審は、①Xは一番抵当権設定登記時（一九八六（昭和六一）年一〇月二四日）から一〇年の占有継続に基づく取得時効完成後、時効の援用により、右登記時に遡って乙・丙両地の所有権を原始取得したが[21]、この時効取得は登記を経由しなくともYに対抗できる、また、②本件抵当権は時効起算日以前の一九八四（昭和五九）年四月一九日に設定・登記されたものであるから、民法三九七条に従い、Xによる本件各土地の時効取得の反射的効果として消滅するとして、本件競売の不許を判示。そこで、Yは、〔7〕の平成一五年最判によれば、本件のように、取得時効完成後未登記の間における抵当権設定登記の取得者（Y）と時効取得者（X）の関係は対抗問題となり、時効取得者（X）は抵当権付所有権を取得するに過ぎないとして、上告受理を申し立てた。

(b) 判旨

「不動産の取得時効の完成後、所有権移転登記がされることのないまま、第三者が原所有者から抵当権の設定を受けて抵当権設定登記を了した場合において、上記不動産の時効取得者である占有者が、その後引き続き時効取得に必要な期間占有を継続したときは、上記占有者が上記抵当権の存在を容認していたなど抵当権の消滅を妨げる特段の事情がない限り、上記占有者は、上記不動産を時効取得し、その結果、上記抵当権は消滅すると解するのが相当である。」なぜならば、①「取得時効の完成後、所有権移転登記がされないうちに、第三者が原所有者から抵当権の設定を受けて抵当権設定登記を了したならば、占有者がその後にいかに長期間占有を継続しても抵当権の負担のない所有権を取得することができないと解することは、長期間にわたる継続的な占有を占有の態様に応じて保護すべきものとする時効制度の趣旨に鑑みれば、是認し難いというべきである。」そして、②「不動産の取得時効の完成後所有権移転登記を了する前に、第三者に上記不動産が譲渡され、その旨の登記がされた場合において、占有者が、上記登記後に、なお引き続き時効取得に要する期間占有を継続したときは、占有者は、上記第三者に対し、登記なくして時効取得を対抗し得るものと解されるところ（最高裁昭和三四年（オ）第七七九号同三六年七月二〇日第一小法廷判決・民集一五巻七号一九〇三頁）、不動産の取得時効の完成後所有権移転登記を了する前に、第三者が上記不動産につき抵当権の設定を受け、その登記がされた場合には、占有者は、自らが時効取得した不動産につき抵当権による制限を受け、これが実行されると自らの所有権の取得自体を買受人に対抗することができない地位に立たされるのであって、上記登記がされた時から占有者と抵当権者との間に上記のような権利の対立関係が生ずるものと解され、かかる事態は、上記不動産が第三者に譲渡され、その旨の登記がされた場合に比肩するということができる。また、上記判例によれば、取得時効の完成後に所有権を得た第三者は、占有者が引き続き占有を継続した場合に、所有権を失うことがあり、それと比べて、取得時効の完成後に抵当権の設定を受けた第三者が上記の場合に保護されることとなるのは、不均衡である」からである。

「これを本件についてみると、……昭和五五年三月三一日の経過により、Xのために本件旧土地につき取得時効が完成したが、Xは、上記取得時効の完成後にされた本件抵当権（一番抵当権――引用者注）の設定登記時において、本件旧土地を所有すると信ずるにつき善意かつ無過失であり、同登記後引き続き時効取得に要する一〇年間本件旧土地の占有を継続し、その後に取得時効を援用したというのである。そして、本件においては、……Xは、本件抵当権が設定されその旨の抵当権設定登記がされたことを知らないまま、本件旧土地又は本件各土地の占有を継続したというのであり、Xが本件抵当権の存在を容認していたなどの特段の事情はうかがわれない。」よって、「Xは、本件抵当権の設定登記の日を起算点として、本件旧土地を時効取得し、その結果、本件抵当権は消滅したというべきである。」

以上の理由により、最高裁は、上告を棄却した。なお、第一審・原審判決が、既に消滅した一番抵当権の登記時を時効の起算点としているのに対し、上段引用文から明らかなように、最高裁は、本件抵当権（一番抵当権）の登記時を時効の起算点と認定した[22]。

(3) 両判決をめぐる論点の提示と本章において追及する課題

(a) 以上が、〔7〕最判平成一五・一〇・三一及び〔9〕最判平成二四・三・一六の事案と判旨である。そこで、以下、これら事案と判旨に基づき、両判決をめぐる解釈上の論点を示していくと、第一には、両判決とも、〔5〕の昭和四二年最判、〔6〕の昭和四三年最判と同様、後に詳しく紹介する「取得時効と登記」に関する判例理論を大前提としている、という点があげられよう。そして、どちらの判決も、抵当権の設定登記時を起算点とする期間一〇年の取得時効が主張されたのであるが、それにもかかわらず、〔9〕判決では、占有者の時効取得が認められたのに対し、〔7〕判決では、取得時効の援用が否定されるという結果が導出されている。そうすると、最初に議論すべきは、上記判例理論をひとまず前提にした上で、両判決の間で相反する結論が引き出された理由は何なのか、またその理由には正当性があるのか、という点と考えられる。

しかし、この「取得時効と登記」に関する判例理論については、古くから多数の学説によって様々な問題点が指摘されてきていたことは周知の事実である[23]。とすれば、根本的には、そのような多くの問題点をはらんだ判例理論に依拠して結論を導き出すことの妥当性こそ、ここで検証されるべき肝要なことがらということになるであろう。

(b) 第二に、〔9〕判決には、古田佑紀裁判官（当時）の補足意見があるが、同補足意見において、古田は、〔9〕の事案への民法三九七条の適用を示唆している。[24] また、学説においても、〔7〕判決、あるいは〔9〕判決の事案に同条の適用を認める（あるいは、示唆する）ものも散見される。[25] では、〔7〕、〔9〕の事案は、同条が適用されるべき事実関係に値するものなのであろうか。そこで、この問題については、かつて前掲拙稿「抵当権と時効」[26] で行い、本書第一章に収録した民法三九七条の沿革からの考察を参考に、〔7〕、〔9〕それぞれの事案ごとに検討していくことが必要となろう。

（c）（ア） 第三に、〔7〕〔9〕両判決のうち、〔7〕の平成一五年最判は、前掲のように、占有取得原因を明確にしないまま、一九六二（昭和三七）年二月一七日からの二〇年間の占有によるXの最初の取得時効の成立を認容し、それを前提に議論を進めている。従って、〔7〕の事案については、初めに、このXの占有取得原因は何であるのか、また、取得原因が判明したならば、その原因に基づく占有は取得時効の基礎となりうるものかという観点から検討を始める必要がある。そして、取得時効の趣旨（存在理由）から見て、この最初の取得時効の成立が肯定されるとするならば、むしろ最初の時効取得によって、原抵当権者C、ないしは抵当権の譲受人Yにおける抵当権の消滅が認められるかどうかということこそが考察の対象とされなければならないのではなかろうか。

（イ） 一方、〔9〕の平成二四年最判の事案では、先述のように、〔1〕の大正九年大判、〔5〕の昭和四二年最判におけると同様、不動産の占有者は原所有者からの未登記譲受人であり、抵当権者は未登記譲受人の占有開始後に原所有者から抵当権の設定を受けた第三者である（以下、このような事案の類型を、「占有開始後抵当権設定ケース」のうちの「未登記譲受人占有後抵当型」と呼ぶことにする）。[27] そして、この事案で、不動産の占有者Xが取得時効を援用したそもそもの目的は、当該不動産のAからの譲受けが未登記であれば、この譲受けを抵当権者Yに対抗できないとされるがゆえに、登記欠缺による対抗力の不備を補完せんとしたためであった、と解してよいと思われる。そうすると、取得時効の存在理由(28)に照らしてみるならば、果たしてこのような目的で取得時効を援用することが可能なのかは大いに疑問が湧きおこるところである。しかし、また他方で、〔9〕の事案のXは、一九七〇（昭和四五）年から、換地の前後を通じて甲地及び乙・丙両地を三〇有余年もの長い間占有していたのであり、このようなXの占有が一切救済されないというのは釈然としない感もあろう。

そこで、〔9〕のような、未登記譲受人占有後抵当型の事案をめぐっては、原所有者からの未登記譲受人の時効取得は可能なのか、もしそれが認められないとしたら、ほかに占有者を保護する方法はないのか、ということが重要な課題として俎上に載せられることになろう。

（d）以上のように、「抵当権と時効」という大きなテーマの中で、〔7〕の平成一五年最判と〔9〕の平成二四年最判をどのように位置づけるかという論題をめぐっては、①「取得時効と登記」に関する判例理論との関係やその理論自体の妥当性をどう考えるかという問題（第一の論点）と、②民法三九七条はどのように解釈されるべきかという問題（第二の論点）が、まずは主要な論点として浮かび上がってくる。さらに、上の（c）（ア）（イ）にあげたように、③〔7〕〔9〕両判決の事案は、取得時効の趣旨等から見て果たしてどのように解釈したらよいのかということが、より具体的かつ究極の論点（第三の論点）として考察の対象になると思われる。

しかし、本第二章では、これらのうち、①の「取得時効と登記」に関する判例理論をめぐる問題に焦点を絞って検討することにし、②の民法三九七条に関わる問題、および、③の事案の具体的解釈に関わる問題は、本書第三章以下で改めて考察することにしたい。

注

(1) 拙稿「抵当権と時効」玉田弘毅先生古稀記念『現代民法学の諸問題』（信山社出版、一九九八）四五頁以下（本書第一章一頁以下）。「抵当権と時効」の問題をめぐる従来の判例・学説の状況については、同四七頁以下（本書五頁以下）参照。なお、同拙稿執筆当時、民法（第一編～第三編）は片仮名・旧仮名遣い・文語体の文章であったが、平成一六年一二月一日法律第一四七号「民法の一部を改正する法律」により、条文の現代語化がなされた。

(2) 最近の主要論文として、山野目章夫「抵当権と時効」（ボンヌ・シャンス物権法［第15回］）法セ四一巻六号（一九九六）七六頁以下、道垣内弘人「時効取得が原始取得であること」（論点講座「民法☆かゆいところ」第17回）法教三〇二号（二〇〇五）四六頁以下、角紀代恵「抵当権の消滅と時効」みんけん五九五号（二〇〇六）一三頁以下、同「再論 抵当権の消滅と時効」星野英一先生追悼『日本民法学の新たな時代』（有斐閣、二〇一五）三七一頁以下、田中克志「民法三九六条及び同法三九七条に関する序論的考察」静岡大学法政研究一四巻三＝四号（二〇一〇）一頁以下、古積健三郎「時効による抵当権の消滅について」平井一雄先生喜寿記念『財産法の新動向』（信山社、二〇一二）九七頁以下（換価権としての抵当権（弘文堂、二〇一三）所収、一九二頁以下）、香川崇「近時の重要判例でみる時効――最判平二四・三・一六（金判一三九一――一三）を中心にして」月報司法書士四八六号（二〇一二）一二頁以下、佐久間毅「『継続は力なり。』そう思う↓はい　そう思わない↓いいえ」（論点講座「事例から考える民法」第20回）法教三八七号（二〇一二）一一九頁以下（佐久間ほか『事例から民法を考える』（法学教室Library）（有斐閣、二〇一四）所収、三六頁以下）、金子敬明「抵当権と時効――最近の三つの最高裁判決を機縁として」千葉大学法学論集二七巻三号（二〇一三）一頁以下、安永正昭「抵当不動産の自主占有の継続（取得時効）と抵当権の消滅」田原睦夫先生古稀・最高裁判事退官記念論文集『現代民事法の実務と理論 上巻』（金融財政事情研究会、二〇一三）一二七頁以下、武川幸嗣「抵当権時効と所有権の取得時効」内池慶四郎先生追悼論文集『私権の創設とその展開』（慶應義塾大学出版会、二〇一三）五九七頁以下、同「抵当権と時効・その1――抵当権時効の特色と第三取得者の地位」（プラスアルファについて考える基本民法［第13回］）法セ六一巻四号（二〇一六）七九頁以下、同「抵当権と時効・その2――もう一歩先の類型的考察」（プラスアルファについて考える基本民法［第14回］）法セ六一巻五号（二〇一六）七二頁以下、青木則幸「時効による抵当権の

消滅」（論点講座「再発見・担保物権法」第9回）法教四三三号（二〇一五）七五頁以下。

（3）本書第一章三頁。

（4）これに対し、〔11〕最判平成一一・一〇・二一民集五三巻七号一一九〇頁では、後順位抵当権者は、先順位抵当権の被担保債権の消滅により直接利益を受ける者に該当しないということを理由に、同債権の消滅時効の援用権者には含まれないものとされた。なお、旧民法についてであるが、起草者ボアソナードによれば、後順位抵当権者は、抵当権を設定した債務者の承継人として（旧民証拠編九七条一項「時効ヲ援用スルニ利益ヲ有スル当事者ノ総テノ承継人ハ或ハ原告ト為リ或ハ被告ト為リ其当事者ノ権ニ基キテ時効ヲ援用スルコトヲ得」）、先順位抵当権によって担保される債権の免責時効（現行民法の「消滅時効」）を援用できるとされており（ボアソナード氏起稿『再閲修正民法草案註釈第五編』〔発行所・刊行年無記載〕〔一一七〇〕五五八頁以下〔ボワソナード氏起稿『再閲修正民法草案註釈第五編』（ボワソナード民法典研究会編『ボワソナード民法典資料集成後期一―一第Ⅵ巻』（雄松堂出版、二〇〇〇）所収、二八五頁〕）、後順位抵当権者も先順位抵当権の被担保債権の時効の援用権者とされている点が注目される（V. G. BOISSONADE, *Projet de Code civil pour l'Empire du Japon accompagné d'un commentaire*, t. V, Tokio, 1889, n°270, pp.286-287; 拙稿「旧民法における時効の援用権者——考察への展望——」平井喜寿〔前掲注（2）〕六五二頁参照）。

（5）当時の判例では、第三取得者は、被担保債権の消滅時効の直接の受益者でないため、その援用ができないとされていた（〔12〕大判明治四三・一・二五民録一六輯二二頁、〔13〕大判昭和一〇・五・二八新聞三八五三号一一頁、〔14〕大判昭和一三・二・一四新聞四二四九号七頁）。なお、本書第一章五頁も参照。

（6）本書第一章五頁。同旨——来栖三郎・判民昭和一五年度（有斐閣、復刊、一九五四）一一七事件四六五頁〔来栖三郎著作集Ⅰ法律家・法の解釈・財産法・財産法判例評釈(1)〔総則・物権〕（信山社出版、二〇〇四）所収、六三八頁〕、古積・前掲注（2）一二四頁〔換価権としての抵当権三二三頁以下〕。

（7）本書第一章五頁以下。同旨——平野裕之『担保物権法』（日本評論社、二〇一七）一三四頁。ほぼ同旨——槇悌次『担保物権法』（有斐閣、一九八一）二四四頁、平野『民法総合3担保物権法〔第二版〕』（信山社出版、二〇〇九）一九四頁、髙橋眞『担保物権法〔第2版〕』（法学叢書6）（成文堂、二〇一〇）二四四頁、古積・前掲注（2）九七頁以下〔換価権としての抵当権二九二頁〕。なお、松岡久和『担保物権法』（日本評論社、二〇一七）一七三頁は、「中断などがあって被担保債権が時効消滅していない場合には」、〔4〕判決を「根拠に抵当権のみの消滅を認める余地が残る」として、〔4〕

判決の先例性を完全に否定するのではなく、「現在では判例としての価値は低い」という表現にとどめている。

（8）本書第一章六頁以下も参照。なお、本章本文では、ひとまず、抵当不動産の第三取得者が抵当権の存在を承認した事案に関する〔2〕大判昭和一三・二・一二を、⑤の論点に関連するものとしてあげているが、これは、抵当権について悪意であることが抵当権の存在の承認の当然の前提となるという視点（清水誠「抵当権の消滅と時効制度との関連について」加藤一郎編『民法学の歴史と課題』〔東京大学出版会、一九八二〕一七〇頁参照）に基づくものである。そして、民法三九七条は、抵当不動産の占有者が悪意（但し、本文後述の〔6〕最判昭和四三・一二・二四で議論されたように、その悪意が抵当権・所有権いずれのものについてかの問題はある）の場合であっても、その占有が二〇年継続した場合は、抵当権の消滅を認める。

　これに対し、抵当権の存在を承認して占有するということは、抵当権の存在について悪意であるだけではなく（池田恒男「〔7〕判決判批」判タ一一五七号〔二〇〇四〕一一三頁注(14)参照）、将来抵当権の実行により占有が奪われてしまっても構わないという意思で、抵当権を容認して不動産を占有している場合を意味するか、とも考えられる（岩川隆嗣「〔9〕判決判批」法協一三一巻九号〔二〇一四〕二六一頁以下も参照）。〔2〕の昭和一三年大判は、抵当不動産の第三取得者が抵当権の存在を承認しつつ占有したときは抵当権の消滅は否定されるとしているが、このような判示に基づくならば、⑤の論点とは別に、抵当権の存在を承認して不動産を時効期間占有した場合は、抵当権の負担が付いた所有権の取得しか認められないのか、という論点（論点⑥）も取り上げる必要があるのかもしれない。しかし、この論点を俎上に載せるとしても、まず問題となるべきは、どのような占有態様が抵当権の存在を承認した占有とされるのか、という点であろう。また、そもそも抵当権の承認という主観的態様は、時効による抵当権消滅を規定した民法三九七条の趣旨との関係で果たして問題とすべきことがらなのか疑問なしとしない。なお、このことに関連し、遠藤浩「取得時効における占有の態様」我妻榮先生追悼論文集『私法学の新たな展開』（有斐閣、一九七五）一七四頁が、「抵当権を否定した占有とか、認容した占有とかとは何を指すのだろうか。占有を内容としないこの価値権について、これを否定した占有とは何なのか」と指摘している点（同論文一七九頁以下にも同様の指摘がある。遠藤「取得時効の効果の一考察」税務大学校論叢四号（一九七一）三九頁以下も参照。同旨――角・前掲注（2）みんけん一九頁、同・前掲注（2）星野追悼三八二頁、武川・前掲注（2）内池追悼六一五頁）は、きわめて注目に値する。ちなみに、後の本章第二節二（1）（b）では、〔7〕最判平成一五・一〇・三一の事案で占有者が行った「抵当権の設定登記を伴った」時効取得の登記と抵当権の容認との関係について論じている。

(9) 本書第一章七頁参照。

(10) このように評価するものとして、横山長「〔6〕判決判解」法曹会編『最高裁判所判例解説民事篇（下）昭和四十三年度』（法曹会、一九六九）一三八四頁。同旨――遠藤「〔6〕判決判批」民商六一巻五号（一九七〇）一〇七頁、槇・前掲注（7）二四五頁、宇佐見大司「取得時効の起算点――一つの覚書」愛知学院大学論叢法学研究二五巻一号（一九八一）二八頁以下、篠塚昭次＝前田達明編『新・判例コンメンタール民法4担保物権』（三省堂、一九九一）一九七頁〔庄菊博〕、香川「〔8〕判決判批」法時八四巻一二号（二〇一二）一一〇頁注14)、石田剛「〔9〕判決判批」リマークス四六号（二〇一三）二〇頁、柚木馨＝高木多喜男編『新版注釈民法(9)物権(4)〔改訂版〕』（有斐閣、二〇一五）四七三頁〔柚木馨＝小脇一海＝占部洋之〕。

　もっとも、〔6〕の事案で、民法三九七条による抵当権の時効消滅が問題となりうる根拠として、本章が時効の遡及効（民一四四条）をあげているのに対し、横山・同判解一三九〇頁（注四）は、次のような説明を行っている。すなわち、同事案は「直接には、時効による抵当権の消滅が問題となってはいない。しかし、抵当権の実行を見ないまま」抵当不動産の第三取得者の占有が一〇年継続した場合にも抵当権の消滅を主張できないとするならば、このような抵当権の負担を排除できない占有の継続によっては、抵当権の実行がその期間内になされた場合も、競落人（現行民事執行法の下では、「買受人」）の地位を否定しえないことになるはずであるから、「問題は必然的に三九七条の解釈と結びつく」、と（ほぼ同旨――道垣内・前掲注（2）四八頁、安永・前掲注（2）一三四頁）。要するに、この説明を裏から言えば、第三取得者における取得時効の完成によって抵当権が消滅することが民法三九七条で認められているからこそ、第三取得者は競落人の「競落による所有権取得自体を否定することができる」（角・前掲注（2）みんけん一九頁、同・前掲注（2）星野追悼三七六頁）ということであろう（ほぼ同旨――古積・前掲注（2）一〇四頁〔換価権としての抵当権二九八頁〕、松岡・前掲注（7）一七七頁以下）。また、これを換言すれば、武川・前掲注（2）抵当権と時効・その1八三頁注13)が説くように、抵当不動産の第三取得者と抵当権実行後の「買受人間の優劣は抵当権者との対抗関係に従うため、抵当権者に劣後する第三取得者の保護は、同人が取得時効による抵当権の消滅を主張できることを前提とするものであり、買受人に対する関係において新たな取得時効が問題となるわけではない」ということになろう。

　だが、〔6〕の事案は、抵当不動産の第三取得者による時効取得が抵当権実行による競落人の登場後であったのに対し、第三取得者の時効取得後に抵当権実行による競落人が出現したという場合を仮定するならば、後述の「取得時効と登記」に関する判例理論に従う限り、時効取得が未登記の第三取得者は所有権取得を競落人に主張できないことになる。よって、「取得時効と登記」に関する判例理論を前提とした上で、このような事例をも想定するならば、抵当不動産の第三取得者と競落人（買受人）の優劣の問題は、常に民法三九七条による抵当権の時効消滅の問題と直結することにはならないのであり（ほぼ同旨――久須本かおり「〔7〕判決判批」愛知大学法学部法經論集一六七号（二〇〇五）一三頁、新井敦志「〔7〕判決判批」立正大学法制研究所研究年報一一号（二〇〇六）四六頁、髙橋・前掲注（7）二四五頁、生熊長幸『担保物権法』〔三省堂テミス〕（三省堂、二〇一三）一六六頁）、この点で、本注前段において紹介した見解の論理には幾分か疑問が残されることになろう。

（11）以上について、本書第一章七頁も参照。なお、〔6〕最判昭和四三・一二・二四によって、従来の大審院判例（〔3〕大判昭和一五・八・一二）が変更されたという評価に反対するものとして、清水（誠）・前掲注（8）一八八頁、岡田愛「〔7〕判決判批」法時七七巻二号（二〇〇五）一一四頁、平野・前掲注（7）総合一九七頁注274、一九八頁、髙橋・前掲注（7）二四五頁、生熊・前掲注（10）一六六頁。

（12）本書第一章六頁、四六頁以下も参照。なお、角・前掲注（2）星野追悼三八五頁以下は、〔1〕判決の事案を、時効取得者と競落人との対抗問題に関するものであって、「取得時効の成立と抵当権の消滅が争点となったものではない」と捉えている。しかし、判決文からは必ずしも明瞭ではないが、同事案における土地の受贈者の取得時効完成時にはまだ競売はなされていないと見られるため、取得時効の成立による抵当権の消滅が争点となった事案と解することが可能であろう。

（13）〔5〕判決は、自己の物の時効取得を初めて認めた最高裁判例である。なお、自己の物の時効取得の問題については、拙稿「自己の物の時効取得について」半田正夫教授還暦記念論集『民法と著作権法の諸問題』（法学書院、一九九三）一六二頁以下参照。

（14）〔5〕判決の事案について、拙著『取得時効の研究』（信山社出版、一九九六）二二〇頁以下〔初出：拙稿「二重譲渡と取得時効」松商短大論叢三六号（一九八七）八七頁以下〕、本書第一章四七頁も参照。

（15）なお、安永・前掲注（2）一四五頁によれば、〔5〕の事案においては、時効の遡及効により、未登記譲受人はその占有開始時に原所有者から時効取得したことになり、その後の抵当権設定時には原所有者は無権利者となるため、原所有者の設定行為によっては抵当権は成立しない、とされる。しかし、このような解釈に対しては、もし時効取得も、民法一七七条の登記がなければ対抗できない物権変動に含まれると解するならば、占有開始時における未登記の時効取得は、その後原所有者から設定を受けた抵当権者に対抗できないことになるのではないか、という疑義が生ずるところである。

(16) 古積「〔8〕判決判批」新・判例解説Watch【2012年4月】(法セ増刊速報判例解説一〇号)(二〇一二)六〇頁、同「〔8〕判決判批」平成23年度重要判例解説(ジュリ一四四〇号)(二〇一二)七一頁、同「〔9〕判決判批」新・判例解説Watch【2013年4月】(法セ増刊速報判例解説一二号)(二〇一三)九七頁、拙稿「〔8〕判決判批」民商一四五巻四＝五号(二〇一二)一三〇頁、石田(剛)「〔8〕判決判批」リマークス四四号(二〇一二)二一頁、松尾弘「〔9〕判決判批」法セ六九四号(二〇一二)一三〇頁、矢澤久純「〔9〕判決判批」北九州市立大学法政論集四一巻一号(二〇一三)四五頁(100頁)参照。

(17) 拙稿「判批」リマークス四一号(二〇一〇)二八頁、同・前掲注(16)「〔8〕判決判批」一三三頁参照。

(18) なお、〔7〕最判平成一五・一〇・三一の事案と判旨については、拙稿「〔7〕判決判解」(時の判例)法教二八六号(二〇〇四)一〇四頁、同「〔7〕判決判批」銀法六四二号(二〇〇五)八三頁参照。

(19) 本件第一審の事実認定によれば、甲地は、乙・丙両地を含む四筆の土地に換地されたようである(民集六六巻五号二三三一頁参照)。

(20) 但し、独立行政法人となったのは、二〇〇四(平成一六)年である。なお、占部「〔9〕判決判批」金法一九六四号(二〇一三)三九頁注2に、奄美群島振興開発基金についての説明がある。

(21) 第一審の判決文によれば、Xは、取得時効の起算日である一九八六(昭和六一)年一〇月二四日に遡って乙・丙両地を原始取得したとされるが、当時は換地前であるから、厳密に言えば、時効取得するのは甲地であり、換地により甲地に対する所有権が乙地・丙地等に引き継がれたということになろう。

(22) この点について、伊藤栄寿「〔9〕判決判批」銀法七四七号(二〇一二)八頁は、「消滅した抵当権との間では権利の対立関係が生じることはな」く、また、「権利の対立関係」が初めて生じた時点こそ時効の起算点となるべきであるから、「再度の取得時効の起算点は基本的に、現存する最先順位の抵当権設定時が基準になる」とし、〔9〕最判に賛成する(同旨――古積・前掲注(16)「〔9〕判決判批」九八頁注6)。

(23) 詳しくは、後述。

(24) 民集六六巻五号二三二七頁。
(25) 該当文献については、民法三九七条を中心に考察する本書第三章に掲記する予定。
(26) 前注(1)参照。
(27) ちなみに、五十川直行「〔9〕判決判批」平成24年度重要判例解説(ジュリ一四五三号)(二〇一三)六九頁はこのような類型を「譲渡後抵当型」と名づけているが、本書では、占有者の立場からの視点を重視して本文掲記の名称にした。
(28) 取得時効の存在理由に関する私見については、拙著・前掲注(14)研究一頁以下〔初出:拙稿「取得時効の存在理由――長期取得時効を中心に――」松商短大論叢三二号(一九八四)一六頁以下、同「取得時効と取引の安全――短期取得時効の存在理由と適用範囲――」松商短大論叢三三号(一九八五)二五頁以下〕、本書第一章三七頁以下参照。

第二節 「取得時効と登記」に関する判例理論からの検討

一 判例理論

(1) 判例理論の概要

前述のように、〔7〕の平成一五年最判、〔9〕の平成二四年最判の両判決とも、その判旨を展開するにあたって前提となっているのは、「取得時効と登記」に関する判例理論である。そして、この判例理論は、大審院時代から今日に至るまで、連綿と維持されてきているのであるが、その内容は、以下の五原則からなるものとされる。(29)

①**第一原則**　時効完成当時の所有者は、時効取得によって所有権を喪失する「当事者」であり、不動産の時効取得者は、この者に対して登記なくして所有権の取得を対抗できる（〔15〕大判大正七・三・二民録二四輯四二三頁）。

②**第二原則**　原所有者Aの不動産を一方でBが時効取得し、他方でCがAから譲り受けた場合、Cの譲受けがBの取得時効完成前ならば、①と同様、CはBの時効取得により所有権を喪失する「当事者」であり、Cに対してBは登記がなくても対抗できる（〔16〕大判大正一三・一〇・二九新聞二三三一号二一頁、〔17〕最判昭和四一・一一・二二民集二〇巻九号一九〇一頁、〔18〕最判昭和四五・一二・一八民集二四巻一三号二一一八頁、〔19〕最判昭和四六・一一・五民集二五巻八号一〇八七頁、〔20〕最判昭和四七・六・三〇金法六五七号二五頁、〔21〕最判昭和五四・九・七民集三三巻五号六四〇頁）。Cの譲受けがBの時効完成前ならば、Cの登記がBの時効完成後であっても同様である（〔22〕大判昭和一二・一・二六判決全集五輯三号九五頁、〔23〕最判昭和四二・七・二一民集二一巻六号一六五三頁）。

③**第三原則**　②の事例で、Cの譲受けがBの取得時効完成後ならば、AからB、AからCへの二重譲渡があった場合と同様に考えられ、CはBにとって「第三者」となるから、Bは登記がなければ時効取得をCに対抗できない（〔24〕大判大正一一・六・九新聞二〇三〇号二〇頁、〔25〕大連判大正一四・七・八民集四巻四一二頁、〔26〕大判昭和六・四・七新聞三二六二号一二頁、〔27〕大判昭和七・三・一五新聞三三九四号一四頁、〔28〕大判昭和

八・一〇・五新聞三六二一号一〇頁、〔29〕大判昭和九・七・一〇法学三巻一二号一一〇頁、〔30〕大判昭和九・一〇・二七法学四巻四号一一九頁、〔31〕大判昭和一一・三・一九民集一五巻五三〇頁、〔32〕最判昭和三三・八・二八民集一二巻一二号一九三六頁、〔33〕最判昭和四六・一一・一九金法六三五号四三頁、〔34〕最判昭和四八・一〇・五民集二七巻九号一一一〇頁、〔35〕最判昭和五七・二・一八判時一〇三六号六八頁）。

④**第四原則**　③の場合、取得時効を主張する者（B）は、必ず時効の基礎たる占有の開始した時点を起算点としなければならず、任意に起算点を選択し、時効の完成時点をCがAから譲り受けた時以後にもっていくことはできない（〔36〕大判昭和一三・五・七判決全集五輯一一号五二〇頁、〔37〕大判昭和一四・一〇・一三判決全集六輯二九号一二六一頁、〔38〕最判昭和三五・七・二七民集一四巻一〇号一八七一頁）。

⑤**第五原則**　Bの時効完成後にCがAから譲り受けて、Bの時効取得が対抗不能となっても（③の場合）、Cの登記後さらに一〇年または二〇年占有を継続すれば、BはCに対して、時効取得を登記なしで対抗できるようになる（〔39〕最判昭和三六・七・二〇民集一五巻七号一九〇三頁）。

（2）登記名義人による抵当権設定の場合への適用

もっとも、（1）にあげた判例理論の五原則は、主として、所有権対所有権という完全に相容れない権利間の対抗問題に関し、判例が長い年月をかけて形成してきた原則である[30]。ところが、〔7〕の平成一五年最判、〔9〕の平成二四年最判の事案は、所有権対抵当権という本来併存が可能な物権間の対抗関係が問題となったものであり、この点から見ると、上記判例理論がそのまま妥当するのか全く疑問がないわけではない[31]。

しかし、〔9〕の最高裁判決の説示に従うならば、もしひとたび抵当権が実行されれば、不動産の所有者はその所有権を競売によって奪われてしまう。要するに、抵当権は、将来において、不動産の所有権を消滅させる権能を有する権利であり、不動産の所有者が抵当権を承認していない以上、不動産の所有者と抵当権者は、この意味での対立関係、すなわち「食うか食われるか」の関係にあると言うことができる。そして、このような観点から見るのならば、「取得時効と登記」に関する判例理論は、対抵当権者のような所有者以外の物権取得者との間の関係についても共通する理論と言うことができるであろう。(32)

二　検討

(1)　最判平成一五・一〇・三一と最判平成二四・三・一六の齟齬について

(a)　そこで、まずは、「取得時効と登記」に関する判例理論を大前提とした上で、〔7〕の最判平成一五・一〇・三一と〔9〕の最判平成二四・三・一六との関係から検討していくと、先述のように、〔7〕と〔9〕の両判決では、お互いの結論が真っ向から対立する形となっている。そして、両判決のうち、〔9〕判決は、第三者が抵当権者である場合に、判例理論の第五原則をそのまま適用して判示したものであり、判例理論を前提とする限りでは、第五原則との関係については特に問題は見られない。これに対し、〔7〕の事案では、原審が第三者の抵当権登記時を起算点とする取得時効の成立とそれに伴う抵当権の消滅を認容したところ、最高裁はこれを否定し、同事案に第五原則を適用することを認めなかった。その理由として、〔7〕判決は、前掲（第一節二(1)(b)）のように、当該事案では、占有者は既に占有開始時を起算点とする取得時効を援用し、この援用によって確定的に係争地の所有権を取得したのであるから、起算点を後ろにずらせて、再度、取得時効の完成を主張することはできない、ということをあげている。(33)

しかし、池田恒男の〔7〕判決に対する判例評釈を参考にすれば、〔7〕の事案で、係争地の占有者が占有開始時を起算点とする取得時効を援用して、時効取得による登記を経ていたのは、もともと係争地の所有名義人Aと占有者Xとの間で係争地の帰属について争いがあり、〔7〕の訴訟に先行するAとの訴訟において、Xは予備的に時効取得を主張せざるを得なかったという事情があったためと推測される。(34) これに対して、仮に係争地に設定された抵当権の実行まで占有者と所有名義人との間で紛争が生じていなかったという場面を想定すれば、この場合、占有者が抵当権の登記後、その登記時を起算点として、取得時効を初めて援用することは十分ありうることである。そうすると、占有開始時を起算点とする取得時効を先に援用しているかどうかということは、事案ごとの偶然の事情によって変わってくるわけであるから、そのことによって正反対の結論をもたらす〔7〕判決の論理は、余り説得力がないものと言わざるを得ないであろう。(35)(36)

(b)(ア) ところで、前掲の〔1〕大判大正九・七・一六は、民法一六二条二項に「『不動産ノ所有権ヲ取得ス』トアルハ必シモ常ニ不動産ニ関シ完全ナル所有権ヲ取得スト謂フ意義ニアラス如何ナル範囲ノ所有権ヲ取得スヘキヤノ問題ハ其所有権取得ノ前提タル占有ノ範囲如何ニ依リテ決定セラルルモノトス即チ……不動産ヲ完全ニ占有シタルトキハ完全ナル所有権ヲ取得スヘキモ第三者ノ権利ヲ認メ制限的ニ不動産ヲ占有シタルトキハ第三者ノ権利附著ノ儘制限的所有権ヲ取得スルニ過キサルモノトス」と判示するが、事案に即して考えれば、これは、抵当権を認容して不動産を占有した場合は抵当権が付着したままの不動産を時効取得することになる、ということを傍論として述べたもの(37)と言うことができよう。(38) そして、この判例に倣ってか、(39)〔9〕の最判平成二四・三・一六は、第一節二(2)(b)に掲記のごとく、「不動産の取得時効の完成後、所有権移転登記がされることのないまま、第三者が原所有者から抵当権の設定を受けて抵当権設定登記を了した場合において」、「不動産の時効取得者である占有者が、その後引き続き時効取得に必要な期間占有を継続したときは、上記占有者が上記抵当権の存在を容認していたなど抵当権の消滅を妨げる特段の事情がない限り、上記占有者は、上記不動産を時効取得し、その結果、上記抵当権は消滅する」（傍点――引用者）と判示している。よって、以上の論旨に従うならば、仮に占有者が抵当権の存在を容認しつつ占有を継続した場合においては、占有者は、抵当権の負担の付いた所有権を時効取得することになるのかもしれない。(40)

ところが、ここで改めて、〔7〕の最判平成一五・一〇・三一の事案に目を向けると、A所有とされる係争地を時効取得したXは、Aを物上保証人、Cを抵当権者とする抵当権設定登記、および、CからYへの抵当権移転の付記登記の後で、Aに対して取得時効を援用し、時効取得を原因とする所有権移転登記を経由している。そこで、古積健三郎は以上の経緯を捉え、占有者Xが最初に取得時効を援用することによって「抵当権の設定登記を伴った所有権の移転登記」を具備したのは、「その権利が抵当権に劣後することを前提にした行為」を行ったことにあたるため、「少なくともその後の占有は抵当権の存在を前提にしたものと判定できる」とし、それゆえ、〔7〕判決が「再度の取得時効の援用を否定して抵当権の効力を認めたこと」は「自然な結論」である、と主張する。(41)

（イ）　しかしながら、ここでも〔7〕判決に関する池田の評釈(42)を参酌すると、確かにXによる最初の時効取得（一九八二〔昭和五七〕年二月一七日）の登記は、Bの抵当権の登記（一九八三〔昭和五八〕年一二月一三日）、およびYへの抵当権移転の付記登記（一九九七〔平成九〕年三月二六日）の後でなされている（一九九九〔平成一一〕年六月一五日）。だが、時効取得が登記されるまでこのように長い年月がかかったのは、A・X間の係争地をめぐる紛争が長期に及び、その間、Aの提訴・取下げが繰り返されて、最終的に判決が確定するまでは、Xの時効取得の登記は「事実上不可能だったからである」とされる。とするならば、たとえXが時効取得の登記を行った土地にそれ以前に抵当権の登記が付けられていたとしても、このことをもって、Xの行為は抵当権を容認したものだとか、抵当権の存在を前提とするものであると判定することはかなり困難なのではなかろうか。

また、〔7〕の事案については、もともとA・X間で係争地の帰属について争いがあったようであり、Xは係争地が自己所有地であると主張した上で、予備的に取得時効を援用したものとされる。そうすると、Xの取得時効の援用は、係争地が自己所有地と認定されない場合に備えてなされたものであるから、たとえ係争地がA所有地であるとの仮定の下で援用されたとしても、これをA所有地に付けられている抵当権の登記を認めた、あるいは前提とした行為であるとは、必ずしも言えないように思われる。

(c) 以上、最高裁は、「取得時効と登記」に関する判例理論の第五原則を〔7〕の事案へ適用することはできないとしているのであるが、右の(a)(b)で述べたところからは、そのような結論には合理性がなく、判例理論を大前提とする限りでは、〔7〕についても第五原則が適用されて然るべきことになろう。

(2) 判例理論の問題点からの検討

(a) 判例理論の問題点

(ア) 次に、「取得時効と登記」に関する判例理論の詳細については本節（第二節）一であげたところであるが、そもそもこの判例理論に対しては、これまで学説から多岐にわたる批判がなされてきている。そこで、諸学説によって指摘された判例理論の問題点をここで要約すると、以下のようにまとめることができるであろう。(43)

すなわち、その一つ目として、判例理論の五原則のうち、第二原則と第三原則を比較すれば、時効取得者

（Ｂ）は時効完成前の原所有者からの譲受人には対抗できるのに、時効完成後の譲受人には対抗できず、時効完成後も長期間占有を継続した者の方がかえって保護されない結果となる。また逆に、譲受人（Ｃ）の側から見れば、時効完成後に譲り受けたＣは保護されるのに対し、Ｃの譲受けがＢの時効完成前ならば保護されず、Ｃの保護は偶然の事情によって左右されることになる。

二つ目に、第四原則によれば、時効の起算点は占有開始時に固定されることになるが、何十年といった長期間の占有が継続している場合に、占有開始時を正確に知ることは困難である。

三つ目に、例えばＢが一五年占有した時点で原所有者ＡからＣに譲渡がなされ、その後もＢが五年間占有を継続したという例を考えてみると、民法一六二条一項と二項の差異に基づき、Ｂは悪意または有過失ならば保護されるのに対し、善意・無過失ならば逆にＣが保護されるという奇妙な結果が生ずる。[44]

四つ目に、時効取得者は一般に、自己を真実の所有者と信じて不動産を占有してきた者である。従って、このような者に時効取得の登記を求めるのは不可能を強いることになる。

五つ目として、第四原則に従うと、時効の起算点は占有開始時に固定されるはずであるが、第五原則は事実上起算点を第三者の登記時までずらすものであり、第四原則を前提とするならば、決して認めることのできない原則と思われる。

（イ）　以上のように、「取得時効と登記」に関する判例理論には数多くの問題点が存在するが、〔9〕最判平成二四・三・一六は、「不動産の取得時効の完成後、所有権移転登記がされることのないまま、第三者が原所有者から抵当権の設定を受けて抵当権設定登記を了した場合」（傍点――引用者）についても、〔39〕最判昭和三六・七・二〇によって形成された判例理論の第五原則が妥当し、不動産の占有者は抵当権設定登記の日を起算点とする取得時効により完全な所有権を取得しうるものとした（前節〔第一節〕二（2）（b）、本節〔第二節〕一

（2）参照）。それゆえ、ここでは、「取得時効と登記」に関する判例理論の様々な問題点のうち、特に第五原則をめぐる論点を中心に検討していくことにする。

（b）判例理論の第五原則を中心とした検討

（ア）最判昭和三六・七・二〇の事案と判旨

そこで、まずは、判例理論の第五原則を生み出した〔39〕最判昭和三六・七・二〇の事案と判旨をあげると、以下のようである。

（α）事案

本件山林はもとA（藤沢）部落の所有であったが、一九二六（大正一五）年八月二六日、Y（藤沢町）に対し寄付を原因とする所有権移転登記がなされている。X神社は、第一に、本件山林はX神社の前々身X′神社が一九〇五（明治三八）年五月二九日、A部落から寄付を受けたものであり、右登記が示すA部落からYへの贈与は虚偽仮装のもので無効である、と主張。第二に、仮にYがA部落から真実本件山林の寄付を受けて一九二六（大正一五）年八月二六日登記した結果、X′神社がYに対抗できなくなったとしても、Yの登記後X′神社は本件山林の自主占有を継続してきたのであるから、一〇年後の一九三六（昭和一一）年八月二五日または二〇年後の一九四六（昭和二一）年八月二五日限りで時効取得した、と主張した。

原審は、X′神社は一九〇五（明治三八）年五月二九日以来自主占有していたが、Yの前記登記により時効が中断され、X′神社はYの登記後一〇年経過した一九三六（昭和一一）年八月二六日再度時効取得し、登記なしにYに対抗しうるに至った、と判示。そこで、Yが上告した。(45)

（β）判旨

「時効による権利の取得の有無を考察するにあたつては、単に当事者間のみならず、第三者に対する関係も同時に考慮しなければならぬのであつて、この関係においては、結局当該不動産についていかなる時期に何人によつて登記がなされたかが問題となるのである。されば、時効が完成しても、その登記がなければ、その後に登記を経由した第三者に対しては時効による権利の取得を対抗しえないのに反し、第三者のなした登記後に時効が完成した場合においては、その第三者に対しては、登記を経由しなくとも時効取得をもつてこれに対抗しうることとなると解すべきことは、当裁判所の判例とするところであつて（昭和三三年（オ）三四四号同三五年七月二七日当法廷判決、判例集一四巻一〇号一八七一頁以下）、所論引用の判例[46]も結局その趣旨において前記判例と異ることないものと解すべきである。

そして、原判決の確定した事実関係によれば、本件山林は、もとＡ部落の所有するところであつたが、Ｘの被承継人Ｘ'神社は明治三八年五月二九日より大正四年五月二九日まで一〇年間これを所有の意思をもつて平穏、公然、善意、無過失に占有を継続し、ために大正四年五月二九日に取得時効が完成したもののその登記を経ることなく経過するうち、同一五年八月二六日ＹがＡ部落より右山林の寄附をうけてその旨の登記を経由するに至つたところ、Ｘ'神社はさらに右登記の日より昭和一一年八月二六日まで一〇年間引き続き所有の意思をもつて平穏、公然、善意、無過失に占有を継続したというのである。されば、前記Ｘ'神社は右時効による所有権の取得をその旨の登記を経由することなくてもＹに対抗することができること前示当裁判所の判例に照し明らかであり、従つて、右Ｘ'神社の包括承継人であるＸもまた同一の主張をなしうること論を待たない。原判決は、Ｙの前記登記によつて時効が中断されるものと判示したのは失当たるを免れないが、結局その結論において正当である」。

(イ) 最判昭和三六・七・二〇の問題点

以上のように、(i)〔39〕の昭和三六年最判は、まず、不動産の占有者X′の時効取得後、原所有者Aからの譲受人Yが所有権移転登記を経由したという事案であり、この点から言えば、「取得時効と登記」に関する判例理論の第三原則により、X′(及び包括承継人X)はYに時効取得を永遠に対抗できないはずである。そして、(ii)判例理論の第四原則によれば、取得時効の起算点は占有開始時に固定されるため、起算点を占有開始時以降の任意の時点にずらして第三原則の適用を免れ、第二原則に持ち込むという手法は許されないのが道理と言えよう。ところが、(iii)〔39〕判決では、Yの登記時から始まるX′の一〇年間の占有は、第二原則が適用される「第三者のなした登記後に時効が完成した場合」に該当し、その結果、X′(及び包括承継人X)はYの登記時を起算点とする時効取得をYに対して登記なしに対抗できる、とされた。

このような判旨、換言すれば、判例理論の第五原則に対する批判は、簡単には先の(a)(ア)の最後の段落(「五つ目として」で始まる段落)で述べたところであるが、この点について、柚木馨は次のように論ずる。すなわち、判例理論によれば、最初の時効「期間満了後所有権の譲渡を受けて取得登記をした第三者があれば、占有者はいかほど永く占有を継続していても、時効取得をもって新所有者に対抗」できないはずである。そして、〔39〕判決は、判例理論の第二～第四原則を宣明した〔38〕最判昭和三五・七・二七を援用している。ところが、〔38〕の判例を前提とするならば、〔39〕の判旨とは「むしろ反対の結論をこそ期待すべきであるのに、いとも軽やかにXの勝訴をこの判例から導いた最高裁の手品に、驚嘆せざるを得ない」[47]。また、福地俊雄は次のように評する。すなわち、〔39〕判決は同判決の事案をもって、判例理論の第二原則が「そのまま妥当する場合となすもののようである」。しかし、同原則は「第三者の登記後における占有がいまだ時効期間に相当する長さに達していない場合に関するもの」である。にもかかわらず、「その判断の前提ないし基礎となった抽象的理論を大上段にふりかざし、それを判例なりとして」、〔39〕のような「主要事実を異にする事案の主たる理由とすることは、けっして『判例』の権威を高める所以とはいいえない[48]」と。

確かに、〔39〕最判昭和三六・七・二〇では、Yの登記が経由されたのは一九二六（大正一五）年八月二六日であり、その登記時を起算点とするX′の時効が完成したとするのは、それから一〇年後の一九三六（昭和一一）年八月二六日である。従って、文言のみで捉えれば、この事案は、〔38〕最判昭和三五・七・二七の言う「第三者のなした登記後に時効が完成した場合」にあたると解されないわけでもない。そうすると、〔38〕判決は、このような「場合においてはその第三者に対しては、登記を経由しなくとも時効取得をもつてこれに対抗しうることとなる」（判例理論の第二原則）と続けているが、〔39〕の事案も表面的に見ればこれに当てはまることになるため、その結果、X′は時効取得を登記なしでYに対抗できるという解釈が導出される――以上が、〔39〕判決の論理と考えられよう。しかしながら、福地も説くように、〔38〕判決でも示されている判例理論の第二原則は、時効取得者の占有開始時からの占有が未だ時効期間に到達していない間に、原所有者からの譲受人が登場した場合に関するものであり、いったん時効が成立した後に譲受人が現れ、その登記時からさらに時効期間が経過した〔39〕判決とは、まったく事案類型を異にする[49]。そして、このように考えるならば、柚木が〔39〕判決を論評して「最高裁の手品」と断ずるのも、むべなるかなと言うことができるであろう。

また、これも福地が主張するところであるが、「いったん時効が完成した」後で、「それにもかかわらず何故にYの登記後に再び……時効の新たな進行が可能となるかということが正に問題なのであり」、〔39〕判決の結論を導き出すためには、これこそ最重要課題として説示されなければならない点と思われる。ところが、同判決にはこの点を一切省略するという欠陥があるのであって[50]、判例理論の第五原則を正当化するためには、これについての理論的（あるいは実質的）根拠を示すことが必要となろう[51]。

（ウ）第五原則の正当化根拠について

では、判例理論の第五原則を第一原則〜第四原則と矛盾なく説明するために、これまでいったいどのような理論が提示されているのであろうか。

（α）右田説

（あ）この点について、まず右田尭雄最高裁判所調査官（当時）は、〔39〕最判昭和三六・七・二〇の解説の中で、最初の時効取得の「第三者が登記を経て完全な所有権者となった以上、それ以後は物権変動を惹起する対立当事者として考える必要があり、従って時効の法律関係もまた両当事者間に生ずる」（傍点――引用者）とする。[52] 要するに、判例理論の第三原則が、取得時効の完成後における原所有者からの譲受人と時効取得者との関係を「第三者関係」と捉えているのに対し、第五原則が適用される場合は、原所有者からの譲受人と同人の登記時以降の占有者との関係が時効取得の「当事者」の関係として新たに発生するので、このことをもって、時効取得を対抗するために登記は不要であるとの結論が引き出される、という考え方なのである。

しかしながら、原所有者（A）からの譲受人（C）と譲受後の時効取得者（B）との関係を物権変動の「当事者」の関係と見るのが判例理論の第二原則である（本第二節一（1）②）が、同原則は、(i)占有開始時を起算点とする取得時効の成立を当然の前提とした上で、(ii)占有開始時の所有者が誰であったかということとは全く関連なしに、時効取得時に所有者であった譲受人CはBの時効取得によって所有権を喪失する者であり、それゆえに、(iii)時効取得による物権変動の「当事者」にあたる、という筋道を追って理論構成されたものである。そこで、この理論構成に従うならば、Cと、Cの登記後に再度一〇年または二〇年占有を継続するBとの関係を物権変動の「当事者」の関係と捉えるためには、まずは、C登記時においてCとBが対立当事者であるかどうかとは無関係に、Cの登記時を起算点とする取得時効の成立を認めることが必要であり、そのことを所与の前提として、Bの時効取得によりCの所有権が消滅する結果、CとBは時効取得という物権変動の「当事者」の関係になると演繹していかなければならない。そして、このことによって初めて、時効完成以前の段階におけるBとCの関係が「物権変動を惹起する対立当事者」の関係として把握される、という命題が導き出されることになろう。ところが、右田説は、最初に、このBとCを「物権変動（所有権の得喪――引用者）を惹起する対立当事者」と措定してしまい、それを根拠に、Cの登記時を起算点とする「時効の法律関係」がC・B間に発生するとしているのであるから、これは循環論法に陥ったものと言わざるを得ないのではなかろうか。

（い）　もっとも、上の引用文を一瞥すると、右田は、Cが「登記を経て完全な所有権者となった」（傍点――引用者）ということを根拠に、C・B間に「対立当事者」関係――Bの占有継続により将来Cが所有権を喪失するという関係――が発生するとしているようでもあり、これは一応納得しうる説明のように見えないわけでもない。しかし、既登記譲受人Cと占有者Bが「対立当事者」関係になるかどうかは、上述のように、Bの時効取得の時点でCが所有権を喪失する関係にあるかどうかによって決まる。そして、右の例では、C登記時から一〇年または二〇年占有が継続した時点までCの所有者としての地位が保たれた結果、Bの時効取得によりCの所有権が消滅すると解されるのであり、だからこそ、C登記時から、CとBが時効取得をもたらす対立当事者の関係にあると捉えられるのである。

これに対し、仮にC登記の五年後、CからDに不動産が譲渡されその登記がなされたとすれば、BはC登記時から一〇年または二〇年の占有によって時効取得するが、この場合、Bの時効取得によって所有権を喪失する当事者はDであり、時効の進行が開始した時の所有者Cではないことになる。（あ）にあげたように、右田の判例解説では、Bの最初の時効取得後に登記を経由して「完全な所有権者となった」Cは、「物権変動を惹起する対立当事者」となり、「従って時効の法律関係も」C・B間に生ずるとされるが、本段にあげた例では、「時効の法律関係」はD・B間に発生する。そして、このような例をも交えて考えれば、再度の時効進行開始時において所有者であったということと、時効の当事者にあたるかどうかということとは必ずしも直結しないのではないか、というようにも思われないわけではない。もちろんこの場合でも、DはCの承継人であると言えば、一応の説明はつくかもしれない。しかし、右田の理論は、前述のように、第三者の登記取得時に「対立当事者」であった者が即、時効の法律関係――時効取得による権利の得喪――が生ずる両当事者に該当するというテーゼを掲げるものであり、本段のような例をあげた場合は、その枠から少し外れた結果が生じてしまうことになろう。

(う) 一方、叙上の点について、右田説と同じく、判例理論の第五原則を肯定する広中俊雄は、その理由として、以下のような論述を行う。すなわち、「CがBの時効取得に優先しうる地位を確保した(登記を経由した)ことにより、BがAを『当事者』とする時効取得を主張しうる可能性は消滅するが、その時からさらに一六二条所定の期間Bが占有を継続すれば、Bは、Cを『当事者』とする時効取得を主張しうる地位を取得する」[53](傍点――原文)と。要するに、上記Cが登記をすれば、BのCに対する時効取得の主張は認められず、Cが所有者として扱われる。よって、C登記の時点から、Aを相手方としていた従来の取得時効は意味がなくなり、それとは別個の、所有者Cを相手方とする新たな取得時効(C登記時からBの占有が時効期間継続すれば、Cの所有権を喪失させる取得時効)が進行を開始することになる――広中の論ずるところに従えば、判例理論の第五原則は、このような視点から正当化されうるかもしれない。そして、(あ)で引用したように、右田が「第三者が登記を経て完全な所有権者となった以上、……時効の法律関係もまた両当事者間に生ずる」(傍点――引用者)と述べている点は、広中同様、不動産の所有者Cを相手方とする、従来とは全く別個の取得時効がC登記時から進行を始めるという意味だとも理解されないわけではない。そこで、右田が、このような観点、すなわち、取得時効の相手方(時効取得によって所有権が奪われる者)の交代によって従来とは別の取得時効の進行が開始するという解釈を採っているとするならば、なるほど、右田説についても、一応の説明がつくように考えられうるかもしれない。

しかしながら、もし取得時効がその目的不動産の所有者（取得時効の相手方）ごとに別々に成立するものだとするならば、上例で、B占有不動産が三年ごとにC→D→E→F→Gと売買され、所有権移転登記が経由されていった場合は、登記名義が変わるたびにそれまでのBの占有は意味がなくなるわけであるから、Bは一〇年以上占有しているにもかかわらず、取得時効が成立しないという奇妙な結果が生ずることになる。とすれば、前段の理論に基づいて、第三者Cの登記時から時効期間が経過することによって、所有者Cを当事者とする取得時効の成立が認められるという解釈は採りえないものと思われる。(54)

（え）　ところで、右田の判例解説においては、さらに、上記Cの登記時を起算点とする再度の取得時効の成立を肯定し、その場合のCとBの関係を「当事者」の関係と把握するより本質的な根拠として、次のようなこともあげられている点が注目される。

すなわち、右田は、前述のように、第三者Cが登記を経ると「完全な所有権者」となり、それ以後、CとBは、時効取得の「対立当事者」となるとするのであるが、これについては、その叙述の括弧書きの中で、より詳しく、原所有者Aからの譲受人Cの登記により、「登記なき時効取得者と第三者との関係」が「占有者と所有者の関係におきかえられ」、その帰結として、「第三者に対抗し得ないという意味において不利益を受ける時効取得者は、後者の関係においては他人の物の占有者としての保護を受ける」（傍点――引用者）と論ずる。そして、右田は、このことをもって、時効の法律関係がCの登記の時から、両当事者間の関係（所有者と他人の物の占有者との関係）として生じ、その結果、BがCの登記時を起算点とする時効取得をCに対して対抗しうることになる根拠と解しているようである。(55)

確かに、民法一六二条は、その文言上、「他人の物」の占有を取得時効の要件としている。従って、この観点からは、(i)Cの登記によりBの占有が他人の物の占有として受容されることになれば、あるいは、(ii)C登記時を起算点とする新たな取得時効の進行も認められうるようになり、(iii)その時から時効期間占有を継続したBは、同時効により改めて時効取得する。そして、(iv)CとBの関係は、時効取得によって一方が所有権を喪失し、他方が所有権を取得する当事者間の関係になるため、(v)BはCに対して、時効取得を登記なしで対抗できる――以上のような論理の展開が可能となるであろう。

(お) だが、このような論法に対しては、以下のような反論がなされうるのではなかろうか。

すなわち、例えば、Bの最初の時効取得後、原所有者Aからの譲受人Cが登記した後で、①Bがさらに八年間占有を継続している場合を考えると、右田の見解では、Bは既に時効取得による所有者ではなく、「他人の物の占有者」となっているはずであるが、B・C間の関係は、判例理論の第三原則に基づいて、依然として、Bの占有開始時を起算点とする「登記なき時効取得者」(所有者)と「第三者」との対抗関係として処理されることになる。そうすると、②Cの登記後Bの占有が一〇年あるいは二〇年を超えた場合であっても、そのことを契機に、Bの占有が卒然「他人の物の占有」に変容するわけではないから、取得時効による所有権取得を第三者Cに対抗できないという第三原則のシェーマは、ここでも貫かれなければならないはずである。

ところが、前記右田の見解に従えば、Cの登記後におけるBの占有が時効期間を経過し、②の場合になると、Bは、忽然と「他人の物の占有者としての保護を受け」、CとBの関係は時効取得の当事者の関係になるとされるのである。もちろん、この場合、BがCに対抗しうる時効取得は、最初の時効取得とは別の、Cの登記の時点から他人物とされた物を時効期間占有したことによって認められる再度の時効取得であるという説明もありうるかもしれない。しかし、右田説によれば、前段で述べたように、Cの登記時以降、「他人の物の占有」と構成されるはずのBの占有が続いている場合にも第三原則が適用されることになるのであるが、これは理論的には、①の場合のみならず、②の場合も含めざるを得ないのであるから、この第三原則の適用と再度の時効取得の対抗との関係については、依然として釈然としない点が残ることになろう。

（か）　もっとも、以上の考え方に対しては、①Bの最初の時効取得後、原所有者Aからの譲受人Cが登記した後でBがさらに八年間占有を継続している場合、その占有八年目の時点で問題となる対抗は、当該八年目の時点を基準とした対抗ではなく、Cが登記した時点におけるBの時効取得の対抗であり、現在Bに所有権があるかどうかとは直接関係がないことがらである。そして、C登記時点で対抗が認められなかったからこそ、その後のBは所有者ではなく、他人の物の占有者となり、その結果、C登記後八年が経過した時点では、Cに対して所有権を主張できない。ところが、②Cの登記後Bの占有が一〇年あるいは二〇年以上継続すれば、Bの占有を「他人の物」の占有へと変容させたCの登記の時から、時効完成のために必要な期間が経過し、第一の取得時効とは別の第二の取得時効が成立する。そして、この第二の取得時効においては、BとCの関係が時効取得者Bと、Bの時効取得により所有権を喪失するCという当事者の関係になるため、Bは登記なしでCに時効取得を対抗できることになる——という再反論がなされうるかもしれない。

しかしながら、民法一七七条は物権変動に登記が備わっていない場合、その物権変動により権利を取得した者は自らの権利を第三者に対抗することができないと規定するが、このことは、第三者の側から未登記者を権利者と認めるということまで否定するものではない。そこで、例えば、①Bが最初に不動産を時効取得した後で、原所有者Aからの譲受人Cが登記し、さらに、その時からBが八年占有した時点において、B・C間で所有権の帰属が問題になったとしよう。このとき、右田理論によれば、Cの登記によってBは「他人の物の占有者」となるはずであるが、Bが八年占有した時点でCがBの最初の時効取得を承認した場合は、Bの所有権を認めざるを得ない。だが、この場合、Cの承認の時点で「他人の物の占有者」が所有者に転化すると解釈するのは困難であり、それゆえ、BはCが登記した時点でも所有者であったと解するほか術はないであろう。とするならば、右田理論は、第三者の登記時以降の態度により時効取得者の占有の性質がどちらに転ぶか――他人の物の占有になるのか所有者としての占有になるのか――わからない不安定な理論ということになり、果たしてこの理論に従ってよいのか大いに疑問の湧くところとなる。

また、②同様な事例で、Bの占有がCの登記後、時効期間（一〇年または二〇年）継続した場合を考えると、右田説では、この場合、C登記時を起算点とする第二の取得時効が成立し、Bは時効取得をCに対抗できるはずであるが、例えば、Bが上記時効期間経過後も二年間占有を続けた時点で、CがBの第一の時効取得を承認したときは、BはC登記時以降も、第一の時効取得に基づく所有者であり、「他人の物の占有者」ではなかったことになるため、C登記時を起算点とする第二の取得時効はその成立根拠を失う。もっとも、Bは、第二の時効取得を主張できなくても、第一の時効取得は主張できるのであるから、Bの所有権が認められるという結論に違いはないが、Cが第一の時効取得を承認すれば、Cの登記時を起算点とする第二の取得時効が成立しえなくなるというのでは、右田説を確固たる理論と認めることに躊躇せざるを得ないことになろう。

（き）　さらに、本第二節一であげた「取得時効と登記」に関する判例の第三原則によれば、未登記で最初の時効取得をしたBは、Bの時効取得後に原所有者Aから不動産を譲り受けて登記を経たCに対抗できないことになるが、ここで言う「対抗できない」とは、Bの時効取得がCとの関係で否定されることを意味する。従って、(i)時Bが時効取得をCに対抗できなくなった場合、B・C間の関係がどのように法律構成されるかと言えば、(i)時効取得によっていったんB所有となった不動産がC登記時からCの物になるのではなく、当該不動産の所有権は、原所有者Aからの譲渡行為によってAからCに直接に移転する。他方で、(ii)Bは、最初の時効取得が否定されるのであるから、占有開始時→最初の取得時効完成時→C登記時→それ以後の占有を通じて所有権を有したことは一切なかった――というように構成されることになろう。しかし、そうだとすると、Bは一貫して「他人の物の占有者」であったわけであるから、仮に右田の理論が「BはCの登記によって初めて『他人の物の占有者』となり、その結果として、Cの登記時を起算点とする再度の取得時効が成立しうる」といったものだとするならば、このような理論は、およそ「対抗」の法律構成の観点からは採りえないものとせざるを得ない。

もっとも、この点については、右田自身十分に認識しているようであり、前掲判例解説では、その注において、次のように述べられている。すなわち、以上のような場合、C登記時にBの「他人の物についての占有が新たに始まった」と解すべきではなく、Bは、Cの登記によって時効取得を対抗しえなくなるため、「さかのぼって当初から所有者でなかったこととなり、従って又当初から他人の物を占有したこととなる」[56]と。そこで、この論述をも含め、右田の見解をトータルに捉えるとすれば、(i)Bの不動産の時効取得後第三者Cが現れ、その登記をした時点で、Bの当該不動産に対する占有は、それ以前の占有期間も含め、自己の物の占有から他人の物の占有に変容する。そして、(ii)時間的現象として把握するならば、まさにCの登記の時を境にこのような法的状況が生ずるのだから、ここにCの登記時を起算点とする再度の取得時効を認める根拠が存在する――以上のようにまとめることができるであろう。

しかし、確かにCが登記を具備する瞬間までは時効取得者Bの占有が「他人の物の占有」と評価されることはないが、いったんCの登記が備わった後においては、法律構成上は、それ以前の占有も「他人の物の占有」と評価せざるを得ない。とすれば、上記のような右田の理論の展開には、少々の飛躍があるものと考えられるのである。

（く）　なお、右田説（及び同旨の説）に対する更なる疑問点としては、自己の物の時効取得を認めている判例との関係をどう考えるのか、という問題もあげられる。すなわち、前述（第一節一（2）（c）（イ）（α）〔本第二章五三頁以下）のように、〔5〕の最判昭和四二・七・二一民集二一巻六号一六四三頁は、「所有権に基づいて不動産を占有する者についても、民法一六二条の適用がある」、つまり、自己の物の占有者も時効取得しうると判示し、今日では、一般に、これが判例として認められている。[57] また、〔39〕の昭和三六年最判以前においても、前掲〔1〕大判大正九・七・一六、〔41〕大判昭和九・五・二八民集一三巻八五七頁[58]の二判決が自己の物の時効取得を肯定しているが、これら判例との関係はどのように説明されるのであろうか。

但し、大審院の判例には、以上とは逆に、民法一六二条の文言どおり、他人の物の占有を取得時効の要件とする判決（〔42〕大判昭和四・四・一一新聞三〇〇六号一〇頁、〔43〕大判昭和五・一一・一九新聞三二〇九号一五頁、〔44〕大判昭和九・九・一五新聞三八〇一号九頁、前掲〔3〕大判昭和一五・八・一二）も四件あり[59]、この点を見れば、〔39〕の昭和三六年最判の段階では、自己の物の時効取得の肯認が判例として確立していたとは必ずしも言えないかもしれない。また、〔5〕判決は、右田の判例解説後に出された判例であるとともに、同判決においても、自己の物について取得時効を援用することに意味があると判示されているのは、所有権取得の立証が困難であったり、所有権の取得を第三者に対抗できない等の場合に限られている。しかしながら、上述のように、今日、一般論として自己の物の時効取得が肯定されている以上、第三者の登記時から時効期間占有をした者が「他人の物の占有者としての保護を受ける」として再度の取得時効を承認しようとする場合は、この「自己の物の時効取得」との整合性は、十分に吟味されなければならないはずである。

（け）　最後に、本書がテーマとする「抵当権と時効」の問題に焦点を合わせると、仮に第三者Cの登記によって時効取得者Bの占有が他人の物の占有になるという論理の下で、「取得時効と登記」に関する判例理論の第五原則（本第二節一（1）⑤）を認めたとしても、上記論理は、第三者Cが原所有者Aから不動産を譲り受けた場合にのみ適合するものであって、Cが譲受人ではなく、Aから抵当権の設定を受けた抵当権者であった場合は通用しないのではないか、という疑問が浮かび上がってくる。というのは、Bの時効取得後CがAから抵当権の設定を受けて登記したとしても、Bが時効取得した所有権は抵当権の制限を受けるに過ぎず、所有権自体が奪われるわけではない。従って、Bは依然として自己の物を占有していると考えられるからである。[60]

もっとも、前示（第一節二（2）（b）、本第二節一（2））のように、〔9〕の最判平成二四・三・一六は、不動産の時効取得後、右Cが当該不動産について抵当権の設定・登記を受ければ、時効取得者Bは抵当権が実行された場合に自らの所有権取得が覆滅される地位に立たされるのであるから、この意味で、Cがたとえ抵当権者であったとしても、不動産の譲受人であった場合に比肩しうる事態――「食うか食われるか」の関係――が生ずるとして、Cが抵当権者である場合についても、判例理論の第五原則の適用を認める。ただ、〔9〕判決のこのような実質的観点からの論理に従ったとしても、この論理を民法一六二条の「他人の物」の占有という要件にどのように接合すべきかという点は、さらに問題として残ろう。

この点、大久保邦彦によると、右事例においては、「抵当権の存在に物の他人性を求めることができるので、この場合には例外的に自己の物の時効取得が認められる」（傍点――引用者）とされる。すなわち、これについては、「民法一六二条の物の他人性要件が、所有権に制限物権が附着していることに変容している」とされるのである。[61]とはいえ、他人の制限物権が付着した不動産も自己の所有する物である点に変わりはなく、これを民法一六二条の条文プロパーの問題と考えれば、結局のところ、大久保説においても、自己が所有権を有する物について、再度の取得時効によってさらに所有権を取得するという自家撞着に陥る虞もないわけではない。そこで、大久保は、これを「民法三九七条が適用されるべき」場合と位置づけ、梅謙次郎に倣い、同条が定める時効は「所有権を完全にする為めの時効」[62]であると解するのである。[63]よって、同説については、次章で民法三九七条を考察する際に、改めて検討を行うことにしたい。

（β） 佐久間説

（あ） 次に、佐久間毅の著書によれば、「取得時効と登記」に関する判例理論の第五原則については、以下のような解説がなされている。すなわち、Aの不動産をBが時効取得し、その後AがCに当該不動産を譲渡して移転登記をした場合、Bが同不動産の占有を以前と同様に継続していたときでも、Cが登記を具備した時点で、Bの「それまでの占有は取得時効の根拠としては無意味になり、それ以後の占有だけが取得時効の完成に意味あるものとして残ることになる。そのため、この時点において」、Bが「新たな取得時効の基礎となる占有を開始したものと考えることができる。したがって、この時点から時効期間が経過すれば、新たに取得時効が完成したものとすることができる」[64]、と。要するに、同書で示された論理をたどると、(i)Bの時効取得後にAからCが不動産を譲り受けて登記した場合、Bは未登記の時効取得をCに対抗できなくなり、(ii)それまでのBの占有は無意味なものになると考えられる。よって、(iii)Cの登記後におけるBの占有のみが時効の完成にとって「意味ある」占有となり、その結果、(iv)Cの登記時からさらに時効期間占有が継続すれば、新たな取得時効の成立を認定しうることになる――という筋道が描かれることになるであろう。

確かに、判例理論によれば、Bの時効取得後に、不動産の原所有者AからCが当該不動産を譲り受けて登記をした場合、Bはいかに長期間占有してきていても、登記なしで時効取得をCに対抗できないのであるから、この点から見れば、同書の説くように、Bのそれまでの占有が「無意味」になったと評することはあながち誤りとは言えないかもしれない。だが、前記判例理論の下では、Cの登記後、Bが二年、三年と占有を継続していても、BがCに対抗できないことに変化は生じない（第三原則による）のであるから、Cの登記前におけるBの占有を「無意味」と言う以上は、Cの登記後における占有も、依然として「無意味」な占有と解さざるを得ないことになるのではなかろうか。換言すれば、Cの登記後におけるBの占有を「取得時効の完成に意味あるもの」と解するためには、まずもって、Cの登記時を起算点とし、Cに対抗しうる新たな取得時効の成立可能性を認めることが必定と思われる。ところが、上述のように、同書は、初めに、Cの登記後の占有を「取得時効の完成に意味ある」占有と認定し、そこから、Cの登記時を起算点とする取得時効を導き出さんとしている。そして、このように見てくると、果たしてここでも、右田説について（α）の（あ）のところで論じたと同様、循環的な議論がなされているのではないかとも思量されてしまうのである。

（い）　もっとも、佐久間の最近の論考によれば、右の（β）（あ）のような事例については、次のような説明がなされている。すなわち、「取得時効と登記」に関する判例理論の第三原則により、Bの時効完成後Cが「所有権の登記を備えた場合には、その時点で、それまでは援用をして登記を備えれば確定的な所有権取得の原因になるはずであった取得時効の完成が、法的に無意味になる。そこで、事実としては継続している占有であっても、その時点から、法的には全くの無権利者による新たな占有が開始されたとみられることになり、再度の時効の完成が考えられる」[65]（傍点――引用者）と。つまり、Bは取得時効によって所有者になったとはいっても、Cが登記を具備すると、以後、Cに対して、所有権の確認を求めることも移転登記の請求をすることもできず、また、Cの明渡請求を拒むこともできなくなる。[66]そこで、同論考は、このような状態を指して、C登記時以降、Bは「法的には全くの無権利者」になるものとし、Cが登記を具備した時点で、「無権利者による新たな占有が開始され」ると見る。要するに、以上の見解については、(i)Cの登記によってBは「全くの無権利者」になるが、(ii)無権利者による占有の継続が取得時効の要件であると解されるので、その結果として、(iii)Cの登記時を起算点とする取得時効が肯定される。そこで、(iv)C登記時から一〇年または二〇年占有が継続すれば、Cに対抗しうるBの取得時効が成立する――という一応自然な順路で論理が展開されていると評することができるのである。

ところで、同論考にいわゆる「全くの無権利者による」占有とは、民法一六二条の規定に即して言えば、「他人の物」の占有がほぼそれにあたると考えられる。従って、同論考の見解は、条文が定める取得時効の要件にも適合的と言えよう。しかし、そうだとすれば、C登記時以降の占有を他人物占有だとして、その時点を起算点とする取得時効を認める説に対する前述（（α）（お）以下）の批判は、佐久間説にもおおよそのところあてはまるかもしれない。

（う）さて、ここまで、佐久間説について検討してきたが、著者の観点から見ると、同説の真骨頂は、前記Cが所有権移転の登記をすれば、Cは、Bが時効取得していた不動産の所有権取得をBに主張し、それまで不可能であったBの占有の排除ができるようになる、と述べている点であろう。[67]というのは、今日の対抗理論によれば、所有権の登記を具備したCは占有者Bに対して当該不動産の明渡しを請求することができ、Bはこれを拒絶することができない。ところが、それにもかかわらず、Cの明渡請求が全くなされないまま長期間が経過すると、取得時効の成立が認められることになるが、取得時効の意義は、まさにこの点にこそ見出されうるかもしれないからである。しかし、このような視点からの考察は、後の（δ）であげる宇佐見説によく現れているので、ここでは、これ以上の言及は行わないことにしたい。

なお、前掲した最近の論考によれば、上記Cが抵当権者であった場合、Bは、最初の時効取得の援用・登記をすれば、「抵当権の負担つきではあるものの、すでに完成していた時効の効果として所有権を確定的に取得することができる」ことから、この場合には、先掲判例理論の第五原則は適用されないものとされる。[68]すなわち、佐久間説において、「取得時効と登記」に関する判例理論の第五原則が適用されるのは、第三者が所有権を取得した場合に限られるのである。

（γ）松尾説

以上に対して、松尾弘は、判例理論の第五原則の法理を、以下のように説明する。すなわち、A所有不動産をBが占有して取得時効が完成した後、CがAから当該不動産を譲り受けて登記したという事例（判例理論の第三原則があてはまる場合）について、判例は「占有者Bは時効完成後に現れた第三者Cの登記の時点から新たに起算される取得時効の完成によってC（Bとは当事者関係に立つことになる）に対して登記なしに対抗できるようになる」と解しているのではない。そうではなく、むしろ判例法理は、「時効完成後に現れた第三者Cの登記後もBが占有を継続して再度時効取得に必要な期間が経過したときは、当初の占有開始を起算点とする時効取得の効果を当該第三者Cに対しては登記なしに対抗しうる」とするものである、と。松尾の見解はこのようなものであるが、判例理論の第五原則は取得時効の起算点をずらすものではないというのであるから、仮にこの考えが妥当だとすれば、第五原則は、判例理論の第四原則（時効の起算点は占有開始時に固定される）に矛盾しないということになるのかもしれない。(69)(70)(71)

ちなみに、松尾は、「土地の取得時効完成後に抵当権が設定・登記され、土地の占有者が取得時効を援用して所有権移転登記をした後に、抵当権設定登記時から一〇年の占有継続による再度の取得時効を主張して抵当権の抹消登記を求めた」〔7〕最判平成一五・一〇・三一の事案については、「いったん占有開始日を起算点とする時効取得を主張しながら、後に抵当権設定登記時から一〇年の占有継続による時効取得を主張すること」は、「取得時効の起算点の任意選択を否定する」判例理論の第四原則に反し許されないものとしている。(72)

しかし、上記の松尾説に対しては、次のような批判が可能であろう。すなわち、前掲のように、松尾によれば、最初の時効完成後に出現した第三者の登記後、再度時効取得に必要な期間占有を継続した占有者は、当初の占有開始を起算点とする時効取得を当該第三者に対して登記なしに対抗しうるとされるが、その明確な根拠は何ら述べられていない。むしろ第三者Cの登記時から一〇年ないしは二〇年の「時効取得に必要な期間」の経過を求めるのならば、第三者Cの登記時を起算点とする取得時効の完成が必要であると解するほうが、素直な考え方と言えるのではなかろうか。また、判例理論の下で、あくまでも当初の占有開始時を取得時効の起算点とするならば、いったん取得時効が完成した場合、原所有者からそれ以降に不動産を譲り受けた第三者に対して時効取得（未登記）を対抗できないという事態は、その後も継続するはずである。にもかかわらず、第三者の登記後時効期間が経過すれば、当該第三者に対して時効取得を登記なしで対抗できるようになるとは、いかなる理論に基づくものであろうか疑問なしとしない。

（δ）宇佐見説

終わりに、宇佐見大司の見解に触れると、宇佐見は、「所有者（と称する者）が占有者の占有を争いうるのに長期間争わないまま経過した」という点に、取得時効の根拠の一つを見出す。そして、「占有者に対して所有権を主張する者がその占有を争う可能性ある時点から、その占有者（……）のための時効が進行する」（傍点――引用者）のであり、民法一六二条が定める「他人の物」の占有による時効の進行には、以上のような意味があるものとする。そこで、不動産の二重譲渡ケースでは、未登記第一譲受人Bは、第二譲受人Cが「登記をしてはじめて、……その所有権の取得を否認され、不動産の引渡を求められる可能性があるようになる」ため、Bが「その占有する不動産の引渡を」Cから「求められる可能性の生じた時点」、すなわち、Cの登記時点より、「Bにとっての取得時効の基礎となる占有がはじまる」ものとされる[73]。そうすると、Bの取得時効が完成した後で第二譲受人Cが登記を具備したところ、Bがその時からさらに占有を続けたとされる【39】最判昭和三六・七・二〇のような事案では、この登記時点からCはBの占有を争いうることになるのであるから、宇佐見説に従えば、「取得時効と登記」に関する判例理論の第五原則は、結果的に、一応の正当化が可能になるように思われる。

ところが、一方で、宇佐見説においては、抵当不動産の第三取得者Bに対しては、その売主Aも、抵当権者Cも不動産の明渡しを求めることができず、抵当権が実行され、競売による買受人Dが登場して初めて明渡しを請求しうるのであるから、D登場前のBの占有は取得時効の基礎となる占有にはなりえない、とされている。[74] そして、このことは、二重の物権変動において、A名義の不動産の占有を未登記譲受人Bが始めた後で、AからCが抵当権の設定を受けた場合についても、同様に考えられよう。しかし、以上のような見解に従えば、判例理論の第五原則のような結果は、第三者Cが所有権取得者である限りにおいて認められるものであり、前述（β）の佐久間説と同様、〔9〕の最判平成二四・三・一六のごとき、Cが抵当権を取得した者である場合には当てはまらないという結果になるであろう。

また、そもそも宇佐見説の採る取得時効の根拠論についてであるが、上述のように、取得時効の根拠を「所有者（と称する者）が占有者の占有を争いうるのに長期間争わないまま経過した」という点に求めるこの説は、権利者の権利行使が時効の中断事由となっていることとの関係を十分に洞察しているわけであり、そこから見れば、非常に優れた見解と言うことができよう。だが、この見解では、なぜ長期間の占有者に時効取得の利益を与えなければならないかということについての積極的根拠は必ずしも明らかでなく、この点から見ると、もう一つ説得力に欠けるようにも思われてならない。[75]

注

（29）以前、著者が「取得時効と登記」に関する判例理論を説明したものとして、拙著・前掲注（14）研究一二一頁以下〔初出：拙稿「取得時効と登記(1)」松商短大論叢三一号（一九八三）四四頁以下〕、中山知己ほか『民法2物権・担保物権』

（ファンダメンタル法学講座）（不磨書房、二〇〇五）六三頁以下〔草野〕、拙稿「取得時効（時効と登記）」平井一雄＝清水元編著『基本講座民法1（総則・物権）』（信山社、二〇一一）二〇二頁等参照。

（30）同旨――五十川・前掲注（27）六九頁。

（31）この点について、内田貴『民法Ⅰ〔第4版〕総則・物権総論』（東京大学出版会、二〇〇八）四五四頁は、〔7〕判決の事案を素材に、所有権の時効取得と原所有者から設定を受けた抵当権とは「両立するから」、抵当権の登記に後れて時効取得の登記をした者に、もはや判例理論の第五原則を適用して抵当権の登記時を起算点とする取得時効を認める余地はないものとする（なお、同『民法Ⅲ〔第3版〕債権総論・担保物権』〔東京大学出版会、二〇〇五〕四七五頁も参照）。

（32）このような見地から、「取得時効と登記」に関する判例理論を一般化したものとして、拙稿・前掲注（16）「〔8〕判決判批」一二七頁参照。ちなみに、〔9〕判決の論理に賛成するものとして、古積・前掲注（16）「〔9〕判決判批」九六頁以下、矢澤・前掲注（16）五一頁（94頁）以下、異論を唱える学説として、佐久間・前掲注（2）一二七頁〔事例から民法五〇頁〕がある。また、〔9〕判決とほぼ同様の論理に基づいて、〔7〕判決を批判するものとして、河上正二『民法総則講義』（日本評論社、二〇〇七）五七七頁以下、同『物権法講義』（日本評論社、二〇一二）一二八頁参照。

（33）なお、匿名氏「〔7〕判決コメント」金法一一九一号（二〇〇四）三〇頁、佐久間・前掲注（2）一二五頁以下〔事例から民法四八頁以下〕も参照。

（34）池田・前掲注（8）一〇五頁参照。なお、同頁によれば、A・X間の訴訟で、Xの係争地に対する時効取得が認められた、とされる。ちなみに、〔7〕事件の経緯については、岡本詔治「〔7〕判決判批」民商一三一巻二号（二〇〇四）一四四頁以下も参照。

（35）拙稿・前掲注（18）法教一〇五頁、同・前掲注（18）銀法八四頁。また、河上・前掲注（32）総則五七六頁によれば、「一回目の占有継続による取得時効の登記を経由したがために……再度の時効を拒絶されたとすれば、登記をしないで始めて時効を主張した方が有利になるが、それは奇妙であろう」とされる。ほぼ同旨――秦光昭「〔7〕判決判批」金法一七〇四号（二〇〇四）五頁、辻伸行「〔7〕判決判批」判評五四八号（二〇〇四）二三頁（判時一八六四号二〇一頁）、佐久間・前掲注（2）一二七頁〔事例から民法五〇頁〕。

（36）ちなみに、〔7〕判決は、前掲のように、最初の時効援用によって確定的に本件土地の所有権が取得されたと判示しているのであるが、同判決のこのような判示は、時効の援用を停止条件的に捉える停止条件説（我妻榮『新訂民法総則』〔民法講義Ⅰ〕（岩波書店、一九六五）四四四頁等）に従い、いったん援用によって時効取得の効果が確定した以上は、再度の時効援用は否定されるという論理に基づくものとも推測される（原田剛「〔7〕判決判批」法セ四九巻六号〔二〇〇四〕一一五頁参照）。そして、この停止条件説的立場に沿って考えれば、〔9〕の事案では、以前に占有開始時を起算点とする時効は援用されておらず、未だ時効取得の確定的効果が生じていないのであるから、第三者の抵当権設定登記時を起算点とする時効の援用も許容できるということになり、〔7〕と〔9〕との間の差異も一応説明可能になるのかもしれない。しかし、時効の援用を停止条件的に構成するのが判例一般の考えと言えるかは検討の余地のあるところである。また、そもそも、このような形式論理のみで、事案の実態を考慮しない説明にどれほど意味があるのか疑問なしとしない（以上について、拙稿・前掲注（18）銀法八四頁も参照）。

（37）この点については、本書第一章六頁参照。

（38）なお、〔2〕の大判昭和一三・二・一二によれば、「抵当権設定シアル不動産ヲ占有スル……第三者ニ於テ抵当権ノ存在ヲ承認シテ之レヲ占有スルトキハ其占有カ如何ニ継続スルモ此者ニ対シ抵当権ヲ消滅セシメテ之ヲ保護スヘキ何等ノ理由存セサル」のであるから、民法三九七条が適用されるのは、「債務者又ハ抵当権設定者ニ非サル者カ抵当不動産ニ付何等抵当権ノ如キ物上負担ナキモノトシテ之レヲ占有シ取得時効ニ必要ナル条件ヲ具備セル占有ヲ継続シタル場合ニ」限られる、とされている。

（39）古積・前掲注（16）「〔9〕判決判批」九七頁によれば、〔9〕判決は、〔1〕判決のこの判示を「踏襲したもの」とされる。

（40）同旨――古積・前掲注（16）「〔8〕判決判批」Ｗａｔｃｈ五九頁、新井「〔9〕判決判批」立正法学論集四七巻一号〔二〇一三〕二〇二頁、二〇六頁。

（41）古積・前掲注（16）「〔8〕判決判批」Ｗａｔｃｈ五九頁、同・前掲注（16）「〔8〕判決判批」重判解七一頁、同・前掲注（16）「〔9〕判決判批」九七頁。ほぼ同旨――黒田直行「〔9〕判決判批」ＪＡ金融法務四九六号（二〇一二）五三頁、石田（剛）・前掲注（10）二二頁、石口修「〔9〕判決判批」愛知大学法学部法經論集一九四号（二〇一三）九六頁以下、同『民法講論2物権法』（信山社、二〇一五）二六九頁以下、平野「〔9〕判決判批」金法一九七七号（金融法学会編『金融判例研究』二三号）（二〇一三）三六頁、同・前掲注（7）日評担保一三九頁、新井・前掲注（40）二〇六頁、足立清人「〔9〕判決判批」北星学園大学経済学部北星論集五三巻一号（二〇一三）一一三頁。

(42) 池田・前掲注（8）一〇五頁。

(43) 諸学説により指摘された判例理論の問題点をまとめたものとして、拙著・前掲注（14）研究一二二頁以下〔初出：拙稿・前掲注（29）取得時効と登記(1)四六頁以下〕、中山ほか・前掲注（29）六四頁〔草野〕等。また、判例理論についての一九九六（平成八）年頃までの文献に関しては、拙著・前掲注（14）研究一二五頁以下注（4）〔初出：拙稿・前掲注（29）取得時効と登記(1)四八頁以下注1)〕参照。

(44) この点について、占部・前掲注（20）四一頁は次のように言う。すなわち、取得時効制度は、善意占有者のような「より保護すべき占有者についてはより早く時効の完成を認めているのである」が、「判例によると、時効の完成が早ければ早いほど……権利を失う危険性も大きくなっている」。要するに、「判例は、取得時効制度がより保護しようとする者をより危険な状態に置いている」と。

(45) 以上の事案について、拙著・前掲注（14）研究二一九頁〔初出：拙稿・前掲注（14）二重譲渡と取得時効八六頁以下〕参照。

(46) Yが上告理由で引用した〔36〕大判昭和一三・五・七、〔37〕大判昭和一四・一〇・一三等の判例を指す（民集一五巻七号一九〇六頁以下参照）。

(47) 柚木「時効取得と登記」（「〔39〕判決判批」）柚木ほか編『判例演習物権法〔増補版〕』（有斐閣、一九七三）三三頁以下。

(48) 福地俊雄「〔39〕判決判批」法時三四巻三号（一九六二）九六頁。

(49) この点について、右田堯雄「〔39〕判決判解」法曹会編『最高裁判所判例解説民事篇昭和三十六年度』（法曹会、一九六二）二八三頁は、判例理論の第二～第四原則を形成するに至った従来の事案と、「本件の如く、一旦対抗問題による優劣決定の後に、再び物権変動の対立当事者としての局面が登場するに至った事案とは趣を異にする」と述べている。

(50) 福地・前掲注（48）九六頁。

(51) なお、この点について、久須本・前掲注（10）一八頁は、「たとえ、時効取得者が、第三者による所有権取得登記後あらためて取得時効に必要な期間不動産を占有したとしても、占有が当初から継続している限り」、判例理論の第四原則に従えば、「時効の起算点は常にその占有開始時に遡るはずであって、第三者の登記時を起点とする二回目の取得時効が重ねて完成するいわれがないことになる」と論じた上で、「問題は、第三者の登記の時点から占有者について新たに時効期間が進行する根拠をどのように説明するか」という点である、と主張している。また、西村曜子「〔9〕判決判批」北大法学論集六三巻六号（二〇一三）一四頁〔五一一頁〕においても、次のような指摘がなされている。すなわち、「占有が当初から継続している」〔39〕最判昭和三六・七・二〇の事案においては、「むしろ第三者の登記時を取得時効の起算点とすることは認められないのではないかとの疑問が生ずるところである」。〔39〕判決は、「この点を説明しておらず、再度の取得時効が認められる根拠を示していないといえる」、と（西村・同一二頁〔五一三頁〕も参照）。

(52) 右田・前掲注（49）二八四頁（なお同二八三頁も参照）。

(53) 広中俊雄『物権法〔第二版増補〕』（現代法律学全集6）（青林書院、一九八七）一五七頁。但し、広中は、判例理論の第二原則については、民法一四四条が規定する時効の遡及効を根拠に否定し、時効完成前に登場したCも、Bの時効取得の「第三者」として扱われ、Bに登記がなければCに時効取得を対抗できない、とする（同書一五六頁）。この結果、Cの登場が時効完成の前であるか後であるかを問わず、いったん第三者Cが登記をすれば、その時からCを「当事者」とする取得時効が進行することになる（同書一五七頁）。なお、大村敦志『基本民法I総則・物権総論』（有斐閣、二〇〇一）二五二頁、同『新基本民法2物権編 財産の帰属と変動の法』（有斐閣、二〇一五）六八頁が「Zの登記後、さらに、10年あるいは20年のあいだXの占有が継続すれば、XはZから当該不動産を時効取得する」（傍点――原文、「X」「Z」は、本章の「A」「C」に対応）と述べている点は、広中説とほぼ同旨の見解かとも思われる。

(54) なお、この点については、宇佐見・前掲注（10）五九頁注（34）の広中説に対する指摘も参考になる。

(55) 右田・前掲注（49）二八四頁。ほぼ同旨――玉田弘毅「〔39〕判決判批」明治大学法制研究所紀要六号（一九六二）一三七頁以下、村上淳一「〔39〕判決判批」法協八〇巻三号（一九六三）一三二頁、秦・前掲注（35）五頁、川井健「〔7〕判決判批」NBL七八四号（二〇〇四）七八頁以下、岡本・前掲注（34）一四三頁、岡田・前掲注（11）一一三頁以下、生熊「〔7〕判決判批」リマークス三〇号（二〇〇五）一七頁、久須本・前掲注（10）一九頁、新井・前掲注（10）四四頁、平野・前掲注（7）総合二〇一頁注277、同『物権法』（新論点講義シリーズ10）（弘文堂、二〇一二）一二七頁、同『物権法』（日本評論社、二〇一六）一一九頁以下、伊藤・前掲注（22）六頁、占部・前掲注（20）四一頁、角「〔9〕判決判批」現代民事判例研究会編『民事判例VI 2012年後期』（日本評論社、二〇一三）一三一頁、同・前掲注（2）星野追悼三八八頁、安永・前掲注（2）一五一頁、一五二頁、岩川・前掲注（8）二四七頁以下、川畑正文「〔9〕判決判解」法曹会編『最高裁判所判例解説民事篇平成二四年度（下）（3月～12月分）』（法曹会、二〇一五）四一三頁以下。

(56) 右田・前掲注（49）二八五頁（注四）。

(57) 〔5〕を先例とする最高裁判例として、〔40〕最判昭和四四・一二・一八民集二三巻一二号二四六七頁など（その他の判例については、拙稿・前掲注（13）一六五頁参照）。また、最近の学説のうち、①原則として、自己の物の時効取得を可能とするものとして、石田穣『民法総則』（悠々社、一九九二）六〇〇頁、同『民法総則』（民法大系⑴）（信山社、二〇一四）一一〇八頁以下、北川善太郎『民法総則〔第二版〕』（民法講要Ⅰ）（有斐閣、二〇〇一）二三四頁、加藤雅信『新民法大系Ⅰ民法総則（第2版）』（有斐閣、二〇〇五）四〇二頁、潮見佳男『民法総則講義』（有斐閣、二〇〇五）二八四頁以下、河上・前掲注（32）総則五五二頁以下、四宮和夫＝能見善久『民法総則第八版』（法律学講座双書）（弘文堂、二〇一〇）三六五頁、平野『民法総則〔第3版〕』（民法講義シリーズ1）（日本評論社、二〇一一）五九〇頁以下、近江幸治『民法講義Ⅰ民法総則〔第6版補訂〕』（成文堂、二〇一二）三七九頁以下、山川一陽『民法総則講義【第五版】』（中央経済社、二〇一四）二九〇頁等（従来の学説については、拙稿・前掲注（13）一六七頁注（4）参照）、②〔5〕、〔40〕の判例をあげるなどして、自己の物の時効取得を認めるのが判例であるとしているものとして、佐久間『民法の基礎1総則〔第三版〕』（有斐閣、二〇〇八）四〇〇頁、内田・前掲注（31）民法Ⅰ三八五頁、中舎寛樹『民法総則』（日本評論社、二〇一〇）三八八頁以下、山本敬三『民法講義Ⅰ総則〔第3版〕』（有斐閣、二〇一一）五四六頁、尾島茂樹「〔7〕判決判批」金沢法学四七巻二号（二〇〇五）一二九頁等。以上に対し、自己の物の時効取得を否定し、取得時効の客体は他人の物であることを要するとする最近の学説として、例えば、大久保邦彦「自己の物の時効取得について（一）（二・完）」民商一〇一巻五号（一九九〇）一一頁以下、六号（一九九〇）三〇頁以下、同「〔9〕判決判批」民商一四六巻六号（二〇一二）八六頁（大久保説については、拙稿・前掲注（13）一六六頁参照）、本城武雄＝小脇一海編『民法総則』〔現代社会と民法―Ⅰ〕（嵯峨野書院、新版、一九九四）二七三頁〔柳澤秀吉〕、柳澤秀吉＝堀田泰司編著『民法総則』（新現代社会と法シリーズⅠ）（嵯峨野書院、二〇〇七）三二六頁以下〔柳澤〕。

(58) 〔41〕大判昭和九・五・二八の事案と判旨については、拙稿・前掲注（13）一七一頁以下。

(59) 拙稿・前掲注（13）一六四頁参照。

(60) ほぼ同旨――秦・前掲注（35）五頁、川井・前掲注（55）七八頁以下、岡田・前掲注（11）一一三頁以下、内田・前掲注（31）民法Ⅰ四五四頁、佐久間・前掲注（2）二一七頁〔事例から民法五〇頁〕、角・前掲注（55）「〔9〕判決判批」一三一頁、同・前掲注（2）星野追悼三三八頁、安永・前掲注（2）一五二頁以下。なお、佐久間説については、すぐ後の本文（（β））で、その詳細を検討する。
(61) 大久保・前掲注（57）「〔9〕判決判批」八六頁、同・前掲注（57）自己の物（二・完）民商一〇一巻六号五五頁、五七頁以下。
(62) 梅謙次郎『訂正増補民法要義巻之一総則編』（法政大学＝有斐閣書房、第三三版、一九一一）〔明治44年版完全復刻版（有斐閣、一九八四）にて復刻〕四二二頁、四〇九頁。
(63) 大久保・前掲注（57）「〔9〕判決判批」八五頁以下、同・前掲注（57）自己の物（二・完）民商一〇一巻六号五七頁。
(64) 佐久間『民法の基礎2物権』（有斐閣、二〇〇六）一一一頁。ほぼ同旨――遠藤「民法基本判例解説(33)」みんけん四五七号（一九九五）五〇頁〔民法基本判例2（信山社出版、一九九九）所収、六七頁〕、占部・前掲注（20）四一頁注4。
(65) 佐久間・前掲注（2）一二七頁〔事例から民法五〇頁〕。
(66) 佐久間・前掲注（64）一一一頁参照。
(67) 佐久間・前掲注（64）一一一頁。
(68) 佐久間・前掲注（2）一二七頁〔事例から民法五〇頁〕。
(69) 言うまでもなく、これが判例に対する一般的な理解である。
(70) 松尾＝古積『物権・担保物権法［第2版］』（弘文堂NOMIKA2）（弘文堂、二〇〇八）八七頁〔松尾〕。なお、松尾は、第三者が不動産の譲受人ではなく、抵当権者である場合に関する〔9〕最判平成二四・三・一六についても、同様な視点に基づく解釈をしている（松尾・前掲注（16）「〔9〕判決判批」一三〇頁）。
(71) なお、以上の松尾説と類似の思考方法を採っていると推察されるものとして、金子・前掲注（2）一八頁は、以下のような論理を展開している。すなわち、〔39〕の最判昭和三六・七・二〇は、「登記制度（公示への信頼）と、占有（事実状態の保護）の調整の一場面として、時効完成後に登記を経由した第三者に対して、登記なくして時効取得した所有権を対抗し得るためには」、その「登記時を起算点とした時効取得に要する期間の占有という一種の権利保護要件が必要である、という法理を述べた」ものである。要するに、「これは再度の『時効取得』ではなく、むしろ、取得時効の枠組みを借りているだけなのである」と。
(72) 松尾・前掲注（16）「〔9〕判決判批」一三〇頁。なお、松尾＝古積・前掲注（70）八七頁〔松尾〕も参照。
(73) 宇佐見・前掲注（10）五七頁以下、四九頁以下。

(74) 宇佐見・前掲注(10)五五頁。
(75) 拙稿・前掲注(13)一八七頁以下参照。

第三節　本章の結び

以上、「取得時効と登記」に関する判例理論の第五原則を、第一原則~第四原則との関係で正当化できるか若干の説を取り上げて検討してきたが、叙上の考察によれば、やはり第一原則~第四原則の下では、第五原則は採りえない原則であることが明らかとなったと思われる。もっとも、前掲(第一節二(2)(b))のように、〔9〕最判平成二四・三・一六は、不動産の占有者と抵当権者の間にも、占有者と原所有者からの譲受人との間におけると同様、権利の対立関係が生ずるとして、〔9〕の事案に判例理論の第五原則を適用しているが、同判決は、その実質的理由として、「取得時効の完成後、所有権移転登記がされないうちに、第三者が原所有者から抵当権の設定を受けて抵当権設定登記を了したならば、占有者がその後にいかに長期間占有を継続しても抵当権の負担のない所有権を取得することができないと解することは、長期間にわたる継続的な占有を占有の態様に応じて保護すべきものとする時効制度の趣旨に鑑みれば、是認し難いというべきである」ということをあげている。そして、この長期占有を保護することが取得時効制度の趣旨であるという言説は、もちろん〔39〕最判昭和三六・七・二〇のような占有者対譲受人という事案にも共通するものと言えよう。(76) そこで、このような考えを前提とするならば、取得時効制度の趣旨からして、果たして判例理論の第五原則は否定できるのかという疑問が湧くのは当然のことかもしれない。

だが、例えば、ある不動産をBが三〇年間自主占有していたところ、(i)その三〇年目で、Cが当該不動産を原所有者と称するAから譲り受けて移転登記した場合と、(ii)Bの占有継続の二〇年目で、CがAから譲り受けて登記を得たが、その後もBが（善意・無過失で）一〇年間占有を続けた場合とを比較してみると、(ii)の場合は、「取得時効と登記」に関する判例理論の第五原則によってBが保護されるのに対し、(i)の場合は、判例理論の第三原則と第四原則によってBは保護されないことになってしまう。しかし、どちらの場合も、Bが三〇年間自主占有を継続していた点に違いはないのであるから、(ii)の場合は占有者が保護されるが、(i)の場合は保護されないという結果は、長期占有の保護を標榜するならば不合理としか言いようがない。要するに、取得時効によって長期占有を保護すべしとするならば、まずもって必要なことは、判例理論の第三原則を否定することであり、それが認められるならば、そもそも第五原則は不要な原則ということになるであろう。いずれにせよ、「取得時効と登記」に関する判例理論は——〔9〕判決により、最高裁として再確認（否むしろ、対抵当権者事案への適用拡張）がなされ(77)、同理論の第五原則に基づいて長期占有者の保護が果たされたわけであるが——既にその限界が露呈しているのであり、不動産占有者を登記名義人からの譲受人や抵当権者との関係で保護しようとするならば、これとは全く異なった解釈が導き出されなければならないのである。

注

(76) なお、金子・前掲注(2)一八頁は、〔39〕判決の事案に適合させるために、上記本文で引用した〔9〕判決のフレーズを、以下のように改変して説明している。すなわち、「取得時効の完成後、所有権移転登記がされないうちに、第二譲受人が原所有者から所有権の移転を受けて所有権移転登記を了したならば、未登記の第二譲受人(「未登記の第二譲受人」は、「未登記の第一譲受人」の誤りか、あるいは、「占有者」の誤りか――引用者)がその後にいかに長期間占有を継続しても所有権を取得することができないと解することは、長期間にわたる継続的な占有を占有の態様に応じて保護すべきものとする時効制度の趣旨に鑑みれば、是認し難い」、と。

(77) この点について、大久保・前掲注(57)「〔9〕判決判批」七八頁は、「『取得時効と登記』に関する判例理論は長らく安定した状態にあったが、近時」、判例理論の第五原則と抵触するような最高裁判決(〔7〕最判平成一五・一〇・三一と〔8〕最判平成二三・一・二一)が相次ぎ、「不安定な局面の到来も予想されていた」(池田・前掲注(8)一〇八頁参照)。しかし、〔9〕判決は「従来の判例理論に沿うものであり、判例変更は遠のいたように思われる」と叙述している。

【追記】

本第二章初出論文校正中の二〇一七(平成二九)年六月二日に「民法の一部を改正する法律」(平成二九年法律第四四号)が公布された。改正民法では、改正前民法における時効の「法定中断」が時効の「完成猶予」及び「更新」に改められたが、著者としては、その概念ならびに理論に多少の違和感を覚える。しかし、いずれにせよ、まだ改正民法は施行されていないのであるから、本章では、原則として、現在施行されている改正前民法の規定に従った叙述に留めておきたい。

第三章

「抵当権と時効」問題と民法三九七条

——最判平成一五・一〇・三一及び最判平成二四・三・一六の位置づけに向けて

第一節　はじめに

一　いわゆる「抵当権と時効」の問題に関しては、従来より、判例・学説によって種々の議論がなされてきた[1]が、近時、最高裁から、〔1〕最判平成一五・一〇・三一判時一八四六号七頁、金判一一九一号二八頁、〔2〕最判平成二三・一・二一判時二一〇五号九頁、金判一三六五号一八頁、〔3〕最判平成二四・三・一六民集六六巻五号二三二一頁と重要判例が三件出されたことにより、この問題は再び各所で取り上げられ、これら判決が上記法律問題の中でどのような位置を占めるか、盛んに論議されるようになってきている[2]。

では、〔1〕〔2〕〔3〕判決はどのような事案に関するものであったかというと、まず〔1〕の最判平成一五・一〇・三一と〔3〕の最判平成二四・三・一六については、以下のようにまとめられよう。すなわち、これら事案は、係争地の自主占有者（B）の、占有開始時を起算点とする最初の取得時効が完成した後で、同土地の所有名義人（A）から抵当権の設定を受けたCが出現したところ、Cの抵当権登記時以降も占有を継続していたBが、Cの登記時を起算点とする取得時効を援用するという方法で、抵当権設定登記の抹消登記手続を請求し（〔1〕）、あるいは、抵当権の実行としての競売の不許を求めて第三者異議訴訟の提起を行った（〔3〕）というものである[3]。これに対して、〔2〕の最判平成二三・一・二一は、土地を賃借して他主占有する者が賃借権の対抗要件を備える前に、当該土地に抵当権が設定された事案である[4]。そして、この事案においても、〔1〕や〔3〕と同様、抵当権設定登記時を起算点とする取得時効が主張されているので、この点からすれば、〔2〕判決も、

〔1〕、〔3〕と同様な事案と言うことが可能かもしれない。

ところが、〔2〕の事案で問題となっているのは、賃借人が援用する賃借権の時効取得の対抗であって、所有権の時効取得ではない。この点、著者は、〈果たして賃借権という権利の上に取得時効は成立しうるのか〉という根本的な疑問を持っているが、いずれにしても、〔2〕の事案は、時効取得の対象が〔1〕、〔3〕の事案の所有権とは異なり、賃借権であるということから、〔1〕、〔3〕とは少し異なった考察が必要と思われる。よって、本書の研究では、〔2〕の最判平成二三・一・二一は検討の対象外とし、〔1〕の最判平成一五・一〇・三一と〔3〕の最判平成二四・三・一六について、これらの判例は「抵当権と時効」という法律問題の中でどのように位置づけられるべきか、という点を中心に追究していくことになる。[5][6]

二　そこで、以下、〔1〕判決と〔3〕判決に対象を絞って考察していくと、両判決は、いずれも、Aが登記名義を有する土地を、一方でBが自主占有を続け、他方でCがAから物権を取得してその登記を了したという事案に関し、CがAからの譲受人ではなく、抵当権の設定を受けた抵当権者である場合についても、「取得時効と登記」に関する判例理論が認められるということを大前提として結論を導き出したものであると指摘することができよう。そして、このうち、〔3〕の平成二四年最判は、判例理論の第五原則（Bの時効完成後、CがAから物権を取得し、Bの時効取得が対抗不能となっても、Cの登記後さらに一〇年または二〇年占有を継続すれば、BはCに対して、時効取得を登記なしで対抗できるようになる）に基づいて、Cの抵当権設定登記後に係争地を一〇年間占有したBの時効取得とCの抵当権の消滅を肯定している。[7][8][9]

これに対し、〔1〕の平成一五年最判においては、上例Cの抵当権登記後、登記簿上の所有者Aに対して、その占有開始時を起算点とする最初の取得時効を援用して所有権移転登記を了した係争地の占有者Bが、さらに、C登記時を起算点とする再度の取得時効を援用したという事案について、〔3〕判決とは真っ向から反する結論が導出されている。すなわち、〔1〕判決では、Bは最初の取得時効の援用によって確定的に所有権を取得したから、このような場合、起算点をC登記時にずらせて、再度取得時効を援用することはできないとされ、Bの主張する再度の時効取得による抵当権の消滅は否定されたのである。[10]

そうすると、以上のところからは、最初に、同じく「取得時効と登記」に関する判例理論を前提としているにもかかわらず、〔1〕判決と〔3〕判決とでは、なぜ相反する結論が引き出されることになるのかという点が問題となるが、さらには、そもそも、両判決が前提としている同判例理論は果たして合理性のある理論と言えるのか、という点こそより大きな問題となるであろう。しかし、これらの問題については、既に、著者は、本書第二章〔初出：拙稿「抵当権と時効・再論序説――最判平成15・10・31及び最判平成24・3・16の位置づけに向けて――」（法と政治六八巻二号〔二〇一七〕五一頁以下）〕において詳細に考察したところである。[11]従って、本第三章では、この点については、これ以上の言及は行わないことにしたい。

三　ところで、前述のように、〔3〕最判平成二四・三・一六は、抵当権者（C）の係争地に対する抵当権の消滅を肯定するにあたり、「取得時効と登記」に関する判例理論の第五原則を適用し、係争地の占有者（B）がCの抵当権登記時を起算点とする再度の取得時効を援用すれば、抵当権を容認していたなどの特段の事情がない限り、Bは係争地を時効取得（原始取得）するということを根拠としている（法廷意見）。すなわち、Cの抵当権の消滅は、Bの時効取得の反射的効果と考えられているのである。[12]ところが、この法廷意見に対しては、古田佑紀裁判官（当時）の補足意見が付されており、[13]そこにおいては、〔3〕の事案への民法三九七条の適用が示唆されている。[14]また、学説の中にも、〔1〕最判平成一五・一〇・三一や〔3〕最判平成二四・三・一六について、これらの事案は本来民法三九七条によって規律されるべきものであることを積極的に主張する見解、あるいは、同条の適用を示唆する見解も少なからず存在する。[15]

確かに、抵当不動産の占有を原因とする時効による抵当権の消滅の問題については、従来から、民法三九七条をその唯一の規律条文と解する有力説[16]が存していたのであり、[17]このことを鑑みれば、〔1〕や〔3〕のような事案に対して同条を適用しうるかどうかという点は、重要な検討課題と言うことができよう。しかし、この〔1〕や〔3〕の事案は、①既に抵当権が付けられていた不動産の占有を開始した者が抵当権の消滅を主張するという事例ではなく、②不動産の占有開始後、それに後れて、当該不動産の所有名義人が抵当権者のために抵当権を設定したという事案（以下、このような事案を「占有開始後抵当権設定ケース」と呼ぶことにする[18]）である。そして、民法三九七条の趣旨を視野に入れつつ、この①と②の間における類型の違いに着目して検討していけば、《果たして〔1〕、〔3〕の事案は、同条が適用されるべき事実関係に値するものであろうか》という疑問が生じてくることも、十分に予想されるところである。とすれば、この問題を考究するにあたっては、民法三九七条の沿革[19]を踏まえながら、〔1〕、〔3〕それぞれの事案ごとに検討していくことがきわめて肝要になるものと思われる。[20]

以上のところから、本第三章では、まず、民法三九七条の趣旨とそれが適用される法律関係を中心に考察することにする。そして、この考察を基に、以下の第五章において、〔1〕、〔3〕の事案の具体的解決を図ることにしたい。

注

（1）従来の判例については、本書第二章五〇頁〔初出：拙稿「抵当権と時効・再論序説――最判平成15・10・31及び最判平成24・3・16の位置づけに向けて――」法と政治六八巻二号（二〇一七）五二頁以下〕、本書第一章五頁以下〔初出：拙稿「抵当権と時効」玉田弘毅先生古稀記念『現代民法学の諸問題』（信山社出版、一九九八）四七頁以下〕参照。

（2）最近の主要論文については、本書第二章六六頁以下注（2）参照。

（3）〔1〕判決の事案の詳細については、本書第二章五八頁以下、拙稿「〔1〕判決判解」法教二八六号（二〇〇四）一〇四頁、同「〔1〕判決判批」銀法六四二号（二〇〇五）八三頁参照。〔3〕判決の事案の詳細については、本書第二章六〇頁以下参照。

（4）〔2〕判決の事案の詳細については、拙稿「〔2〕判決判批」民商一四五巻四＝五号（二〇一二）一二四頁以下。

（5）拙稿「判批」リマークス四一号（二〇一〇）二八頁、同・前掲注（4）民商一三二頁、本書第二章五七頁参照。

（6）以上について、本書第二章五七頁以下の(b)(c)も参照。

（7）「取得時効と登記」に関する判例理論については、本書第二章七二頁以下、拙著『取得時効の研究』（信山社出版、一九九六）一二一頁以下、拙稿・前掲注（4）民商一二七頁等参照。

（8）判例理論の原則（「準則」、「命題」とも言われる）の番号の付け方は論者によって多少の違いがあり、第五原則は、第四原則とされる場合もある。

（9）本書第二章六一頁以下の「判旨」参照。

（10）これについては、本書第二章五九頁の「判旨」参照。このように、〔1〕判決においては、当該事案は判例理論の第五原則が妥当する場合ではないとされている。そして、学説には、〔1〕判決を正当化する根拠として、同判決の判旨とは異なり、所有権の時効取得と原所有者から設定を受けた抵当権とは「両立するから」、抵当権の登記に後れて時効取得の登記をした者に、もはや判例理論の第五原則を適用して抵当権の登記時を起算点とする取得時効を認める余地はないとするもの（内田貴『民法I〔第4版〕総則・物権総論』（東京大学出版会、二〇〇八）四五四頁。同旨――秦光昭「〔1〕判決判批」金法一七〇四号（二〇〇四）五頁、川井健「〔1〕判決判批」NBL七八四号（二〇〇四）七八頁以下、岡田愛「〔1〕判決判批」法時七七巻二号（二〇〇五）一一三頁以下、佐久間毅「『継続は力なり。』そう思う↓はい　そう思わない→いいえ」（論点講座「事例から考える民法第20回」）法教三八七号（二〇一二）一二七頁〔佐久間ほか著『事例から民法を考える』（有斐閣、二〇一四）所収、五〇頁〕、角紀代恵「〔3〕判決判批」現代民事判例研究会編『民事判例Ⅵ』（日本評論社、二〇一三）一三一頁、同「再論 抵当権の消滅と時効」星野英一先生追悼『日本民法学の新たな時代』（有斐閣、二〇一五）三八八頁、安永正昭「抵当不動産の自主占有の継続（取得時効）と抵当権の消滅」田原睦夫先生古稀・最高裁判事退官記念論文集『現代民事法の実務と理論 上巻』（金融財政事情研究会、二〇一三）一五二頁以下）も存在する。しかし、〔1〕判決の原審は、当該事案に第五原則をあてはめ、C登記時を起算点とする取得時効の援用を認めていたのである（本書第二章五九頁、拙稿・前掲注（3）法教一〇四頁、同・前掲注（3）銀法八三頁）が、これに対し、最高裁の採った論理は、「取得時効と登記」に関する判例理論に則った原審を一応前提にした上で、にもかかわらず、いったん確定的に時効取得した者については、再度の取得時効の援用は認められないとしたものである。従って、この点を考慮するならば、少なくとも論理の展開の上では、〔1〕判決においても、その判旨は同判例理論から演繹して出されたものと見ることができよう。

(11) 本書第二章七二頁以下、一〇六頁以下参照。

(12) 時効取得を原始取得と解するか承継取得と解するかについては争いがあるが、原始取得と解するのが判例・通説と言ってよいであろう（〔4〕大判大正七・三・二民録二四輯四二三頁、我妻榮『新訂民法総則』（民法講義Ⅰ）（岩波書店、一九六五）四八一頁、川島武宜『民法総則』（法律学全集17）（有斐閣、一九六五）五七〇頁、川井『民法概論1第4版』（有斐閣、二〇〇八）三六二頁、能見善久＝加藤新太郎編『論点体系判例民法1』（第一法規、第二版、二〇一三）四三五頁〔鎌野邦樹〕等）。そして、「たとえば、Aの所有する土地をBが時効取得すると、その土地上の抵当権や地上権は消滅し、Bは負担のない完全な所有権を取得する」ことになる（川井・同頁）。〔3〕判決は時効取得が原始取得であること、Cの抵当権の消滅がBの時効取得の反射的効果であることを明言していないが、Bが時効取得した結果、Cの抵当権が消滅すると判示しているのであるから、当然、原始取得説（反射的効果説）に従ったものと考えられる。

(13) 民集六六巻五号二三五頁以下。

(14) 民集六六巻五号二三二七頁。

(15) 〔1〕判決について、秦・前掲注（10）五頁、辻伸行「〔1〕判決判批」判評五四八号（二〇〇四）二三頁（判時一八六四号二〇一頁）、松久三四彦「〔1〕判決判批」金法一七一六号（金融法学会編『金融判例研究』一四号）

（二〇〇四）三三頁（もっとも、松久によれば、〔1〕の事案の占有者（B）は、「抵当権の登記がある以上」、「抵当権につき悪意または有過失なので」、抵当権者（C）のための抵当権設定登記後、二〇年の占有継続が必要であるとされる）、池田恒男「〔1〕判決判批」判タ一一五七号（二〇〇四）一一二頁以下、久須本かおり「〔1〕判決判批」愛知大学法学部法經論集一六七号（二〇〇五）二六頁以下（但し、二〇年の占有期間を必要とする）、新井敦志「〔1〕判決判批」立正大学法制研究所研究年報一一号（二〇〇六）五一頁、河上正二『民法総則講義』（日本評論社、二〇〇七）五七九頁、同『物権法講義』（日本評論社、二〇一二）二一九頁、香川崇「〔2〕判決判批」法時八四巻一二号（二〇一二）一一〇頁、安永・前掲注（10）一五三頁以下、一五四頁以下、平野裕之「〔3〕判決判批」金法一九七七号（金融判例研究二三号）（二〇一三）三六頁（ただし、抵当権の容認による抵当権の消滅時効の中断を認める）。〔3〕判決について、大久保邦彦「〔3〕判決判批」民商一四六巻六号（二〇一二）八一頁、八五頁以下、香川・同頁、田中淳子「〔3〕判決判批」法時八五巻三号（二〇一三）一三〇頁、同「再度の取得時効の完成と抵当権の消滅――最二小平成24年3月16日判決を素材に――」愛媛法学会雑誌三九巻三＝四号（二〇一三）一七六頁、吉田邦彦「〔3〕判決判批」判評六四九号（二〇一三）九頁〔判時二一七二号一五五頁〕、石口修「〔3〕判決判批」愛知大学法学部法經論集一九四号（二〇一三）一二〇頁、角・前掲注（10）判批一三一頁、安永・同論文一五三頁、一五四頁以下、平野・同判批三四頁、三六頁、新井「〔3〕判決判批」立正法学論集四七巻一号（二〇一三）二〇八頁、武川幸嗣「抵当権と時効・その2――もう一歩先の類型的考察」（プラスアルファについて考える基本民法〔第14回〕）法セ六一巻五号（二〇一六）七四頁以下。

（16）例えば、来栖三郎の説がそれにあたるが、詳細は、後述する。

（17）なお、本書第一章一〇頁以下参照。

（18）「占有開始後抵当権設定ケース」については、本書第二章五五頁以下も参照。

（19）民法三九七条の沿革については、かつて、本書第一章の初出論文たる拙稿・前掲注（1）玉田古稀五六頁以下（本書一五頁以下）において、特に旧民法との関連を中心に詳説したところである。そこで、本第三章における沿革の考察でも、同拙稿（本書第一章）を参考にすることにしたい。

（20）以上は、本書第二章六三頁以下、六五頁において、第二の論点としてあげたものである。なお、同六四頁以下では、第三の論点として、〔1〕、〔3〕の事案に即したより具体的な論点を提示したが、これについては、本文の次の段落で述べているように、第五章で検討することになる。

第二節　民法三九七条適用の可能性

一　「占有開始後抵当権設定ケース」への民法三九七条適用に関する見解

（1）古田裁判官の補足意見

そこで、最初に、〔3〕最判平成二四・三・一六における古田裁判官の補足意見のうち、〔3〕の事案への民法三九七条の適用可能性を論じた部分を抜き出してみると、以下のようになる。

……、法廷意見は被上告人が本件旧土地[21]を時効取得した結果抵当権が消滅する旨判示する。この点については、従来の一般的理解に沿うものであり、また取得時効期間の進行を認めるならばその結果としての取得時効の完成も認めることが論理的であるという考えもあり得ないわけではなく、本件の結論に影響するものではないので、あえて異を唱えるものではない。しかしながら、第三者に所有権が移転された場合には、〔既に時効取得した[22]〕占有者が確定的に所有権を失うのに対して、第三者に抵当権が設定された場合には、そのような事情はないから、取得時効が完成している状態が変わるものではないにもかかわらず、抵当権が消滅する理由として、再び〔第三者の登記時を起算点とする〕取得時効の完成を認めることは技巧的で不自然な感を免れない。第三者が所有権を取得した場合は、占有者が再度所有権を取得するためには改めて取得時効が完成することが必要であるが、第三者が抵当権の設定を受けた場合は、民法三九七条の規定から取得時効期間占有が継続されたこと自体によって抵当権が消滅すると解することが可能である。原始取得であることをもって他の権利が当然に消滅するとはいえないのであって、法は所有権以外の物権について所有権の時効取得によって当然にこれが消滅すべきものとしているとは必ずしもいえず、占有に関わらない物権については個別に消滅するかどうかを判断すべきものとしていると見る余地があり（民法二八九条、二九〇条参照）、複数の担保権が存在する場合の調整やこれらの権利の消滅を防止する手段などに関して、そのような観点からの検討をすることが適切な場合があるのではないかと思われることを付言しておきたい。[23]

すなわち、以上の補足意見を要約すれば、①不動産占有者の時効取得後、原所有者によって第三者の抵当権が設定された場合、時効取得者は所有権を失うものではない。②それにもかかわらず、法廷意見のように、占有者に再度の時効取得を認めるのは不合理である。③むしろ第三者が抵当権を取得した場合は、占有者の時効取得による反射効としてではなく、民法三九七条を直接の根拠に、取得時効期間占有が継続されたこと自体によって抵当権が消滅すると解釈すべきである、ということになろう。このように、古田によれば、〔3〕のような事案（不動産の時効取得を主張する占有者の占有開始後に、当該不動産の所有名義人から抵当権の設定を受けた者が出現し、その後も占有者の占有が継続した事案）については、抵当権消滅の根拠は、民法三九七条に求められるものとされるのである。

（2）学説

（a）民法三九七条の法的性格に関する学説

次に、学説についてであるが、〔1〕最判平成一五・一〇・三一や〔3〕最判平成二四・三・一六のような具体的事案への民法三九七条適用可能性を議論するにあたり、まずはそれに先立って、民法三九七条の法的性格に関する学説を一瞥することにしたい。というのは、従来、同条については、大略、①抵当権の付着した不動産が時効取得された場合の規定であり、抵当不動産の時効取得による反射効として抵当権が消滅することを定めた規定であるとする通説（以下、「時効取得反射効説」と呼ぶことにする）と、②時効取得の反射効を規定したものではなく、抵当権が被担保債権から離れて独自に時効消滅する唯一の場合を定めた規定であるとする有力説（以下、「抵当権時効消滅説」と呼ぶことにする）とが対立していたのであるが、〔1〕判決や〔3〕判決の事案への民法三九七条の適用可能性を探るためには、同条の法的性格をどう捉えるかということがその前提となると考えられるからである。よって、以下においては、まず、学説による民法三九七条の解釈を概観するところから始め、次いで、それら学説は、「占有開始後抵当権設定ケース」についてどのように対応しているのか検討する。そして、その後で、同条の沿革からすれば、民法三九七条はいかなる解釈が妥当なのかという議論につなげていくことにしたい。

（ア）民法三九七条を時効取得との関連で解釈する説

（α）時効取得反射効説

（あ）そこで、第一に、上記①の通説によれば、民法三九七条は、抵当権の付いた不動産が時効取得された場合の規定であり、原始取得である時効取得の反射的効果として抵当権が消滅するという当然の事理を規定するものであるが、債務者や抵当権設定者にまでこの効果を及ぼすことは不合理であるため、これらの者をその適用から排除することを定めたものである、と説明される（時効取得反射効説）[24]。

では、この時効取得による抵当権の消滅を債務者や抵当権設定者以外の者は誰でも主張できるかというと、学説は、抵当不動産の第三取得者について、(i)同条の適用を否定する説と、(ii)肯定する説とに分かれる。すなわち、(i)否定説の代表者である我妻榮によると、三九七条が適用されるのは、「抵当不動産の全部または一部について、外形上も取引行為がなく、ただ事実上、現実の占有と真実の所有関係とが食い違っている」ときに、抵当不動産を占有している者が完全な所有権を時効取得するという稀な場合に限られる、とされる。[25]これに対して、(ii)肯定説の代表者である柚木馨は、判例上、「自己の所有物たることの確証ある者にも取得時効の援用」が認められているということを根拠に、第三取得者にも時効取得による抵当権の消滅が肯定される、と主張する。[26]

(い)　なお、ⓐ近江幸治は、基本的には(i)の否定説の立場に立ちつつも、「抵当不動産が未登記（抵当不動産の第三取得者への所有権移転登記がなされていない、という意味か――引用者）で対抗力を有しないものならば、取得時効を抗弁として提出できるのであって、第三取得者は時効取得できることになる」と論ずる。すなわち、近江説によれば、既登記の第三取得者については、「時効取得することは理論上ありえない」として民法三九七条の適用が否定されるが、未登記の第三取得者については、取得時効の要件を充たしうるとして同条の適用が肯定されるのである。[27]

他方、ⓑ大久保邦彦は、時効が通常、仮定主張・仮定抗弁として主張される点[28]を根拠に、時効取得の目的物（民一六二条参照）について他人物説を採るのであるが、[29]三九七条については、同条による抵当権の消滅は時効取得の反射的効果であるとする通説に従った上で、「民法三九七条の適用場面では抵当権の存在に物の他人性を求めることができる」ため、「この場合には例外的に自己の物の時効取得が認められる」とする。そして、この時効は「所有権を完全にするための時効」であるので、同条で問題となる善意・無過失は抵当権の存在に関するものである、と説示する。このように、大久保は、時効取得反射効説に立ち、時効取得の目的物については他人物説の立場を採りつつも、抵当不動産の第三取得者については、完全な所有権を得させるために例外的に取得時効の主張を認めるのである。[30]

（β）時効取得抵当権存続説

以上の時効取得反射効説に対し、不動産の占有者が時効取得をしても、その反射効によって、そこに付けられていた抵当権が当然に消滅するわけではないとする説（本書では、この説を「時効取得抵当権存続説」と呼ぶことにする）も少数ながら存在する。

（あ）古積説

その一つとして、まず古積健三郎の説があげられる。古積は、民法三九七条を抵当不動産の時効取得に関する規定と捉える点で、（α）の時効取得反射効説と同様の立場に立つが、同説とは異なり、時効取得の反射効によって抵当権が当然に消滅するという考え方には否定的な見解を採り、次のように言う。すなわち、抵当権が非占有担保であることから、「抵当不動産の占有が開始され所有権の取得時効が完成しても」、時効取得と抵当権は併存可能であり、時効取得によって抵当権は消滅しないというのが原則である。民法三九七条はこの原則を善意の占有者の保護という観点から修正するものと捉えられるが、登記による公示制度が機能する今日、同条の適用は制限的に解されなければならず、抵当不動産の第三取得者は、登記制度により「抵当権の存在を前提にすべき地位にあるといえるから、三九七条の適用から除外される」。よって、同条の適用が認められる者は、例えば「土地を譲り受けた際にこれに隣接する抵当不動産の一部も目的物と誤信していた者」のように、「登記制度があってもなお抵当権の存在につき善意無過失で目的不動産の占有を開始した者」に限られる[31]、と。以上が古積説の要旨であるが、この説に従えば、時効取得の反射効による抵当権の消滅は、ごく例外的な場合に限ってのみ認められるということになろう。

（い）角　説

次に、時効取得抵当権存続説の二つ目として、角紀代恵の説があげられる。すなわち、角は、古積と同様、抵当権が非占有担保であることを強調した上で、「非占有担保たる抵当権にあっては、そもそも、抵当権の存在を前提とする占有なるものを観念できるのか疑問である」と論ずる。そして、このような理解からは、一方で、抵当権を容認した占有というものはありえないので、《抵当不動産を時効取得した者は抵当権によって制限されない完全な所有権を取得する》という解釈も可能と思われるが、角は、それとは反対に、「占有を内容としない抵当権にあっては、それを排斥する占有は考えられない」とし、時効取得の反射効としての抵当権の消滅を原則的に否定する。従って、この点では、古積とほぼ同様な見解に立っていると言えよう。ところが、古積に従えば、民法三九七条は、善意占有者保護のため、時効取得に基づいて抵当権が消滅する例外的場合を定めた規定となるのに対し、角によれば、時効取得に伴う抵当権の消滅は「時効取得が原始取得であることから、当然に導かれる」ことがらではなく、そのような結果は、三九七条という特別の規定があるからこそ初めて認められる、と解されているのである。[32]

ところで、判例によれば、自己の物の時効取得が認められる（〔7〕最判昭和四二・七・二一民集二一巻六号一六四三頁（家屋の未登記受贈者が同家屋を占有中、原所有者から同家屋に抵当権が設定され、その後競売がなされた事案））ため、抵当不動産の譲受人[33]も取得時効を援用し、時効完成前の物権取得者に対し、所有権の取得を対抗できるものとされている（〔8〕最判昭和四三・一二・二四民集二二巻一三号三三六六頁[34]）。そこで、この判例を前提に、上述の角の見解を参考にすると、第三取得者は三九七条を根拠として、抵当権の消滅を主張できるように考えられないわけでもない。しかし、角は、「公示制度が整備されている今日においては、民法三九七条を無条件に適用することは適当ではない」と述べ、同条が適用されるのは、「境界紛争をめぐって時効が問題となる場合のように、『抵当不動産の全部または一部について、外形上も取引行為がなく』」、事実上それを占有している者が完全な所有権を時効取得するという、「きわめて稀な場合に」限定されるべきである、と論ずる。[35]以上が角説の要旨であるが、具体的結果として、三九七条の適用対象は、我妻説と全く同様なことになる。

（イ）抵当権時効消滅説

（α）第二に、近時は、前述の「民法三九七条を時効取得との関連で解釈する説」に対して、（2）の「学説」の冒頭で②としてあげた「抵当権時効消滅説」を支持する学説も、有力説として確固たる地位を築きつつある。そして、その嚆矢たる見解を展開したのが来栖三郎である。すなわち、来栖は、民法三九七条の「債務者又は抵当権設定者でない者が抵当不動産について取得時効に必要な要件を具備する占有をしたときは」という表現[36]をも根拠に、通説の説く「同条は取得時効の効果に関する規定である」という解釈に疑問を示す。[37]そして、フランス民法、旧民法以来の沿革を根拠に、民法三九六条・三九七条を一体のものと捉え、まず「三九六条は抵当不動産が債務者及抵当権設定者の手許に留つてゐる限りは被担保債権と独立に抵当権だけが時効に因つて消滅することはないとの意味であ」るとする。一方、三九七条については、同条は抵当不動産が第三取得者の占有に帰した場合の規定であり、抵当権が被担保債権から独立して時効消滅するのは同条の規定する場合だけである、と主張する。[38]

ところで、民法三九七条は、上掲のように、「取得時効に必要な要件を具備する占有をしたときは」という文言で、その要件を取得時効に準ずるものとしているのであるが、取得時効に関する規定である一六二条は、自主占有者がその占有開始時に善意・無過失であったか否かに従って、時効期間を一〇年または二〇年と区別している。そうすると、抵当権時効消滅説においては、抵当不動産の第三取得者の主観によって、抵当権が時効消滅する期間に差異が生ずることになるかとも思われるが、この点について、来栖は、第三取得者が抵当権の存在について善意・無過失であるか否かにより、抵当権の時効消滅期間が一〇年または二〇年となることを示唆するのである。[39][40]

(β)(あ) なお、抵当権時効消滅説を採る学説にも、近時は多少のバリエーションが見られるのであるが、まず、(i)星野英一は、第三取得者が抵当権について悪意の場合に関しては、二〇年の時効期間で抵当権が消滅するという解釈は採らず、第三取得者は「抵当権付き不動産を時効取得する」と述べる(41)。また、最近の学説のうち、(ii)道垣内弘人は、基本的に来栖説に従い、抵当不動産の第三取得者が取得時効と同じ要件を充たす占有を行えば、「所有権の原始取得の効果としてではなく」、民法三九七条の規定に基づいて「抵当権自体が時効消滅する」と論ずる。しかし、その上で、第三取得者が「抵当権の対抗を受けるのは、その抵当権が登記されている場合だけであるから」、一般に、第三取得者は、「抵当権の存在につき悪意または有過失ということになる」と自説を展開する(42)。要するに、道垣内によれば、第三取得者に対抗しうるものとしての既登記の抵当権がある以上、第三取得者が善意・無過失ということは通常はありえないことになる。従って、第三取得者は、悪意または善意・有過失の場合の期間である二〇年間の占有を継続しなければ、抵当権の時効消滅を主張できないものとされるのである(43)。

(い) 次に、安永正昭は、抵当不動産の第三取得者の占有継続による抵当権の消滅について、判例・通説のような「時効による所有権の原始的取得の反射的効力として抵当権が消滅する」という構成(時効取得反射効説)は採らず、前掲の来栖説と同様、直接民法三九七条を適用し、単に同条が規定する「取得時効に必要な要件を具備する占有」という要件(善意・悪意の対象は抵当権の存否)が備わったかどうかにより抵当権消滅の可否を判断すべきものとする。但し、抵当権が消滅する期間については、道垣内説と同様、通常は抵当権が登記されていることから、第三取得者は抵当権について悪意または有過失と判断されるため、二〇年が必要であるとされる(44)。

また、Hの登記済抵当権の付着したA所有不動産をBが善意・無過失で自主占有して一〇年で時効取得したという事例を考えると、時効取得反射効説によれば、抵当権も一〇年で同時に消滅することになるはずであるが、安永は、この場合、民法三九七条は一六二条の特則になるとして、[45] Bは抵当権については悪意または有過失であるため「二〇年間の自主占有によりはじめて抵当権の消滅を主張」できるようになる、と解している。なお、判例は自己の物の時効取得を認めているため、上例のBが抵当不動産の既登記譲受人（第三取得者）の場合も同様な論理が通用するように見て取れないわけでもない。しかし、安永によれば、このような場合は自己の物の時効取得は認められず、前段で述べた民法三九七条の単純な適用例であるとされるのである。[46]

以上のように、安永説は、民法三九七条について、抵当不動産の第三取得者のもとにおける抵当権の消滅を定めた独自の規定と見る点で、「抵当権時効消滅説」の範疇に入るわけであるが、同条の適用対象として、抵当不動産の第三取得者のみならず、例えば、抵当不動産を無権原で自主占有していた者が時効取得による抵当権の消滅を主張する場合も含めている点で大きな特徴があると言えよう。

（う）　さらに、武川幸嗣は、「民法三九七条を抵当権の消滅時効に関する特別規定と捉え、その適用範囲は原則として抵当不動産を占有する第三者一般」であるとする点で安永説とほぼ同様であるが、[47] 時効の起算点について独特の解釈を展開する。

すなわち、三九七条の抵当権の消滅時効は「抵当権者の権利行使の可能性ないし不行使に対する非難を前提とする第三者の占有継続」を要件としなければならないという見地から、まず、抵当不動産の第三取得者については、「抵当権の負担を前提として占有開始したといえるため、時効の起算点を被担保債権の弁済期」とすべきであるとし、[48] また、「取引行為に基づかない無権原占有者（ex.境界誤認型）については占有開始時を起算点として三九七条を適用すべきであ」るが、抵当権実行前に抵当権の承認請求による時効中断を期待できない場合は、「抵当権の実行可能時まで時効完成を停止すべき」ものとする。[49]

（え）　他方、平野裕之は、民法三九七条は「抵当不動産の第三取得者につき」、「抵当権の権利行使可能時ではなく第三取得者の占有開始時から起算する特殊な抵当権の消滅時効（ないし消滅原因）を規定したもの」であるとするが[50]、この見解は、平野説が抵当権時効消滅説に属することを示すものと言えよう。そして、平野によれば、道垣内説と同様、第三取得者の「善意悪意の対象は抵当権の存在であ」るが、「通常は善意無過失ということはありえない」ため、抵当権の時効消滅には二〇年の占有を要するものとされる[51]。

ところが、平野は、これとは別に、「越境型（誤認相続型も含めて）、移転登記のある無効または無権代理取引型の場合、また、移転登記がされていない有効取得型[52]」については、時効取得による抵当権の消滅が認められるのであるが、これは、三九七条によるのではなく、「取得時効の勿論解釈」によるものであると主張している。要するに、平野によれば、抵当不動産の第三取得者が既登記の場合は民法三九七条による抵当権の時効消滅が肯定されるが、未登記の場合は、一六二条のみを根拠として、時効取得による抵当権の消滅が認められると解釈されることになる。但し、抵当権を容認して占有していた場合は、抵当権付きの時効取得のみが認められるとされるのである[53]。

（ウ）抵当権時効消滅・時効取得反射効重複説

以上、民法三九七条の法的性格に関する学説について種々述べてきたわけであるが、最後に、これらの説を複合する説として、清水誠の説をあげると、以下のようになる。

すなわち、清水（誠）は、一方で、(i)前述の来栖と同様、民法三九七条は抵当不動産の「第三取得者が自己の所有権取得を前提としながら、さらに占有継続を根拠として抵当権の消滅を主張することを認めたものであ」り、そのための占有期間としては、「第三取得者の抵当権についての善・悪意によって」一〇年か二〇年かに区別される、と論ずる[54]。ところが、他方で、清水（誠）は、(ii)抵当不動産が民法一六二条により時効取得され、その反射効によって抵当権が消滅することも[55]、「明文の規定はないけれど[56]」、「当然の事理である」と述べ、その上で、抵当不動産の第三取得者も、「その所有権の立証に困難を感じた場合」や「登記欠如による対抗不能などの場合に」一六二条が定める取得時効を援用し抵当権の消滅を主張できるものと解する。[57]そうすると、例えば、抵当不動産を原所有者から譲り受けた者が未登記でその占有を一〇年あるいは二〇年継続した場合、[58]この者が抵当権の消滅を主張する方法としては、(i)民法三九七条を根拠として抵当権の消滅を主張する方法と、(ii)一六二条を根拠として当該不動産の時効取得（および、それに伴う抵当権の消滅）を主張する方法の両者が認められることになろう[59]（以上のところから、この説を「抵当権時効消滅・時効取得反射効重複説」と呼ぶことにする）。

(b)「占有開始後抵当権設定ケース」と学説

では、本第三章本来の追究課題、すなわち、《民法三九七条は、①抵当権の付いた不動産の自主占有を開始した者が一〇年または二〇年の占有継続を理由として抵当権の消滅を主張する場合のみならず、〔7〕最判昭和四二・七・二一[60]や〔1〕最判平成一五・一〇・三一、〔3〕最判平成二四・三・一六の事案のような、②不動産の自主占有者の占有開始後、原所有者（とされる者〔登記簿上の所有名義人〕）によって当該不動産に抵当権が設定されたが、占有者が占有開始時以降、取得時効の要件を充たす期間を超えて占有を継続したという場合（占有開始後抵当権設定ケース）もその適用対象となるのか》という問題について、諸学説はいかなる対応を示しているのであろうか。

(ア)　時効取得反射効説

この点に関し、第一に、時効取得反射効説は、どの学説においても特に明言されているわけではないが、上記①の場合のみならず、②の場合についても、民法三九七条の規定の下、時効取得による反射的効果として抵当権が消滅するという解釈を採るものと思われる。[61]というのは、取得時効によって所有権が原始取得されれば、その時点で、反射効に基づき、所有権を制限する一切の権利が消滅させられるのであって、このことは、所有権を制限する権利の発生時期とは全く無関係であると考えられるからである。[62]

もっとも、以上は、(i)抵当権の設定が取得時効の完成前の場合にあてはまることであり、同じく占有開始後の抵当権設定であっても、(ii)その設定が不動産占有者の取得時効完成後である場合はこれに該当しない。(ii)の場合は、「取得時効と登記」に関する判例理論の下では、未登記の時効取得は第三者に該当する抵当権者に対抗できないことになるため、時効取得者は抵当権付きの所有権を取得することになろう。

(イ) 古積説

第二に、民法三九七条を取得時効に関する規定と捉えつつ、非占有担保である抵当権は目的不動産の時効取得によって消滅しないのが原則であるとする古積説は、上記②の「占有開始後に目的不動産に抵当権が成立した」ケースについては、次のように論ずる。

すなわち、不動産の占有開始時には未だ抵当権は付けられていなかったのであるから、「この場合の占有の取得は、客観的には完全なる所有権を目指したものといえ」る。従って、この場面では、占有継続の「中途段階で抵当権が成立しても、その取得時効完成によって従前の所有権とともに抵当権も消滅するというのが」筋であり、「そこでは、三九七条の適用は問題にはならない」と。[63] よって、この解釈を前提とするならば、上記②の場合は、おそらく、未登記の時効取得の対抗という一七七条の問題に完全に還元されることになると思われる。[64]

(ウ) 抵当権時効消滅説

第三に、民法三九七条を抵当権の時効消滅を定めた特別の規定と解する「抵当権時効消滅説」に関して検討すると、三九七条の「抵当不動産について取得時効に必要な要件を具備する占有をしたときは」という文言は、それを素直に取ると、安永の説くように、「抵当権の設定されている状態の不動産について」占有が開始されて時効期間が経過した場合と理解される。とすれば、同条は、不動産占有者の占有継続中に所有名義人から抵当権を取得した者が現れた場合、すなわち、「占有開始後抵当権設定ケース」に関しては、適用対象外ということになると思われる。(65)そうすると、このケースはどのように処理すべきか問題となるが、道垣内の説示に従えば、不動産の占有を継続していた者は、「所有権の取得時効の効果として、抵当権の負担のない所有権を取得すると解される」ことになろう。(66)もっとも、「取得時効と登記」に関する判例理論に従えば、(i)占有者の取得時効完成前に抵当権が設定された場合は、抵当権者が時効取得によって権利を喪失する当事者として扱われるため、この説示はそのままあてはまるが、(ii)取得時効完成後に抵当権が設定された場合については、抵当権者は時効取得の第三者にあたると考えられるため、民法一七七条が適用され、占有者はこの者に対し、登記がなければ時効取得を対抗できないことになる。とすれば、民法三九七条の理解の点では違いがあるものの、「占有開始後抵当権設定ケース」については、一七七条の規律に従うとされる点で、前述の古積説と共通性があると言えよう。

(エ)平野説

第四に、抵当権時効消滅説のうち、平野説は次のようである。すなわち、まず、(i)不動産の未登記譲受人Bの占有開始後、原所有者AがCのために抵当権の設定・登記をした場合については、自己の物の時効取得が認められている以上、占有者Bの時効取得は認めざるを得ない。そして、「取得時効と登記」に関する判例理論により、Cのための抵当権設定がBのⓐ時効完成前ならば、Bは時効取得によるCの抵当権の消滅を主張できるが、ⓑ時効完成後ならば、Bは「抵当権の負担を免れないことになる」。しかし、ⓑの場合でも、Bは、抵当権の消滅時効についての特別規定である民法三九七条の要件を充たせば、抵当権の消滅を主張することができる。また、(ii)上例のBが無効譲受人ないしは越境占有者である場合は、本来の取得時効の適用場面であり、これについても、上記と同様、Bの時効完成とCの抵当権取得の前後で結果が区別される。そして、そのうち、Bの取得時効完成後に抵当権者Cが登場した場合については、BはCに対抗できないことになるが、この場合も(i)と同様、三九七条が適用されることになる[67]。

(オ) 安永説

(α) 第五に、安永説は、先述のように、「占有開始後抵当権設定ケース」について、民法三九七条の適用を排除するが、では、このケースをどのように処理するかというと、上記(ウ)に述べた解釈とは異なった考え方をする。

すなわち、安永によれば、「Bが自主占有を開始している不動産につき、登記上の名義人Aが所有者としてHのために抵当権を設定しその旨の登記を経由したところ、Bにつき占有開始の時点から一〇年間ないし二〇年間の期間が経過し、民法一六二条に基づく取得時効が完成する場合[68]」、Bは時効取得したことをもってHに抵当権の消滅を主張できるが、その法的根拠は一四四条が規定する時効の遡及効に求められる。つまり、同条に従えば、「Bの取得時効の効力は起算日にさかのぼ」り、BはAから占有開始時に所有権を取得したことになる。そうすると、AがHのために抵当権を設定した時点では、「Aは所有者ではなかったから」、Hの抵当権は成立していないことになる。要するに、Hの抵当権が消滅したというよりは、正確に言えば、時効の遡及効によりもともと存在していなかったと扱われるからである、と説明されるのである[69]。

しかし、このような見解に対しては、時効取得も民法一七七条の登記がなければ対抗できない物権変動に含まれると解するならば、次のような疑問が湧いてこざるを得ない。すなわち、民法一四四条に従い取得時効の効力が遡及するとすれば、右BはAから占有開始時に時効取得したことになるが、この時効取得が未登記の場合、Bはその後Aから抵当権の設定を受けたHに対して時効取得を対抗できないはずである。そうすると、結局のところ、未登記のBは、Hの抵当権の存在を否定できないことになるのではなかろうか。従って、この見地からすれば、「占有開始後抵当権設定ケース」に関する安永の立論は、再検討を要することになるであろう。[70]

（β）ところで、上述の「占有開始後抵当権設定ケース」、すなわち、A所有名義の不動産をBが占有開始した後で、HがAから抵当権の設定を受けて登記を経たというケースには、(i)抵当権の設定が取得時効の完成前の場合のほか、(ii)その設定が不動産占有者の取得時効完成後になされる場合ももちろん存在する。そして、判例・通説によれば、(ii)の場合、時効取得の登記を経由していないBはHに対抗できないことになるが、[71]この場合でも、(iii)Bがそのまま占有を継続し、Hの抵当権の登記がなされた時を起算点として、一〇年または二〇年という占有期間が経過したならば、Hの抵当権の消滅が認められるかということが問題となりうる。この点に関し、〔3〕最判平成二四・三・一六は、Hの抵当権登記時を起算点とする取得時効を認め、Bの時効取得による抵当権の消滅を容認した（(iii)のケースを、「抵当権登記時起算点ケース」と呼ぶことにする）。

これに対し、安永は、(iii)の場合についても、民法三九七条を適用すべきことを提唱する。すなわち、安永によれば、右Bは、Aに対して取得時効を援用するとともに、登記を了していないBの時効取得は抵当権者Hに対抗できないことを確認した上で、「Hの抵当権設定登記を起算点として取得時効に十分な期間の自主占有継続を理由に」、三九七条に基づき抵当権が消滅した旨を主張できる、とされる。そして、Bは、抵当権設定前から目的不動産を占有しているため、抵当権設定登記時、抵当権の負担については善意・無過失と解され、同登記時からの占有期間は一〇年で足りるものとされるのである。[72]そして、このような解釈は、先の〔3〕判決における古田裁判官の補足意見に通ずるところがあるかもしれない。

だが、前掲のように、安永は、(i)の類型について、時効の遡及効によって占有者の時効取得の効果が占有開始時に生ずるため、その後の原所有者による抵当権設定によっては抵当権の成立は認められないという解釈を採っている。けれども、この時効取得の効果が遡及することを根拠に抵当権の絶対的不発生を導き出す理論を採るならば、[73]それは、(i)の場合のみならず、(ii)(iii)の類型においても、共通する理論であると言わざるを得ないであろう。とすれば、安永の(iii)の類型に関する解釈は、(ii)の類型に関する判例・通説の解釈を前提とすればありうるものかもしれないが、解釈論としては一貫性を欠くことになってしまうと思量されるのである。

（カ）武川説

最後に、武川は、「抵当権設定登記前から占有開始したが抵当権者に対抗しうる権原を有しない第三者（未登記の第三取得者または無権原占有者）[74]」に関して（占有開始後抵当権設定ケース）、民法三九七条の適用を提唱する。すなわち、まず、武川は、右の場合、占有者と抵当権者の間には、占有者（時効取得者）と時効完成前の譲受人との間のような「時効による所有権の得喪に関する当事者関係」は成立しないとするが、この考え方によれば、前述の道垣内説のような、取得時効による原始取得の効果として抵当権が消滅するという解釈は否定されることになろう。そこで、武川は、抵当権者に時効を阻止する手段が不十分なまま時効完成時に抵当権の消滅を甘受させるというのでは、その者の時効による不利益負担の基礎が欠けるとし、この場合について、抵当権設定登記時を起算点として三九七条を適用すべきものとする。また、抵当権者の占有者に対する抵当権「承認請求を合理的に期待できない場合は、抵当権の実行可能時まで時効完成」が停止されるとするのである。[75]

なお、上記の構成は、「占有開始後抵当権設定ケース」のうち、主として、占有者の時効完成前に抵当権者が登場した場合（**（オ）**の安永説の(i)の場合）を想定したものと思われるが、武川によれば、その場合のみならず、抵当権者が時効完成後に現れた場合（安永説の(ii)(iii)の場合）にも妥当するものとされる。[76]

二　民法三九七条の沿革からの考察

さて、以上のところでは、《民法三九七条は、不動産の自主占有者の占有開始後、当該不動産の所有名義人によって抵当権が設定されたが、占有者が占有開始時以降、取得時効の要件を充たす期間を超えて占有を継続したという場合（占有開始後抵当権設定ケース〔抵当権登記時起算点ケースも含む〕）も適用対象とするのか》、という問題について、同条の法的性質はどう捉えられるべきかという点を出発点としつつ、諸学説、および、〔3〕最判平成二四・三・一六における補足意見等を検討してきた。

しかし、この問題を考察するためには、そもそも民法三九七条はどのような意図の下、どのような経過をたどって立法されたのかという点の探究が欠くべからざるものと思われる。そして、この点について、著者は、本書第一章の基となった、一九九八（平成一〇）年執筆の拙稿「抵当権と時効」で、ある程度詳細な検討を行っている。[77]よって、以下では、同稿、すなわち、本書第一章における三九七条の沿革に関する記述を本第三章に必要な限りで要約し、これを参考に考察を行ってみることにしたい。[78]

（1）旧民法債権担保編の条文

ところで、現行民法がボアソナード起草の旧民法の修正として立法されたものであることは、周知の事実と思われる。そして、現行民法案を審議した法典調査会の審議内容によれば、民法三九七条は、旧民法債権担保編二九六条と二九七条とを併せ規定されたものとされる。[79]よって、以下においては、同編二九六条及び二九七条はいったいどのような内容であり、どのような立法理由の下で規定されたものであるのかについて検討していくことにする。

(a) 債権担保編二九六条とその立法理由

そこで、第一に、債権担保編二九六条(本文「抵当不動産ノ所有者タル債務者カ其不動産ヲ譲渡シテ取得者又ハ其承継人カ之ヲ占有スルトキハ登記シタル抵当ハ抵当上ノ訴訟ヨリ生スル妨碍ナキニ於テハ取得者カ其取得ヲ登記シタル日ヨリ起算シ三十个年ノ時効ニ因リテノミ消滅ス」)から見ていくと、同条は、債務者自身が抵当不動産を譲渡して、第三取得者がその占有を取得した場合に関する規定である。そして、抵当権が消滅するためには、必ず三〇年の占有期間を要するものとされ、しかも、この期間は抵当不動産の第三取得者が登記をした日から起算すべきものとされる。

では、このような要件が必要とされる理由は何かという点についてであるが、旧民法の起草者ボアソナードは、以下のように言う。すなわち、第三取得者が不動産の所有者たる債務者と契約した場合は、その第三取得者は抵当について善意であるとは言えない。なぜならば、第三取得者の登記より前の抵当権の登記により、抵当権について「知ルヲ得ヘク又之ヲ知ラサル可カラサルモノナレハナリ」。従って、第三取得者は抵当権に関して悪意であるとみなされる、と。

(b) 債権担保編二九七条とその立法理由

第二に、債権担保編二九七条のうち、同条一項(「真ノ所有者ニ非サル者カ不動産ヲ譲渡シタルトキハ占有者ハ其善意ナルト悪意ナルトニ従ヒ所有者ニ対シテ時効ヲ得ルニ必要ナル時間ノ経過ニ因リ抵当債権者ニ対シテ時効ヲ取得ス」)はいかなる趣旨の条文かというと、「真ノ所有者ニ非サル者」から抵当不動産を譲り受けた第三者が、取得時効の要件を充たしたことによりその不動産の所有権を取得したとされる場合、その不動産上の抵当権はどうなるかという問題、つまり、抵当権の帰趨について規定したものと一応考えることができよう。そして、この点について、ボアソナードは、以下のように解説する。すなわち、「もし第三取得者が所有者について悪意であるならば、彼は抵当権の登記をした債権者に対して、自ら善意であると主張することはできず」、従って、二九六条の場合と同じく、三〇年の占有を必要とする。[80]「これに対して、第三取得者が真の所有者について善意の場合は、真の所有者の権利を知らなかった以上抵当権の存在も知らなかったのは当然であるという理由から、第三取得者は、真の所有者からの取戻訴権を免れると同時に抵当訴権をも免れることができる」と。[81]

次に、同編二九七条二項（「無権原ニテ不動産ヲ占有スル者ニ付テモ亦同シ」）は占有者が権利証書を有していない場合に関する規定と考えられるが、この場合について、ボアソナードは、「権利証書を有しない占有者の場合は、所有者に対しても債権者に対しても、三〇年経過しなければ時効の利益を受けることはできない」と述べる。[82]

(2) 考　察

(a) 抵当不動産の第三取得者との関係

以上のように、旧民法債権担保編は、抵当権の時効について、占有者がその占有する抵当不動産を、①真の所有者から譲り受けた場合に関する二九六条と、②(i)所有者以外の者から譲り受けた場合、および、(ii)「無権原」で占有する場合に関する二九七条とで、区別して規定していた。ところが、現行民法三九七条の立法にあたっては、これは修正され、①②の両方の場合が併せて規定されることになった。[83] 従って、このような制定過程を尊重するならば、同条は、旧民法における上述①、②の両類型を包含した条文であると解釈せざるを得ない。そして、このように解するならば、先述の時効取得反射効説のように、《民法三九七条は抵当不動産の時効取得による反射効として抵当権が消滅することを定めた条文に過ぎない》という見解は採ることができないと思われる。

ところで、旧民法債権担保編二九六条が前段の①、すなわち、抵当不動産の第三取得者が当該不動産を占有している場合について、抵当権は「三十个年ノ時効ニ因リテノミ消滅ス」と規定していたのに対し、現行民法三九七条は、この場合も、取得時効に準じた処理を定め、法典調査会で開陳された修正理由等[84]によると、抵当権の存在につき善意・無過失であったかどうかを基準に時効期間に一〇年と二〇年の差異を設けた、と説明されている。しかし、抵当権者が第三取得者に抵当権を対抗するためにはその登記を経ている必要があるが、今日、登記が具備されていない抵当権は到底考えがたく、従って、第三取得者が抵当権の存在について善意・無過失である場合はおよそありえないものと思われる。とするならば、第三取得者の善意・悪意あるいは過失の有無によって抵当権の時効消滅に要する占有期間に差異を求める現行三九七条の規定には、幾分かの問題点があると言わざるを得ないであろう。この点については、既に本書第一章で述べたところであるが[85]、上記修正理由を吟味した上での詳細な考察は、改めて次の第四章で行うことにする。だが、いずれにしても、今日、抵当不動産の第三取得者は、抵当権の存在について通常悪意または有過失と考えられるのであるから、現行民法三九七条の下でも、この者が抵当権の時効消滅を主張する場合は、占有期間として必ず二〇年が必要ということになるであろう[86]。

(b) 取得時効の完成と抵当権の帰趨

次に、旧民法債権担保編二九七条は、「真ノ所有者ニ非サル者カ不動産ヲ譲渡シタルトキ」の譲受人(一項)、または、「無権原ニテ不動産ヲ占有スル」占有者(二項)が長年月占有した場合、これらの者は「抵当債権者ニ対シテ時効ヲ取得ス」と規定されており、これは要するに、所有権の取得時効が完成した場合の抵当権の帰趨について定めた条文と解釈される。そして、(a)で述べたように、現行民法三九七条は、旧民法債権担保編二九六条のみならず、同編二九七条をも継受させる意図で作られた条文である以上、その中に、不動産の時効取得を原因とする抵当権消滅の趣旨が包含されていることは否定できないと思われる。従って、前掲の抵当権時効消滅説が現行民法三九七条を単に抵当不動産の第三取得者に関する規定と解しているだけだとすれば[87]、それは同条の立法過程との間にいささか齟齬がある解釈ということになろう。そして、同三九七条に時効取得による抵当権消滅の趣旨が含まれているとするならば、旧民法のみならず、現行民法三九七条で問題となる取得時効も、取得時効の存在理由に適合したものでなければならないはずである[88]。

(ア) 長期取得時効の存在理由からの検討

ところで、現行民法三九七条の淵源の一つである旧民法債権担保編二九七条一項は、前掲のように、その規定上、第三者が「非所有者」から抵当不動産を譲り受け長年月占有した場合に関する条文とされている。そこで、まず第一には、同規定に沿いつつ、長期取得時効(現民一六二条一項)の存在理由から私見を述べていくと、この時効は、長年月の占有者が所有者である蓋然性が高いことを根拠に、真の所有者から所有権を取得したにもかかわらず、長年月の経過のためそのことを証明できない者の立証の困難を救済するということを主要な目的としている、と思量される。

では、このような存在理由との関連で抵当権の帰趨が問題となる場合を想定してみると、その一つとして、例えば、真の所有者でない者が不動産の所有者として登記されており、しかも、その不動産に抵当権設定登記が付されている場合をあげることができよう[89]。そして、この場合、抵当権設定者は真の所有者でないため、本当は当該不動産上に抵当権は付けられないはずである。ところが、真の所有者からの譲受人は、登記名義人が実は所有者でないことを通常の証拠によっては立証できず、その結果、抵当権設定登記が無効であることも証明することができない。そこで、現行民法は、この者の立証困難を救済するという目的で、時効によって所有権を原始取得するという法律構成を採用したのであり、民法一六二条一項の趣旨の一つがこのような原理に基づくものだとするならば、三九七条が長期取得時効の完成に伴って抵当権も消滅するとしているのは、妥当な立法だと言うことができよう。

なお、上述のように、旧民法債権担保編二九七条一項は、文言上、非所有者から抵当不動産を譲り受けた者が長期占有した場合の規定として定められており、第三者が所有権について悪意であれば、長期取得時効の要件が充たされたとき抵当権者に対して時効を取得するものとされている。しかし、私見では、同項は、非所有者と悪意で取引した第三者を保護するための規定ではなく、(i)真の所有者から不動産を譲り受けたことを証明できない場合、または、(ii)非所有者から譲り受けたが、善意で譲り受けたことを証明できない場合（すなわち、次に説明する短期取得時効の要件を証明できない場合）には、三〇年の占有により抵当権者に対して「時効ヲ取得ス」ることを認めた規定と解されることになる。そして、同項を引き継いでいる現行民法三九七条の解釈においても、長期の時効取得による抵当権の消滅については、以上述べたことが尊重されなければならないと思われる。

(イ) 短期取得時効の存在理由からの検討

第二に、現行民法一六二条二項が規定する短期取得時効は、私見によれば、取引の相手方を所有者と信じ、善意・無過失で不動産の取引を行い、その占有を取得した者の取引の安全を保護するための制度と言うことができよう。そうすると、このような存在理由との関連で短期時効取得により抵当権の消滅が認められる場合としては、例えば、A所有の甲地とB所有の乙地が係争地を挟む形で隣接しており、乙地には抵当権が設定されていたところ、甲地が係争地も含むものとしてAからCに譲渡され、Cが善意・無過失で係争地の占有を始めた場合など、ごく限られた場合になると思われる。(90) そして、上例の場合は、係争地が(i)実はB所有の乙地に含まれている場合、または、(ii)実際は甲地に含まれるのだが、そのことをCが一般の証拠により証明できない場合において、Cの取引の安全を保護するため、短期取得時効により係争地の所有権の取得が認められる。そして、Cは係争地も含め、抵当権の負担のないものとして甲地を譲り受けたわけであるから、Cの取引の安全を完全に保護するため、民法三九七条は、短期取得時効が完成した係争地について、抵当権を消滅させることになるのである。(91)

(ウ)「無権原」の占有者について

最後に、現行民法三九七条が承継した旧民法債権担保編二九七条には第二項がある。そして、同項は、前示のように、その文言上、「無権原」の占有者についても、抵当権者に対する時効を認めている。しかし、取得時効の存在理由に関する著者の見地に照らせば、同項は不法な侵奪者や事実上の占有者に時効取得を認める規定ではなく、(i)かつて抵当権の負担のない不動産の所有権を取得したのであるが、その証書を取得していなかった、あるいは、紛失した真の所有者、または、(ii)古来から当該不動産を占有していた真の所有者の立証困難を救済するためのものと考えられる。

そうすると、このような趣旨の旧民法債権担保編二九七条二項をも継受している現行民法三九七条は、①抵当不動産の第三取得者が当該不動産を長期占有した場合の抵当権の消滅を定める（↑旧民債担二九六条）とともに、②売買などの譲受行為が証明される場合（↑旧民債担二九七条一項）もされない場合（↑旧民債担二九七条二項）も併せ、取得時効の完成による抵当権の消滅を定めた規定と解することができよう。

注

(21) 本件の係争地は換地処分後の換地であり、「本件旧土地」とは、換地がされる前の従前の土地のことである。
(22) 〔 〕内の語句は引用者が挿入したもの(引用文中、以下同じ)。
(23) 民集六六巻五号二三二七頁。
(24) 本書第一章九頁参照。文献については、第一章一三頁注(18)参照。最近の文献として、田山輝明『担保物権法第2版』(成文堂、二〇〇四)一三四頁以下、川井『民法概論2第2版』(有斐閣、二〇〇五)四一五頁、鈴木禄弥『物権法講義五訂版』(創文社、二〇〇七)二三四頁以下、松井宏興『担保物権法〔補訂第2版〕』(成文堂、二〇一一)一一五頁、清水元『プログレッシブ民法〔担保物権法〕〔第2版〕』(成文堂、二〇一三)一二二頁以下、柚木馨=高木多喜男編『新版注釈民法(9)物権(4)〔改訂版〕』(有斐閣、二〇一五)四七二頁〔柚木馨=小脇一海=占部洋之〕、松岡久和『担保物権法』(日本評論社、二〇一七)一七八頁以下等。
(25) 我妻『新訂担保物権法』(民法講義Ⅲ)(岩波書店、一九六八)四二三頁。同旨の学説については、本書第一章一三頁注(19)所掲のほか、槇悌次『担保物権法』(有斐閣、一九八一)二四六頁、川井・前掲注(24)四一六頁(「第三取得者は、抵当権の負担を覚悟している」ということを理由とする)、清水(元)・前掲注(24)一二二頁以下等。なお、〔5〕大判昭和一五・八・一二民集一九巻一三三八頁は、この立場である。
(26) 柚木=高木『担保物権法〔第三版〕』(法律学全集19)(有斐閣、一九八二)四二一頁以下(なお、同所で判例としてあげられているのは、〔6〕大判昭和九・五・二八民集一三巻八五七頁である)。同旨の学説については、本書第一章一三頁以下注(21)参照。なお、松岡・前掲注(24)一七八頁以下も、これに近い見解と言いうるかもしれない。
(27) 近江幸治『民法講義Ⅲ〔第2版補訂〕』(成文堂、二〇〇七)二五七頁以下。同旨——田山・前掲注(24)一三四頁以下、松井・前掲注(24)一一五頁以下。
(28) 訴訟で取得時効を援用する場合を例に取ると、時効を援用する者が「占有不動産は自己の所有物であるが、仮に相手方の物(他人物)であるとしても、自分は当該不動産を時効により取得した」と主張するような場合がそれにあたる。
(29) 大久保「自己の物の時効取得について(一)(二・完)」民商一〇一巻五号(一九九〇)一一頁以下、六号(一九九〇)

三〇頁以下。

（30）大久保・前掲注（15）「〔3〕判決判批」八五頁以下、同・前掲注（29）自己の物（二・完）民商一〇一巻六号五七頁以下。

（31）古積健三郎「時効による抵当権の消滅について」平井一雄先生喜寿記念『財産法の新動向』（信山社、二〇一二）一三四頁以下〔換価権としての抵当権（弘文堂、二〇一三）所収、三二四頁以下〕。

（32）角「抵当権の消滅と時効」みんけん五九五号（二〇〇六）一九頁、同・前掲注（10）星野追悼三八一頁以下。なお、これら論文においては、三九七条が規定された理由までは明らかにされていない。

（33）なお、〔7〕判決について言えば、同事案で当該不動産に抵当権が付けられたのは、不動産の譲受人の占有開始後である。

（34）〔8〕判決については、本書第二章五二頁以下参照。

（35）角・前掲注（10）星野追悼三八二頁、同・前掲注（32）みんけん一七頁以下、二〇頁。

（36）但し、ここであげた民法三九七条の条文は、二〇〇四（平成一六）年の民法改正により現代語化されたものである。

（37）来栖三郎・判民昭和一五年度（有斐閣、復刊、一九五四）七六事件三〇四頁〔来栖三郎著作集Ⅰ（信山社出版、二〇〇四）所収、六三三頁〕。

（38）来栖・判民昭和一五年度一一七事件四六六頁〔著作集Ⅰ六三九頁〕、なお、同・前掲注（37）七六事件三〇三頁以下〔著作集Ⅰ六三三頁〕。以上について、本書第一章八頁以下、一〇頁参照。

（39）来栖・前掲注（37）七六事件三〇四頁〔著作集Ⅰ六三三頁〕。

（40）以上の来栖の見解と同旨の学説として、本書第一章一四頁注（25）所掲の道垣内弘人『担保物権法』（三省堂、一九九〇）一八六頁（道垣内旧説）のほか、髙橋眞『担保物権法〔第2版〕』（成文堂、二〇一〇）二四七頁。

（41）星野英一『民法概論Ⅱ』（良書普及会、合本再訂、一九七〇）二九三頁。

（42）道垣内『担保物権法〔第4版〕』（有斐閣、二〇一七）二三六頁以下、同「時効取得が原始取得であること」（論点講座「民法☆かゆいところ第17回」）法教三〇二号（二〇〇五）五二頁。

（43）同旨――野村豊弘「〔8〕判決判批」法協八七巻五号（一九七〇）一二八頁以下、内田『民法Ⅲ〔第3版〕債権総論・担保物権』（東京大学出版会、二〇〇五）四七四頁、河上『担保物権法講義』（日本評論社、二〇一五）二四二頁。

（44）安永・前掲注（10）一三四頁以下、一五四頁以下。なお、同論文一四〇頁では、民法三九七条の趣旨について、拙稿・

(45) 前掲注(1)玉田古稀七〇頁以下〔本書第一章三二頁以下〕とほぼ同様の論述がなされている。
(46) この点だけ見れば、上記角説と共通する部分も看取される。
(47) 安永・前掲注(10)一三一頁以下、一三五頁以下。
(48) 武川「抵当権時効と所有権の取得時効」内池慶四郎先生追悼論文集『私権の創設とその展開』(慶應義塾大学出版会、二〇一三)六一七頁。
(49) なお、武川・前掲注(47)六一七頁は、抵当権者の権利行使可能性の見地から、抵当権時効の進行は抵当権の承認請求によって中断されるとともに、抵当権者において抵当不動産の占有状況を確認することが著しく困難であり、中断の期待可能性がない場合は、「抵当権の実行可能時まで時効完成の停止を認め」て然るべきであるとする。
(50) 武川・前掲注(47)六一七頁。
(51) 平野『担保物権法』(日本評論社、二〇一七)一三五頁、同『民法総合3担保物権法〔第2版〕』(信山社出版、二〇〇七)二〇二頁以下、二〇四頁。但し、先述のように、来栖によれば、民法三九七条は抵当権が被担保債権から独立して時効消滅することを認める唯一の規定であるとされるのに対し、平野は同条を一六七条二項(平成二九年改正民法では、一六六条二項〔以下同じ〕)の特別規定と解しているようである(平野・総合二〇五頁参照)。
(52) 平野・前掲注(50)総合二〇五頁。
(53) これらの類型については、平野・前掲注(50)日評担保一三二頁以下参照。
(54) 平野・前掲注(50)日評担保一三五頁、一三六頁以下、同・前掲注(50)総合二〇三頁。
(55) 清水誠「抵当権の消滅と時効制度との関連について」加藤一郎編『民法学の歴史と課題』(東京大学出版会、一九八二)一八一頁。なお、同所を見る限りでは、前出平野説とは異なり、三九七条は第三取得者が既登記の場合のみならず、未登記の場合も適用対象となるように解される。
(56) 清水(誠)・前掲注(54)一七〇頁によれば、この中には、当然、「問題の不動産につき真の所有者と全く無関係に占有を開始した者」が含まれることになる。
(57) すなわち、三九七条はあくまでも、「第三取得者が自己の所有権取得を前提としながら、さらに占有継続を根拠として抵当権の消滅を主張することを認めたものである」と解釈し、通説のように、時効取得の反射効を定めた規定だとは解さないのである(清水〔誠〕・前掲注(54)一八一頁)。

(57) 清水(誠)・前掲注(54)一六九頁以下、一八一頁、一八四頁以下。

(58) 先に角説のところであげた〔8〕最判昭和四三・一二・二四の事案がこれにあたる。

(59) なお、清水(誠)は、抵当不動産の第三取得者が抵当権の消滅を主張する方法としては、このほか、被担保債権の消滅時効の援用、抵当権独自の消滅時効(民一六七条二項)の援用をあげている(清水(誠)・前掲注(54)一八〇頁以下)。

(60) (a)の角説のところ(一二二頁)に前掲。

(61) ちなみに、安永・前掲注(10)一四五頁は、「占有開始後抵当権設定ケース」(安永のいわゆる「第二類型」)についても、判例は時効取得の反射効として抵当権の消滅を説明するであろう、と推論している。

(62) なお、大久保・前掲注(15)「〔3〕判決判批」八一頁は、〔3〕の事案について、占有者Xが原所有者Aから「本件旧土地を買い受けたのはYの抵当権取得よりも時間的には先だが、対抗要件を備えたのはYが先なので、民法一七七条によりYの抵当権取得が優先」し、「Xは抵当不動産の第三取得者と評価できる」、すなわち、本文の①の場合にあたる、と主張している。しかし、対抗問題としてYの抵当権取得が優先するというところから、何ゆえ先に占有を始めたXが抵当不動産の第三取得者と評価される結果が導き出されるのであろうか。

(63) 古積・前掲注(31)平井喜寿一三七頁〔換価権としての抵当権三一七頁〕。なお、同「〔3〕判決判批」新・判例解説Watch【2013年4月】(法セ増刊速報判例解説一二号)(二〇一三)九八頁は、ローマ法以来の沿革から、「このケースは民法三九七条の射程外にある」とした上で、三九七条とは無関係に、所有権の時効取得によって「抵当権は消滅する」という構成こそ、同条の沿革に相応しいものとする。そして、同頁は、第三者の抵当権の登記時を起算点とする新たな取得時効により抵当権の消滅を認めた〔3〕最判平成二四・三・一六について、「時効の基礎となる占有が抵当権の存在を前提にした」という事情がある場合は、抵当権の消滅を否定することも可能とする判示をしている点をも踏まえ、判旨に賛成している。

(64) もっとも、古積は、「不動産を原所有者から譲り受けて占有を開始したが登記を具備していない者が、その後当該不動産に抵当権が設定された場合に、対抗要件の不備を補うために所有権の取得時効によって抵当権の消滅を主張しうるかは」一つの問題であるとするが、結論は留保している(古積・前掲注(31)平井喜寿一三七頁以下〔換価権としての抵当権三二六頁以下〕)。

(65) 安永・前掲注(10)一四六頁。この点については、簡単ながら、既に拙稿・前掲注(1)玉田古稀八二頁以下〔本書

第一章四六頁以下〕で指摘したところである。同旨――金子敬明「抵当権と時効――最近の三つの判決を機縁として」千葉大学法学論集二七巻三号（二〇一三）六五頁注（37）。以上に対し、原島重義「〔7〕判決判批」民商五八巻二号（一九六八）二二四頁は、「占有開始後抵当権設定ケース」のうち、〔7〕最判昭和四二・七・二一のような、未登記譲受人の占有開始後抵当権が設定された場合についても、「民法三九七条による抵当権消滅を考える余地があつた」と述べている。

（66） 道垣内・前掲注（42）担保二三七頁。但し、道垣内は、その根拠として、安永のように、条文の文言を指摘するのではなく、このケースでは、「時効取得者は、抵当権の負担のない状態で占有を開始しているのだから、善意・悪意は理論的に問題にならない」ということを理由にあげている（同頁）。同旨――金子・前掲注（65）六五頁注（37）。

（67） 平野・前掲注（50）日評担保一三八頁以下。

（68） 安永・前掲注（10）一四二頁。

（69） 安永・前掲注（10）一四五頁。同旨――角・前掲注（10）「〔3〕判決判批」一三〇頁、同・前掲注（10）星野追悼三八六頁以下。

（70） 以上の批判は、前注（69）にあげた、安永説と同旨の角説にもあてはまることになろう。

（71） (b)(ア)の二段目にも記したところである。

（72） 安永・前掲注（10）一五三頁。

（73） なお、この理論については、先に(オ)「安永説」の（α）の三段目で批判したところである。

（74） 武川・前掲注（47）六一七頁以下。

（75） 武川・前掲注（47）六一八頁。

（76） 武川・前掲注（47）六一八頁。

（77） 拙稿・前掲注（1）玉田古稀五六頁以下〔本書第一章一五頁以下〕。

（78） 以下の記述が主として拙稿・前掲注（1）玉田古稀五六頁以下、従って、本書第一章一五頁以下の要約であることに鑑み、特に必要な場合を除き、ボアソナードの著書等出典の引用も、同拙稿及び本書第一章の注に委ねることにする。

（79） 法務大臣官房司法法制調査部監修『法典調査会民法議事速記録二　第二十七回―第五十五回』（日本近代立法資料叢書2）（商事法務研究会、一九八四）九六一頁、九六二頁以下。

(80) 旧民法においては、三〇年の占有継続が長期取得時効の要件とされていた（旧民証拠編一四〇条二項「占有者カ正権原ヲ証スルコトヲ得ス又ハ之ヲ証スルモ財産編第百八十七条ニ規定シタル如ク其悪意カ証セラルルトキハ取得時効ノ期間ハ三十个年トス」）。

(81) ちなみに、旧民法における短期取得時効の時効期間は一五年であった（旧民証拠編一四〇条一項「占有カ上ニ定メタル条件ノ外財産編第百八十一条ニ記載シタル如キ正権原ニ基因シ且財産編第百八十二条ニ従ヒテ善意ナルトキハ占有者ハ不動産ノ所在地ト時効ノ為メ害ヲ受クル者ノ住所又ハ居所トノ間ノ距離ヲ区別セス十五个年ヲ以テ時効ヲ取得ス」）。

(82) なお、旧民法債権担保編二九七条二項の「無権原ニテ」の原語は《sans titre》である（G. BOISSONADE, *Projet de Code civil pour l'Empire du Japon accompagné d'un commentaire*, t.IV, Tokio, 1889, Art.1310.）が、これを「権原なしで」と訳さずに、「権利証書を有しない」と解する理由については、改めて別の機会に論ずることとしたい。

(83) 但し、旧民法債権担保編二九六条では、抵当権の時効消滅を主張しうる第三取得者として、自己不動産に抵当権を設定した債務者から譲り受けた者のみ規定されていたのに対し、現行民法三九六条・三九七条は、抵当権を設定する者には債務者以外の者、すなわち、物上保証人が存在することを考慮した立法を行っている。それゆえ、本文①の場合には、物上保証人からの譲受人も含まれることになる。以上について、法務大臣官房司法法制調査部監修・前掲注（79）九六二頁、九六三頁、本書第一章一九頁参照。

(84) 法務大臣官房司法法制調査部監修・前掲注（79）九六二頁以下。本書第一章一八頁以下参照。

(85) 本書第一章二九頁以下。

(86) この点では、前掲の道垣内説、および、前注（43）掲記の諸学説と同旨である。

(87) 前出の来栖説、星野説、道垣内説、前注（43）掲記の内田説などには――見解が詳しく展開されていないので断定はできないが――そのふしが見られないわけでもない。

(88) 以下で述べる取得時効の存在理由については、拙著・前掲注（7）研究一頁以下参照。

(89) 本文前段にあげた長期取得時効の存在理由との関連で抵当権の帰趨が問題となる場合としては、このほか、境界紛争で隣地に抵当権が付けられている場合があるが、本第三章では、これについての検討は省略する。この事例については、本書第一章三七頁以下参照。

(90) その理由については、本書第一章三九頁以下参照。

(91) なお、旧民法においては、債権担保編二九七条一項で占有者が善意の場合が、短期時効取得に伴う抵当権の消滅に関する規定に該当する。

第三節　結びにかえて

さて、著者は、本書第二章において、「取得時効と登記」に関する判例理論はもはや採ることができないことを論じたが、次いで、本第三章では、民法三九七条について、まず諸学説等を鳥瞰した上で、旧民法以来の沿革を主たる根拠に、同条をどう解釈すべきか考察してきた。そこで、この考察の結果をまとめると、次のようになる。すなわち、民法三九七条は、旧民法債権担保編二九六条と二九七条とを併合したものである。よって、三九七条は、①抵当不動産の第三取得者が二〇年占有した場合の抵当権の消滅時効の規定であるとともに、②抵当権付不動産について所有権の取得時効が完成した場合の抵当権の消滅に関する規定である。(92)

ところで、〔1〕の最判平成一五・一〇・三一、〔3〕の最判平成二四・三・一六は、いずれも、不動産の自主占有者の占有開始後、当該不動産の所有名義人によって抵当権が設定されたが、占有者が占有開始時以降、取得時効の要件を充たす期間を超えて占有を継続したという事案（占有開始後抵当権設定ケース）に属する判決である。とすると、これらは、既に抵当権が付けられた不動産について占有が開始された事案ではないため、前段①の場合には該当しないことになる。

そうすると、ここで問題となるのが、これら判例の事案が②の場合に該当するのかという点であるが、これについては、まず、取得時効の存在理由から見て、〔1〕や〔3〕の事案で占有者が取得時効を援用した目的に妥当性があるのかという点が考究されなければならない。なお、この場合における民法三九七条の意義は、取得時効による完全な所有権の認容に伴う抵当権の消滅を認めるという点にあるのだから、いつ抵当権が設定されたかは一切関係なく、従って、占有開始後抵当権設定ケースにおいても、抵当権の消滅を肯定しうる余地があることになる。そこで、次には、以上の見地から、〔1〕や〔3〕の事案が具体的に検証されなければならないが、これについては、本章で論ずる余裕もないため、以下の章に譲ることにしたい。

注

（92）これに対し、本文で前述のように、平野によれば、民法三九七条は主として①に関する規定であり、不動産の時効取得による抵当権の消滅は、同条を待つまでもなく、取得時効の当然の効果だとされる。しかし、このような解釈は、必ずしも同条の沿革に即したものとは言えないように思われる。

【追記】

本第三章初出論文稿了後の二〇一七（平成二九）年六月二日、「民法の一部を改正する法律」（平成二九年法律第四四号）が公布された。改正民法では、改正前民法における時効の「法定中断」が時効の「完成猶予」及び「更新」に改められた。本章では、前第二章と同様、論述の都合上、また、まだ改正民法が施行されていないこともあり、改正前民法の規定に従った叙述に留めておくことにする。

第四章

民法三九七条と起草者意思

――「抵当権と時効」問題に関する中間的考察

第一節　緒言

一　はじめに

著者は、いわゆる「抵当権と時効」の問題に関して、二一年前の一九九八（平成一〇）年に、本書第一章の初出論文たる「抵当権と時効」と題する論考を発表したが[1]、近時、最高裁から、〔1〕最判平成一五・一〇・三一判時一八四六号七頁、金判一一九一号二八頁、〔2〕最判平成二三・一・二一判時二一〇五号九頁、金判一三六五号一八頁、〔3〕最判平成二四・三・一六民集六六巻五号二三二一頁という三つの重要判例が出現したことを契機に、改めてこの問題の再考察を目論み、二〇一七（平成二九）年に、本書第二章の初出論文にあたる拙稿「抵当権と時効・再論序説——最判平成15・10・31及び最判平成24・3・16の位置づけに向けて——」[2]と、本書第三章初出論文である同「『抵当権と時効』問題と民法397条——最判平成15・10・31及び最判平成24・3・16の位置づけに向けて——」[3]の二編の論考を公にした。

ところで、これらの論考等を基にした本書における研究は、「抵当権と時効」という問題の中で、——〔2〕判決についての検討は留保しつつ[4]——〔1〕判決と〔3〕判決はどのように位置づけられるかということを究極の目標にするものである。しかるに、右に掲げた後の二つの拙稿と同様、本書第二章と第三章双方のタイトルには、「最判平成一五・一〇・三一及び最判平成二四・三・一六の位置づけに向けて」という副題が付けられている。そして、この「向けて」という言葉からも明らかなように、本研究は、第三章まで綴った限りでは考察の途上にあり、「抵当権と時効」という問題の中で、〔1〕〔3〕両判決の位置づけを最終的に定めるという段階には未だ至っていない。従って、この〔1〕〔3〕両判決の着地点を解明することこそ本章以下における焦眉の課題であるのは、著者も十分に自覚しているところである。

二　本章の課題

しかし、それはさておき、本書の研究を進めるにあたっては、考究しなければならない別の課題がある。すなわち、著者は、本書第一章及び第三章において、民法三九七条（「債務者又は抵当権設定者でない者が抵当不動産について取得時効に必要な要件を具備する占有をしたときは、抵当権は、これによって消滅する。」）は旧民法債権担保編二九六条（「抵当不動産ノ所有者タル債務者カ其不動産ヲ譲渡シテ取得者又ハ其承継人カ之ヲ占有スルトキハ登記シタル抵当ハ抵当上ノ訴訟ヨリ生スル妨碍ナキニ於テハ取得者カ其取得ヲ登記シタル日ヨリ起算シ三十个年ノ時効ニ因リテノミ消滅ス但債権カ免責時効ニ因リテ其前ニ消滅ス可キ場合ヲ妨ケス」）と同編二九七条（一項「真ノ所有者ニ非サル者カ不動産ヲ譲渡シタルトキハ占有者ハ其善意ナルト悪意ナルトニ従ヒ所有者ニ対シテ時効ヲ得ル為メニ必要ナル時間ノ経過ニ因リ抵当債権者ニ対シテ時効ヲ取得ス」、二項「無権原ニテ不動産ヲ占有スル者ニ付テモ亦同シ」）とを併合して規定された条文であるという沿革を主な根拠に、現行民法三九七条を解するにあたっては、旧民法債権担保編二九六条と二九七条のそれぞれの趣旨に基づいた両様の解釈が行われなければならない、との私見を提示してきた。(5) そして、その概要は以下の（1）に掲記するとおりである。

(1) 民法三九七条に関する私見の概要

現行民法三九七条は、①抵当不動産の第三取得者が当該不動産を長期占有したことにより抵当権の負担を免れる場合（旧民法債権担保編二九六条に由来）と、②抵当不動産の長期占有者が当該不動産を時効取得した結果、抵当権が消滅する場合（同編二九七条に由来）の両場合を包含する規定である。[6]

(a) 抵当不動産の第三取得者による抵当権の時効消滅の主張

このうち、①については、抵当権が既登記ならば、[7] 抵当不動産の第三取得者が善意・無過失というようなことは事実上ありえない。従って、抵当不動産の第三取得者が抵当権の時効消滅を主張するためには、長期取得時効（民一六二条一項）の時効期間に準じ、二〇年の占有期間が必要になる。[8]

(b) 抵当不動産の時効取得による抵当権の消滅

(ア) これに対し、②の場合は、その中がさらに、次の二つに分けられる。

すなわち、(i)抵当権が付いた状態で登記されている不動産を抵当権設定者以外の者から譲り受けて長期占有した者が、当該不動産を時効取得したとして抵当権の消滅を主張する場合と、(ii)同じく抵当権付きで登記されている不動産を長期占有している者が、当該不動産について他人からの譲受けは証明できないものの、時効取得を理由に抵当権の消滅を主張する場合とがそれであり、(i)は旧民法債権担保編二九七条一項を受け継いだものであり、(ii)は同条二項を継受したものと言える。

(イ) (α) そして、取得時効の存在理由に関する私見からすると、[9] (i)の旧民法債権担保編二九七条一項に由来するケースとしては、第一に、取引により不動産の占有を取得したことは証明できるが、真の所有者から譲り受けたことは証明できず、かつ、善意・無過失で占有取得したことも立証できない長期占有者が、[10] 長期取得時効

（民一六二条一項）の完成を理由に抵当権の消滅を主張する場合があげられる。なお、右の「真の所有者から譲り受けたことを証明できない場合」には、ⓐ実際は真の所有者（抵当権設定者ではない）から譲り受けているにもかかわらずそれを証明できない場合に加え、ⓑ真実非所有者と取引して不動産の占有を取得したが、短期取得時効の要件である占有取得時の善意・無過失は証明できない者の取引の安全を図る場合も含まれる、と考えられる。

（β）また、第二に、第一と同じく、不動産を真の所有者から譲り受けたことは証明できないが、譲受行為自体は証明でき、かつ、当該不動産を善意・無過失で占有取得したという推定（民一八六条一項）[11]が反対証拠によって破られない場合、占有取得者は、短期取得時効（民一六二条二項）を援用して不動産に付けられた抵当権の消滅を主張することができる。なお、この中には、前主がⓐ実際は非所有者であった場合に加え、ⓑ真実所有者であった場合も含まれるが、いずれの場合も、前主を所有者と信頼して不動産を（善意・無過失で）譲り受けた者の取引の安全を保護するために短期取得時効が認められる、と思量される。

もっとも、占有の始めにおける善意・無過失という要件を充たすためには、原則として登記の確認が必要不可欠と思われるが、占有不動産の取得時効の完成による抵当権の消滅を主張する場合、当該不動産の登記簿には、通常、譲渡人以外の者が所有者兼抵当権設定者として登記されているはずである。とすれば、抵当不動産について短期取得時効が認められるのは、買い受けた土地と隣地との間における境界紛争の事例などごく限られた場合になると考えられよう。

（ウ）以上に対して、（ア）の(ii)のところであげた旧民法債権担保編二九七条二項は、ⓐかつて抵当権の負担のない不動産の所有権を取得したのであるが、長期間の経過で取得の証拠を失ってしまった真の所有者、または、ⓑ古来から不動産を占有してきた真の所有者の立証困難を救済するため、他人名義の所有権及び抵当権設定登記がなされている当該不動産につき時効取得とそれに伴う抵当権消滅の主張を認めた規定である。従って、同

項をも継受した現行民法三九七条には、同様の趣旨が含まれていることになる。(12)

(2) 現行民法三九七条への統合に対する検討

しかしながら、旧民法債権担保編が二九六条と二九七条というそれぞれ要件の異なる二つの条文によって時効による抵当権の消滅を規定していたのに対し、現行民法の起草者は、そのことはもとより承知の上で両条を現行三九七条へと統一したのであり、この点を鑑みれば、その統合にはもっとも至極な根拠があると思われないわけでもない。

そこで、本第四章では、最初に、現行民法の起草者は何ゆえ旧民法における二つの条文を一つの条文にまとめたのか、すなわち、現行三九七条への統一化の理由を探究し、次いで、その理由の正当性について検討を行うことにする。その上で、前述のとおり、時効期間の占有による抵当権の消滅の規定が一つの条文に合一化された現行民法三九七条の下でも、旧民法債権担保編二九六条、二九七条の沿革に基づき、両条文に応じて場合を分けた解釈を行う私見の妥当性を検証していきたいと思う。

注

(1) 拙稿「抵当権と時効」玉田弘毅先生古稀記念『現代民法学の諸問題』(信山社出版、一九九八)四五頁以下。
(2) 拙稿「抵当権と時効・再論序説——最判平成15・10・31及び最判平成24・3・16の位置づけに向けて——」法と政治

六八巻二号（二〇一七）五一頁以下。

（3）拙稿「『抵当権と時効』問題と民法397条――最判平成15・10・31及び最判平成24・3・16の位置づけに向けて――」深谷格＝西内祐介編著『大改正時代の民法学』（成文堂、二〇一七）一〇五頁以下。

（4）〔2〕判決は、土地を賃借して他主占有する者の援用する賃借権の時効取得が当該土地の抵当権者に対抗できるかという問題に関するものであって、所有権の時効取得に関する事案ではない（〔2〕判決の事案及び判旨については、拙稿「〔2〕判決判批」民商一四五巻四＝五号（二〇一二）一二四頁以下参照）。この点、同判批一三二頁、本書第二章五七頁、第三章一一一頁でも述べたように、筆者は、〈果たして賃借権という権利の上に取得時効は成立しうるのか〉という根本的な疑問を持っている。要するに、〔2〕判決は、〔1〕判決や〔3〕判決とは別個に扱われるべき判例ではないか、と考えられるのである。

（5）本書第一章一五頁以下、第三章一三三頁以下。

（6）本書第一章四六頁、第三章一三五頁以下、一三九頁、一四六頁。

（7）なお民法一七七条によれば、抵当権が未登記ならば、抵当権者は抵当権の存在を抵当不動産の第三取得者に対抗できないため、この場合は、最初から、三九七条の問題にはなりえないことになる（本書第一章三〇頁参照）。

（8）本書第一章三〇頁以下、第三章一三六頁。

（9）拙著『取得時効の研究』（信山社出版、一九九六）一頁以下等参照。

（10）占有者の相手方の反対証明が成功した場合（民一八六条一項参照）。

（11）私見では、民法一八六条一項は、占有者の占有取得時の善意・無過失を推定する規定であると解される。この点については、拙稿「占有の推定効に関する覚書・序説――先ずは、即時取得における無過失の推定をめぐって――」近江幸治先生古稀記念論文集『社会の発展と民法学〔上巻〕』（成文堂、二〇一九）三五九頁以下で詳述している。

（12）以上、（b）について、本書第一章三六頁以下、第三章一三六頁以下参照。

第二節　現行民法起草者の意思

一　法典調査会の設置と起草委員の任命

フランス人ボアソナードらが起草し、一八九〇（明治二三）年に公布された旧民法は、一八九三（明治二六）年一月一日から施行予定であったが、いわゆる「法典論争」を契機として、一八九二（明治二五）年、民法等法律の修正のための施行延期法案[13]が第三回帝国議会に提出され、その結果、施行は、一八九六（明治二九）年一二月三一日まで延期されることになった。そこで、政府は、翌一八九三（明治二六）年三月、法典調査会規則を公布したが、これにより、「民法商法及附属法律ヲ調査審議ス」る（同規則一条[14]）ため法典調査会が設置され、穂積陳重、富井政章、梅謙次郎の三名が起草委員に任命された[15]。

二　起草委員の説明・解釈

（1）梅起草委員

（a）法典調査会における立法理由の説明

（ア）　ところで、法典調査会で現行民法三九七条の原案たる三九二条が審議されたのは、一八九四（明治二七）年一二月一八日の第五四回調査会においてであり[16]、同調査会に提出された三九二条案は、以下のようであった。

債務者又ハ抵当権設定者ニ非サル者カ抵当不動産ニ付キ取得時効ニ必要ナル条件ヲ具備シタル占有ヲ為ストキハ抵当権ハ之ニ因リテ消滅ス[17]

（イ）　この原案は――現行民法と比較すれば明らかなように――現在の三九七条とほぼ変わらないものである[18]が、同日の調査会において、原案三九二条の起草担当委員と目される[19]梅は、その立法理由を以下のように述べている。

本条ハ只今説明致シマシタ通リ少シ既成法典ト違ツテ居リマス既成法典ニハ今箕作君ノ仰セノ通リニ[20]占有者ガ所有者カラ不動産ヲ譲受ケタ場合ト所有者ナラザル者カラ譲受ケマシタ場合トヲ区別シテアル初メノ場合ハ必ズ三十年経タナケレバイカナイ次ノ場合ハ普通ノ取得時効ノ規則ヲ適用スルトアリマスカラ即チ既成法典デハ十五年デ時効ニ罹ルコトガ出来ル様ニナツテ居ル私ノ考ヘデハ若シ此二ツノ間ニ区別ヲスルナラバ寧ロ反対デナケレバナラヌト思フ所有者カラ譲受ケタモノデアルナラバ是レハ他人ノ物ヲ譲受ケタノデハナイ所有者カラ其所有物ヲ譲受ケタノデアルカラ夫レハ特別ノ保護ヲ受ケルト云フコトニナルカモ知ラヌガ第二ノ場合ハ所有者デナイ者ガ自分ノ過失デアツタカ何ンデアツタカ知リマセヌガ所有者ト見誤ツテ買受ケタ者ガ却テ余計ニ[21]保護セラルル理由ハナイ殊ニ外ノ規定ト比ベテ見マスト権衡ヲ得ナイ例ヘバ地役権ニ付テハ財産編第二百八十七条ノ第二項[22]ニ規定シテアル所デハ承役地ノ所有者カラ土地ヲ買受ケタ者

デアツテモ仮令地役権ノアルコトヲ知ラヌデ買受ケタ場合デアルナラバ矢張リ十五年ノ時効デ以テ地役権ハ消滅スルト云フコトニナツテ居ル、夫レ杯モ権衡ヲ得テ居ラヌ夫故ニ寧ロ此区別ヲ廃シテ総テ取得時効ノ規則ニ当嵌マル丈ケノコトガアツタナラバ矢張リ期間モ取得時効ノ方ノ規定ニ依テ且ツ順位迄過失ナク不動産ヲ取得シタ者ガ若モ抵当権ノアルト云フコトヲ知ラナイデ取得シタ其知ラナイト云フノハ自分ガ登記簿ヲ見ナカツタトカ或ハ登記簿ノ写ヲ請求シタ所ガ其登記簿ノ写ノ中ニ登記官吏ノ疎漏デ抵当権ガ書イテナカツタト云フト云フヤウナ止ムコトヲ得ナイ場合ニ限ツテハ本案デハ年限ガ短クナリマシタカラ十年デ抵当権ガ消滅スルヤウニシタ方ガ宜カロウ之ニ反シテ若シ悪意デアル即チ抵当権ノアルコトヲ知リツヽ取得シタナラバ夫レハ所有者カラ取得シタ場合デアツテモ所有者ナラザル者ヨリ取得シタ場合モ矢張リ二十年トシタ方ガ宜イト云フノデ此点ニ付テ既成法典ヲ改メマシタ(23)……(24)

（b）著書『民法要義』における論述

また、梅は、その著書『訂正増補民法要義巻之二物権編』では、現行民法三九七条の注釈として、以下のような論述をしている。

本条ハ債務者又ハ抵当権設定者ニ非サル者ノ為メニスル時効ニ付テ規定セリ蓋シ債務者又ハ抵当権設定者ニ非サル者ニ付テハ前条(25)ニ述ヘタル理由(26)ナキカ故ニ仮令債権ハ未タ時効ニ因リテ消滅セサルモ抵当権ノミ其者ノ為メニ消滅スルコトアルハ敢テ怪ムニ足ラス故ニ抵当権モ亦第百六十七条(27)第二項ニ定メタル一般ノ消滅時効ニ因リテ消滅スルコトアルヘシ但是レ実際ニ於テハ稀ナルヘシ何トナレハ債権ハ満期後十年ヲ経レハ時効ニ因リテ消滅スヘク（一六七、一項）債権ニシテ消滅セハ抵当権モ亦自ラ消滅スヘケレハナリ故ニ此時効ノ適用アル場合ハ債権ニ付テハ時効ノ中断又ハ停止アリテ抵当権ニ付テハ之ナキトキニ限ルヘシ然リト雖モ若シ第三者カ抵当不動産ヲ占有シ第百六十二条ノ条件ヲ具備スルトキハ其者ハ完全ナル所有権ヲ取得スヘキカ故ニ其結果トシテ抵当権モ亦消滅セサルコトヲ得ス例ヘハ其者カ不動産ヲ買取ル際ニ当リ抵当権ノ存スルコトヲ知ラス且之ヲ知ラサルニ付キ毫モ過失ナキトキハ（例ヘハ登記官吏カ誤リテ其抵当権ヲ登記簿謄本中ヨリ脱落シタルトキ）十年間其不動産ヲ占有スルニ因リテ抵当権ハ消滅スヘシ又其占有者ニ悪意若クハ過失アルモ尚ホ二十年間之ヲ占有スルトキハ抵当権ハ同シク時効ニ因リテ消滅スヘシ[28]（二八九参観）唯債権ノ期限到来前ニ在テ抵当権者カ第百六十六条第二項ノ権利ヲ行フコトヲ得ヘキハ固ヨリナリ[29][30]

（2）富井起草委員の解釈

一方、現行民法三九七条の解釈に関し、民法三九二条案の担当委員ではないが、同じく起草委員の一人である富井の著書『民法原論第二巻物権』を参照すると、富井は、時効による抵当権の消滅について、同書の第四編「担保物権」第五章「抵当権」第六節「抵当権ノ消滅」において、以下のように論じている。

（前略）

消滅時効ニ関シテハ抵当権ハ主タル債権ヨリモ其時効期間永キコト常ナルカ故ニ実際時効ノ適用ヲ生スルコト稀ナリトス（一六七条）尚抵当権ハ債権ノ担保ヲ目的トスル従タル権利トシテ其担保スル債権ニ先チ単独ニ時効ニ罹ルコトナシ是其目的及ヒ当事者ノ意思ニ適合スルモノナリ然リト雖モ此従属関係ハ担保権ノ性質ヨリ当然生スル結果ニ非ストモ見ルコトヲ得ヘキカ故ニ民法ニハ「抵当権ハ債務者及ヒ抵当権設定者ニ対シテハ其担保スル債権ト同時ニ非サレハ時効ニ因リテ消滅セス」トノ明文ヲ置ケリ（三九六条）但此規定ハ専ラ消滅時効ニ関スルモノトス若夫レ債務者又ハ抵当権設定者ニ非サル者カ抵当不動産ニ付キ取得時効ニ必要ナル条件ヲ具備セル占有ヲ為シタルトキハ抵当権ハ之ニ因リテ消滅

スルコト言ヲ俟タス（三九七条）是取得時効ハ権利ノ原始的取得方法タル結果ニ外ナラサルナリ（……）[31]（傍点――原文）

（後略）

注

（13）「民法商法施行延期法律案」のこと。

（14）法典調査会規則一条「法典調査会ハ内閣総理大臣ノ監督ニ属シ民法商法及附属法律ヲ調査審議ス」。

（15）以上について、詳細は、拙稿「日本民法学史における取得時効要件論――『所有の意思』を中心に――」平井一雄＝清水元編『日本民法学史・続編』（信山社出版、二〇一五）一〇四頁以下。

（16）法務大臣官房司法法制調査部監修『法典調査会民法議事速記録二 第二十七回―第五十五回』（日本近代立法資料叢書2）（商事法務研究会、一九八四）九五〇頁以下参照。

（17）法務大臣官房司法法制調査部監修・前掲注（16）九六二頁参照。

（18）なお、一八九六（明治二九）年に制定され、二〇〇四（平成一六）年に民法が現代語化されるまでの三九七条の条文は、「債務者又ハ抵当権設定者ニ非サル者カ抵当不動産ニ付キ取得時効ニ必要ナル条件ヲ具備セル占有ヲ為シタルトキハ抵当権ハ之ニ因リテ消滅ス」となっているが、本文掲記の調査会案三九二条と比較すると、「具備シタル占有ヲ為ストキ」が「具備セル占有ヲ為シタルトキ」に改められただけであり、細部の語句の変更がなされたに過ぎない。

（19）この点については、拙著・前掲注（9）三七頁注（64）〔初出：拙稿「取得時効の存在理由――長期取得時効を中心に――」松商短大論叢三二号（一九八四）三七頁注2)〕記載の文献等参照。

（20）ここで梅の言う「箕作君ノ仰セ」とは、三九二条案の前の三九一条案（「抵当権ハ債務者及ヒ抵当権設定者ニ対シテハ債権ト同時ニ非サレハ時効ニ因リテ消滅セス」：現行民法三九六条に対応）の審議において、箕作麟祥調査会委員が行った次のような質問のことである。「一寸伺ヒマスガ既成法典デハ抵当不動産ヲ真ノ所有者カラ譲受ケタ場合ト真ノ所有者デナイ者カラ譲受ケタ者ノ場合ト少シ区別ガアッテ時効ノ規定ガ違ッテ居ル様デアリマスガ今度ノ此案デハ夫レハドウナルノデアリマスカ」。この質問に対して、梅は、以下のように答えている。「夫レハ次ノ箇条ニ二ツノ場合ヲ合シテ規定シタ積リデアリマス理由ハ次ノ箇条ニ往ッテ述ベヤウト思ヒマス」（法務大臣官房司法法制調査部監修・前掲注（16）九六一頁）。

(21)　法務大臣官房司法法制調査部監修・前掲注（16）九六二頁では、「余計ニ」の部分は「會計ニ」となっているが、これはおそらく文字の打ち間違いであり、「余計ニ」が正しいのではなかろうか。

(22)　旧民法財産編二八七条二項「第三者カ地役アルコトヲ知ラスシテ承役地ヲ占有シ其占有ニ不動産所有権ノ取得ニ関スル時効ニ必要ナル条件ヲ具備スルトキハ地役ハ消滅シタリトノ推定ヲ受ク」。

(23)　法務大臣官房司法法制調査部監修・前掲注（16）九六二頁以下〔梅委員説明〕。

(24)　なお、ここでは、「……」として、梅委員の説明の後半部分を省略しているが、その引用を省略した箇所の中に、旧民法債権担保編二九六条では、「所有者タル債務者」という言葉が使われていて、「債務者ハイツモ所有者デアルカノ如クナツテ居ルガ……債務者デナイ人カラ抵当権ヲ設定シタ場合ニ債務者ハ所有者デナイ」ことなどから、「文字ヲ改メマシタ」という叙述がある（法務大臣官房司法法制調査部監修・前掲注（16）九六三頁）ことが注目される。すなわち、これは、債務者以外の抵当権設定者から、抵当不動産を取得した場合を想定したものであり、旧民法からの改正の一つとして重要な点と言えよう。

(25)　ここで「前条」とは、現行民法三九六条のことを指す。ちなみに、民法現代語化以前の三九六条は以下のようである。「抵当権ハ債務者及ヒ抵当権設定者ニ対シテハ其担保スル債権ト同時ニ非サレハ時効ニ因リテ消滅セス」。

(26)　「抵当権ハ債権ノ従タルモノニシテ之ヲ担保スルヲ以テ其目的トス然ルニ債務ノ弁済ヲ怠レル債務者又ハ其債権ヲ担保スル為メニ自ラ抵当権ヲ設定シタル者ハ仮令抵当権者カ抵当権ヲ行使セサルニモセヨ苟モ債権カ時効ニ罹リテ消滅セサル間ハ之ニ対シテ其抵当権カ已ニ時効ニ因リテ消滅セリト主張スルコトヲ得サルハ普通ノ観念ヨリ之ヲ考フルモ殆ト疑ヲ容レサル所ナリ是レ本条ノ規定アル所以ナリ」（梅謙次郎『訂正増補民法要義巻之二物権編』〔法政大学＝有斐閣書房、第三一版、一九一一〕〔明治44年版完全復刻版（有斐閣、一九八四）にて復刻〕五八八頁以下）。

(27)　一八九六年制定後、二〇〇四年民法現代語化までの一六七条は、以下のようであった。第一項「債権ハ十年間之ヲ行ハサルニ因リテ消滅ス」第二項「債権又ハ所有権ニ非サル財産権ハ二十年間之ヲ行ハサルニ因リテ消滅ス」。ちなみに、同条第二項は、二〇一七（平成二九）年改正、二〇二〇年施行の改正民法では、一六六条二項に次のように規定される。「債権又は所有権以外の財産権は、権利を行使することができる時から二十年間行使しないときは、時効によって消滅する」。

（28）民法二八九条を指す。「承役地の時効取得（?）による地役権の消滅」に関する条文である。

（29）一八九六年制定後、二〇〇四年民法現代語化までの一六六条は、以下のような条文であった。第一項「消滅時効ハ権利ヲ行使スルコトヲ得ル時ヨリ進行ス」第二項「前項ノ規定ハ始期附又ハ停止条件附権利ノ目的物ヲ占有スル第三者ノ為メニ其占有ノ時ヨリ取得時効ノ進行スルコトヲ妨ケス但権利者ハ其時効ヲ中断スル為メ何時ニテモ占有者ノ承認ヲ求ムルコトヲ得」。ちなみに、同条第二項は、二〇一七年改正民法では、同条第三項に繰り下げられ、次のように規定される。「前二項の規定は、始期付権利又は停止条件付権利の目的物を占有する第三者のために、その占有の開始の時から取得時効が進行することを妨げない。ただし、権利者は、その時効を更新するため、いつでも占有者の承認を求めることができる」。

（30）梅・前掲注（26）五九〇頁以下。

（31）富井政章『民法原論第二巻物権』（有斐閣、大正一二年合冊〔下冊一一版〕、一九二三）〔大正12年合冊版完全復刻版（有斐閣、一九八五）にて復刻〕六〇九頁以下。

第三節　考察

以上のように、第二節では、現行民法の起草者である梅と富井の言説を紹介した。しかし、ここで探究すべき問題は、これら両者の見解にはいったいどの程度の妥当性があるのか、換言すれば、旧民法債権担保編がその二九六条と二九七条という二つの条文で定めていたところを現行民法で三九七条という一つの条文に取りまとめて単純化したことは、果たして抵当権の時効消滅や取得時効の趣旨に相応しいものであるのか、という点であろう。よって、次には、ほぼ第二節で引用した順に従い、第一には、法典調査会における梅の説明をできるだけ詳細に検討し、第二に、これを補うものとして、同じく梅の『民法要義』における解説、さらに、富井の『民法原論』における解釈を参照し、この問題を考察していくことにしたい。

一　法典調査会における梅の説明の検討

(1)　梅の説明

(a)　そこで、最初に、法典調査会における梅の前掲三九二条案の立法理由に関する説明をたどるところから始めると、まず、①旧民法債権担保編二九六条が定める、占有者が所有者から抵当不動産を譲り受けた場合の時効期間と、②同編二九七条一項が規定する、「真ノ所有者ニ非サル者」から譲り受けた場合のそれとが比較される。

そして、旧民法は①について三〇年の時効期間、②について、占有取得者たる譲受人が善意の場合はその半分の一五年の時効期間を定めているが[32]、梅は、もし①と②の両者を区別するならば、むしろこれとは反対の規定が設けられるべきものとする。すなわち、梅によれば、①の場合、占有取得者は非所有者から他人の所有物を譲り受けたのではなく、まさに真の所有者からその所有物を譲り受けたのであるから、特別の保護を受ける必要があるかもしれない。ところが、②については、占有取得者がたとえ善意であっても、この者は、実は所有者でない譲渡人を真の所有者と見誤って買い受けた者であるから、旧民法のように、①の場合よりも時効期間を短くしうるものとして、それ以上に保護しなければならないという理由は存在しない、と説かれる。

（b）次に、他の規定、とりわけ承役地の長期占有による地役権の消滅に関する規定との不均衡が問題とされる。

すなわち、梅の言に従えば、旧民法財産編二八七条二項[33]では、承役地の所有者から当該土地を地役権が付けられていることを知らないまま買い受けた者であったならば、その者が一五年間占有を継続すれば地役権が消滅するとなっている。しかし、これでは、一方で、抵当不動産の第三取得者については、たとえその者が善意であっても抵当権消滅のため三〇年の占有継続が必要であるのに、他方で、承役地の第三取得者については、その者が善意であれば一五年の占有で地役権が消滅することになって、両者間で釣り合いが取れないこととなる。

（c）上述のところから、梅は、旧民法においては、（a）債権担保編の二九六条と二九七条の間においても、また、（b）同編二九六条と地役権の時効消滅に関する財産編二八七条二項の間においても権衡が得られていないということを根拠に、以下のように提案する。

すなわち、旧民法債権担保編における二九六条と二九七条との間の区別を廃止し、いずれの場合においても、取得時効の要件に該当する占有が存在したならば時効による抵当権の消滅を認めるものとし、時効期間も取得時効の期間に倣うこととする。従って、不動産の占有を所有者から取得した場合であっても、非所有者から取得した場合であっても、取得時効期間を短縮した提出法案においては、抵当権の存在について善意・無過失で不動産の占有を取得した者に対しては一〇年、悪意または善意・有過失の占有取得者に対しては二〇年で抵当権が消滅すると定めるのが妥当であると言うことができ、この点で旧民法を改めることにした、と。

(2) 検討

以上、(1)では、法典調査会における梅委員の説明の要点を取り上げたが、旧民法債権担保編二九六条と二九七条との比較衡量に基づくその説明、また、地役権の時効消滅を定めた財産編二八七条二項との対比は、一応、理に適った見解のように捉えられうるかもしれない。しかし、同見解を仔細に検討してみると、次のような疑問も浮上してくる。

(a) 旧民法債権担保編二九七条一項と二九六条との関係

(ア)　すなわち、まずその一つとしてあげられるのは、旧民法債権担保編二九七条一項に「真ノ所有者ニ非サル者カ不動産ヲ譲渡シタルトキ」とあることから、同項が非所有者から不動産を譲り受けた占有者を時効で保護する規定と解されている、という点である。確かに、旧民法債権担保編二九七条の原案にあたる再閲修正民法草案一八一〇条[34]に対するボアソナードの注釈においても、《この場合、占有者は真の所有者でない者から権利を得たのであるから、真の所有者と抵当権者の両者に対して時効の利益を得るべきことになる》とされている[35]という点を見ても、梅が同項の規定を「占有取得者が真の所有者及び抵当権者からその利益を奪う規定」と解釈し、これよりは真の所有者から抵当不動産を譲り受けた第三取得者のほうがより厚い保護に値する、と思惟したのは無理からぬことかもしれない。

（イ）　だが、そもそも、旧民法債権担保編二九七条は取得時効が完成した場合の抵当権の消滅についての規定であり、この点を鑑みれば、その解釈は取得時効制度の趣旨という観点からなされなければならないはずである[36]。とすれば、同条一項において占有者が善意であるとは、不動産の譲受人が譲渡人を抵当権の負担のない所有者と信じ、当該不動産を譲り受けて占有を開始した場合であるが、この場合、同項の規定は、その譲受後長期間が経過したため、譲渡人が真の所有者であったかどうかは立証困難な状態になってしまった——真の所有者であったかもしれないし、もしかしたら非所有者かもしれない——が、譲渡人を抵当権の負担のない不動産の所有者と信頼して譲り受けた占有取得者の立証困難の救済、ないしは、取引の安全の保護を、善意の取引が認められない場合よりもさらに短い期間で図る目的で設けられたものと推察される。

これに対して、同編二九六条は、厳然と存在していた抵当権を抵当不動産の第三取得者の長期占有により消滅させる規定であり、しかも、前述のように、第三取得者は登記された抵当権を知りうる立場にある。そこで、以上のように考えるならば、旧民法債権担保編二九七条一項で不動産の譲受人たる占有者が善意の場合に、同編二九六条の抵当不動産の第三取得者より短い期間で抵当権の不存在を主張できるようにしているのも至当なことに思われてくるのである。

（b）旧民法債権担保編二九六条と旧民法財産編二八七条二項との関係

（ア）次に、梅の見解に対する疑問の二つ目としてあげられるのが、旧民法債権担保編二九六条と二九七条とを現行民法三九七条に統一化するもう一つの理由として、抵当不動産の第三取得者の占有による抵当権消滅期間と承役地の第三取得者の占有による地役権消滅期間との間の不権衡が述べられている、という点である。

確かに、旧民法財産編二八七条二項には、承役地の第三取得者が「承役地ヲ占有シ其占有ニ不動産所有権ノ取得ニ関スル時効ニ必要ナル条件ヲ具備スルトキハ地役ハ消滅シタリトノ推定ヲ受ク」との規定が設けられているため、同項によれば、第三取得者の占有による地役権の消滅も取得時効の規定（旧民証拠編一四〇条）に従い、第三取得者の善意・悪意に基づいて期間の差異が定められるかのように見えないわけでもない。また、法典調査会で梅が例示したように、抵当不動産の第三取得者についても、「登記簿ノ写ヲ請求シタ所ガ其登記簿ノ写ノ中ニ登記官吏ノ疎漏デ抵当権ガ書イテナカツタト云フト云フヤウナ止ムコトヲ得ナイ場合」[37]が全くないとも言えず、そのような場合は第三取得者の善意・無過失が認められることになるかもしれない[38]。そこで、①承役地の第三取得者の占有による地役権の消滅と、②抵当不動産の第三取得者の占有による抵当権の消滅との類似性を考えれば、むしろ現行民法三九七条で成文化されたように、②の場合についても、第三取得者が善意・無過失か、あるいは、悪意または善意・有過失かに応じ、取得時効の期間に準じた長短両様の抵当権消滅の期間を設定したほうが具体的妥当性を得られるとの解釈も、その可能性がないわけではなかろう。

（イ）しかし、旧民法財産編二八七条二項において留意すべきは、承役地の第三取得者の占有継続により地役権が消滅するのは、「第三者カ地役アルコトヲ知ラスシテ承役地ヲ占有シ」（傍点——引用者）た、つまり、第三取得者が地役権について善意で占有を取得した場合に限られる、という点である。そこで、この点を考察するために、ここでは、旧民法の正文の理由書『民法理由書』（邦文・手稿本）[39]を参照してみると[40]、同項については、以下のような注釈がなされている。

(前略)

上ニ述ベタル如ク時効ハ物件ヲ取得スル直接ノ方法ニ非ラズシテ已ニ或ル原因ニ由テ之ヲ取得シタルコトヲ証明スル法律上ノ推定タルニ過キズ立法者ハ此時効ノ性質ニ関スル原則ヲシテ全カラシメンガ為メ本条ニ於テモ亦時効ヲ以テ消滅原因ノ列記以外ニ置キ特ニ一項ヲ設ケテ承役地ノ所有者ガ地役ナキ完全ナル土地トシテ之ヲ占有シタル場合ニ於テ地役消滅ノ推定ヲ生ジ得ベキコトヲ明カニセリ

時効ニ由テ地役ノ消滅ヲ来タスハ後ニ掲クル不使用ニ由テ地役ノ消滅ヲ来タス場合ト決シテ混同ス可カラズ即チ不使用ニ依リ地役ノ消滅スル場合ニ於テ承役地ハ仍ホ其地役ヲ設定シタル所有者若クハ其相続人ニ属スルコト有ル可シ是レニ反シテ時効ノ場合ニハ一方ニ於テ要役地ノ所有者ガ使用ヲ為サヾルノミナラズ是レト同時ニ第三者ガ特定名義ヲ以テ承役地ヲ取得シ而シテ何等ノ地役ヲモ負担セサル土地トシテ之ヲ占有シタルコトヲ必要ト為ス

然リト雖トモ本条ノ適用ヲ為スニハ第三取得者ガ時効ニ由テ承役地ノ所有権ヲ取得シタルコトヲ必要ト為サズ真正ナル所有者ヨリ合法ナル権原ニ由テ其所有権ヲ取得シタルヲ以テ足レリト為ス是レ実際ニ於テ最モ屡々看ル可キ所ナリ惟要スル所ノモノハ第三取得者ハ要役地ノ所有者ト合意ヲ為シ是レニ由テ土地ノ自由ヲ買戻シタルコトナキノ一事ナリ若シ然ラズシテ此自由ヲ買戻シタルモノトセバ地役ハ取得時効ノ成就スルヲ俟タズ已ニ明示ノ抛棄ニ由テ消滅ス可ケレバナリ故ニ本条ノ適用ヲ看ルハ第三取得者ガ地役ナキ土地トシテ之ヲ取得シ而シテ実際地役ノ成立スルコトヲ知ラザリシ場合ナリトス故ニ地役ガ不表見ノモノナルトキニ非ラサレバ殆ンド其例ヲ看ルコト莫カル可シ此条件備ハリタル場合ニ於テ第三取得者ガ十五ヶ年間其土地ヲ地役ノ負担ナキモノトシテ占有シタルトキ即チ要役地ノ所有者ガ地役ヲ行使セザリシトキハ時効成就シ是レニ由テ承役地ハ負担ヲ免カレタリトノ推定成就ス可キナリ

承役地ノ所有者ガ地役ノ拋棄ヲ合意ニ由テ得タル場合ニ於テ其合意ヲ為シタルモノガ要役地ノ所有者ニ非ラサルモノニシテ承役地ノ所有者之ヲ知ラズ全ク要役地ノ所有者ナリト信ジテ此合意ヲ為シタル場合ヲ仮想スルトキハ均シク本条ノ適用ヲ看ル可キナリ即チ要役地ノ所有者ガ十五ヶ年間地役ヲ行使セサルトキハ為ニ其権利ヲ失フニ至ルヘシ

右ニ掲ゲタル二個ノ場合ニ於テ承役地ノ所有者若シ善意ナラサルトキハ時効ノ成就ハ少シク異ナル所アル可シ即チ拾五ヶ年ヲ以テ足レリト為サズ三十ヶ年ノ経過ヲ俟ツコトヲ要ス而シテ此場合ニ於テハ実ニ要役地ノ所有者ノ不使用ニ由テ地役ノ消滅ニ至ルモノナリ(41)（傍点――引用者）

以上要約すると、同注釈は、次のようなことを示していると解することができる。

(i)時効は物件取得の直接の原因ではなく、既にこれを取得したことを証するための法律上の推定であるから、旧民法財産編二八七条(42)は、地役の各種消滅原因を列記した第一項とは別の項を設け、第二項で、承役地の所有者が地役のない完全な土地としてこれを占有した場合に、地役権消滅の推定が生ずることを明らかにしている。

(ii)時効による地役権の消滅とは言っても、これを承役地の不使用による地役権の消滅と混同してはならない。旧民法財産編二八七条二項の時効の場合は、要役地の所有者が承役地を使用しないでいるとともに、他方で、第三者が承役地を特定承継し、何らの地役をも負担しない土地として占有したことが必要である。もっとも、この場合、第三者は取得時効によって承役地の所有権を（原始）取得する必要はなく、真正な所有者から正当権原によってその所有権を取得すれば足りるのであって、実際上も、これはしばしば見られるところである。また、もし第三取得者が要役地の所有者との合意で承役地の地役からの解放を買い戻した場合は、地役権は既に明示の放棄によって消滅することになる。従って、本項が適用されるのは、第三取得者が土地を地役なきものとして取得し、地役の存在を知らずに占有した場合である。そうすると、地役が不表現のものでなければほとんどその例を見ないことになる。そして、第三取得者が特定承継した土地を一五年間地役の負担ないものとして占有してきたときは時効が成就し、その結果、承役地は地役権の負担を負わないとの推定が認められることになる。

(iii)承役地の所有者が地役権の放棄の合意をしたところ、その合意をした者が要役地の所有者ではなかったが、承役地の所有者はそのことを知らず、この者を要役地の所有者と信じて合意をなした場合も本項の適用があり、要役地の所有者は、一五年間地役権を行使しなければその権利を失うことになる。

(iv)上の(ii)と(iii)で、承役地の所有者がもし善意でなかった場合は、時効は少し異なった形を取り、一五年では足りず三〇年の経過を待って成就することになるが、これは実のところ、本項の時効の問題ではなく、要役地の所有者の不使用が原因で地役の消滅に至る場合（旧民財産編二八七条一項第六号、二九〇条）(43)である。

(ウ)（α） 旧民法財産編二八七条二項に対する『民法理由書』の注釈は以上のようにまとめられるが、ここで特に注目すべきは以下の論述、すなわち、《同項が適用されるのは、承役地の第三取得者が地役権の存在を知らずにその負担がないものとして同土地を取得した場合であり、これはその地役権が（暗渠による引水地役権など）不表現地役権の場合にほぼ限られる(44)》とされている点である。

要するに、旧民法財産編二八七条二項は、「不動産所有権ノ取得ニ関スル時効ニ必要ナル条件ヲ具備スルトキハ」と占有取得者の善意・悪意に応じて期間の長短が定まるかのような規定をしているが、実は、占有取得者が悪意とされる場合は、同項ではなく、地役権者（要役地の所有者）の長期間の不使用を要件とする規定(45)に従って地役権の帰趨が定まる。これに対して、旧民法財産編二八七条二項が適用されるのは占有取得者が善意の場合のみであり、それゆえ、同項において消滅が問題となるのは不表現地役権に限られる。換言すれば、同項は、地役が不表現のため、地役権の存在を知らないまま承役地を取得した第三取得者についてより短期の占有継続で地役から解放することを認め、その取引の安全に資することを目的とした規定であり、主に不表現という地役の態様を根拠として時効期間の短期化が図られているのである。

（β）　なお、（イ）の(iii)のところであげたように、『民法理由書』の注釈によれば、旧民法財産編二八七条二項の適用対象には、承役地の所有者が要役地の非所有者を所有者と信じて地役権の放棄の合意をした場合も含まれるものとされる(46)。そうすると、――それほど頻繁に出現する場合とは想起されないものの――このような場合は、一五年間の占有継続の間使用されなかった地役権は、必ずしも不表現のものには限定されないかと思われる。しかし、そもそも、要役地の非所有者をそれと知りながら（悪意で）地役権の放棄の合意をしても、そのことを理由に承役地の所有者が保護される必然性は何らないのであるから、いずれにせよ、同項は、占有者が善意の場合のみを保護の対象と措定していたと考えて間違いはないであろう。

（エ）　さて、旧民法財産編二八七条二項によれば、承役地の第三取得者は当該土地の占有を一五年継続した場合に時効に基づいて地役権から解放されるのであるが、上述してきたところから明らかなように、この規定は、主として、地役権の種類が不表現の地役権であり、そのため、第三取得者が地役権を認識できないという地役権の態様に着目して設けられたものと思量されうる。従って、同項には、一方で、「不動産所有権ノ取得ニ関スル時効ニ必要ナル条件ヲ具備スルトキハ」という文言があるものの、他方で、「第三者カ地役アルコトヲ知ラスシテ」という要件も設けられており、第三取得者が善意の場合に限って適用されるということが明文化されているのである。

これに対して、旧民法債権担保編二九六条の場合は、抵当権は既登記のため本来第三取得者に対抗しうるのであり、なおかつ、第三取得者は――ボアソナードの言を借りれば――「法律上悪意アルモノト推定セラルヽモノ」であるところ(47)、三〇年間の長期占有に起因して抵当権の消滅が認められている。以上要するに、同条の場合、抵当不動産の第三取得者の善意・悪意は登記簿の記載を通じて定まるものであり、一般には悪意が推定される。ところが、旧民法財産編二八七条二項の場合は、第三取得者の善意・悪意は承役地に対する実際の見分にかかっているのであって、同項は、地役権が不表現のとき承役地の第三取得者はそれを容易には認識できない状態に陥るということを考慮し、特にそのような善意の第三取得者を保護するため規定されたものなのである。そこで、このように考えるならば、梅の言うところの旧民法財産編二八七条二項と債権担保編二九六条との権衡は、ほとんど意味を持たないと理解することが可能となろう。

二　梅及び富井の著書の論述に対する検討

ところで、現行民法起草委員で、三九七条原案の起草担当者である梅、並びに、同じく民法起草者の一人であった富井は、彼らの著書においても、簡単ながら、民法三九七条に関する論述を行っている。そして、これらについては、本第四章の第二節二の（1）（b）及び（2）で引用したところである。よって、ここでは、梅・富井両名の著書の記述を検討し、上述一での考察を多少補うことにしたい。

（1）梅『民法要義』・富井『民法原論』における論述

そこで、第一に、梅の『民法要義巻之二物権編』における民法三九七条の注釈によれば、前掲のように、債務者及び抵当権設定者でない者との関係では、まず一六七条二項[48]（改民一六六条二項）に基づいて抵当権が被担保債権とは独自に消滅時効にかかることが認められる。そして、その上で、第三者が抵当不動産を占有して一六二条が定める取得時効の要件を具備した場合、その者は「完全ナル所有権」を取得し、その結果として、抵当権が消滅する。なお、第三者が不動産を買い取る際に登記官の過失で抵当権が登記簿謄本から脱落したような場合、その者は善意・無過失と言えるため、一〇年の占有継続で抵当権は消滅するが、この者に悪意あるいは過失がある場合、抵当権は二〇年の占有継続により消滅する、とされる。

第二に、これも前掲のところであるが、富井の『民法原論第二巻物権』によると、抵当権と被担保債権との間の従属関係を定めた民法三九六条は消滅時効に関するものであり、その一方で、債務者または抵当権設定者でない者が抵当不動産について取得時効の要件を具備する占有をした場合、三九七条により抵当権が消滅することは当然のことである、とされる。そして、その理由として、この規定は取得時効に関するものであり、取得時効は権利の原始取得にほかならないからである、とされるのである。

(2) 検討

(a) では、梅・富井のこれら著書の叙述からすると、民法三九七条は取得時効に関する規定と考えるべきなのであろうか。この点、富井は、右掲の『原論第二巻』で、三九七条について「取得時効」という言葉を使っており、抵当権は取得時効の効果である「権利の原始取得」に従って当然に消滅するものとしている。しかし、これが取得時効に関する規定だとしても、その場合に問題となるのは、時効取得の主体は誰か、換言すれば、抵当不動産の第三取得者は自己の所有物を占有しているのであるが、自己所有不動産を時効取得したという論拠で、抵当権の消滅を主張しうるのか、という点である。だが、上記『原論』の記述を見た限りでは、これについて、富井の考えを明確に読み取ることはできない。

(b) 他方、梅の『要義巻之二』においては、「第三者カ抵当不動産ヲ占有シ第百六十二条ノ条件ヲ具備スルトキハ其者ハ完全ナル所有権ヲ取得スヘキカ故ニ其結果トシテ抵当権モ亦消滅セサルコトヲ得ス」[49]と述べている点が注目される。すなわち、まず「第三者が抵当不動産を占有し」と述べているのは、抵当不動産の第三取得者のみならず、債務者または物上保証人以外のすべての者が抵当不動産を占有して取得時効が完成する場合を言っているように見えないわけでもない。しかし、梅は、抵当不動産の占有が一六二条の定める取得時効の要件を充たしたならば、「完全ナル所有権」が取得されて抵当権が消滅するとしているのであって、これは、従来、抵当不動産の第三取得者の所有権が抵当権の負担付きという不完全なものであったところ、第三取得者の長期占有により完全な所有権に変わりうるということを意味していると解される余地が高いことになる。また、第三者の善意・悪意の具体例として登記簿謄本等の記載などをあげている点も、抵当不動産の第三取得者こそ三九七条の対象として梅の念頭にあったということの傍証になりうるが、法典調査会における梅の発言を併せ考えれば、第三取得者が三九七条の主たる対象と考えられていたのはおそらく異論ないところと言えよう。

そこで、この点をより深く検討するために、『民法要義』の『巻之一』のほうを参照すると、梅は、同書の民法一六二条の注釈において、以下のように言う。すなわち、「本条ハ主トシテ全ク所有権ヲ有セサリシ者カ新ニ之ヲ取得スル場合ニ就テ規定セリト雖モ真ノ所有者カ他ニ其所有権ノ目的物ノ上ニ物権ヲ有スル者アル場合又ハ其所有権カ終期若クハ解除条件ノ到来ニ因リテ消滅スヘキ場合ニ於テ其完全ナル所有者トシテ其物ヲ占有スルトキハ亦本条ノ適用ヲ受クヘキモノトス尚ホ第二百八十九条及ヒ第三百九十七条ヲ参観セヨ」[50]と。また、同書の一六六条二項(改民一六六条三項)の注釈では、取得時効は「占有者カ真ノ所有者ナルトキハ其所有権ヲ完全ニスル為メノ時効」という性質を帯びるとも述べている[51]。

注

(32) 旧民法債権担保編二九六条、二九七条一項、証拠編一四〇条参照。以上の条文のうち、旧民法債権担保編二九六条、二九七条一項は、本第四章の本文第一節二冒頭に掲記。同法証拠編一四〇条一項「占有カ上ニ定メタル条件ノ外財産編第百八十一条ニ記載シタル如キ正権原ニ基因シ且財産編第百八十二条ニ従ヒテ善意ナルトキハ占有者ハ不動産ノ所在地ト時効ノ為メ害ヲ受クル者ノ住所又ハ居所トノ間ノ距離ヲ区別セス十五个年ヲ以テ時効ヲ取得ス」二項「占有者カ正権原ヲ証スルコトヲ得ス又ハ之ヲ証スルモ財産編第百八十七条ニ規定シタル如ク其悪意カ証セラルルトキハ取得時効ノ期間ハ三十个年トス」。

(33) 前注(22)参照。

(34) 第一項「若シ真ノ所有者ニ非サル者カ不動産ヲ譲渡シタルトキハ占有者ハ其善意ナルト悪意ナルトニ従ヒ所有者ニ対シテ時効ヲ得ル為メニ必要ナル時間ノ経過ヲ以テ記入シタル抵当債権者ニ対シテ時効ヲ取得ス」第二項「無名義ニテ不動産ヲ占有スル者ニ付テモ亦同シ」(ボアソナード氏起稿『再閲修正民法草案註釈第四編』〔発行所・刊行年無記載〕一〇一三頁〔ボワソナード氏起稿『再閲修正民法草案註釈第四編』(ボワソナード民法典研究会編『ボワソナード民法典資料集成後期一―二第V巻』)(雄松堂出版、二〇〇〇)(以下、「雄松堂版」と略称)所収、五一三頁〕)。なお、本章でも、第一章と同様に、ボアソナードが起稿した同書およびその他『再閲修正民法草案註釈』と題する文書所掲の旧民法草案を「再閲修正民法草案」と呼ぶこととする。

(35) ボアソナード氏起稿・前掲注(34)註釈第四編〔五五三〕一〇一三頁以下〔雄松堂版五一三頁以下〕。

(36) 本書第一章三六頁。なお、ボアソナードは、ボアソナード氏起稿『再閲修正民法草案註釈第五編』(発行所・刊行年無記載)〔二五二〕以下、五〇七頁以下〔ボワソナード氏起稿『再閲修正民法草案註釈第五編』(ボワソナード民法典研究会編『ボワソナード民法典資料集成後期一―二第VI巻』)(雄松堂出版、二〇〇〇)(以下、「雄松堂版」と略称)所収、二五九頁以下〕で、彼の時効観を詳細に論じている。しかし、ボアソナード氏起稿・前掲注(34)註釈第四編〔五五三〕一〇一三頁以下〔雄松堂版五一三頁以下〕における再閲修正民法草案一八一〇条の注釈はあまりにも簡単であり、後に『第五編』で展開される時効観には全く触れられていない。この点は今後究明すべきことがらとも言えよう。

(37) 本第四章の本文第二節二(1)(a)(イ)(一五八頁)参照。

(38) なお、本第四章本文第二節二(1)(a)(イ)掲記の梅の説明では、第三取得者たる「自分ガ登記簿ヲ見ナカツタ」という例もあげられている(一五八頁)が、この場合の第三取得者は、善意ではあるものの無過失ではないことになると思われる。

(39) 城數馬訳『民法理由書財産編物権(終)第五』(手稿本、法務図書館蔵)一丁表以下〔『民法理由書第一巻財産編物権部』(ボワソナード民法典研究会編『ボワソナード民法典資料集成第Ⅱ期後期四第1巻』)(雄松堂出版、二〇〇一)(以下、「雄松堂版」と略称)所収、五六一頁以下〕。なお、雄松堂版「序文」一四頁参照。

(40) なお、旧民法財産編二八七条二項の再閲修正民法草案は八一二条(「不動産権ノ獲得時証ニ就キ定メタル期限間地役ノ行ハレスシテ第三ノ人地役ノ義務ナキモノトシ供用地ヲ獲得シ及ヒ占有シタルトキハ地役ハ時証ニ因リ消滅ス」〔ボワソナード氏起稿『再閲修正民法草案註釈第二編物権ノ部下巻』(発行所・刊行年無記載)五四二頁(ボワソナード氏起稿『再閲修正民法草案註釈第二編物権ノ部』〔ボワソナード民法典研究会編『ボワソナード民法典資料集成後期一―二第Ⅰ巻』〕(雄松堂出版、二〇〇〇)〔以下、「雄松堂版」と略称〕所収、六二二頁)〕)である。ここで、旧民法財産編二八七条二項の立法理由を探究するために、再閲修正民法草案八一二条の注釈ではなく、旧民法理由書における旧民法財産編二八七条二項の注釈を用いたのは、これまでとは異なり、同項は右に掲げた再閲修正民法草案の条文からかなりの修正を受けたことによる。

(41) 城數馬訳・前掲注(39)二一六丁裏以下〔雄松堂版七七八頁以下〕。

(42) 第一項「地役ハ左ノ諸件ニ因リテ消滅ス 第一 地役ヲ設定シタル期間ノ満了 第二 設定ノ権原又ハ設定者ノ権利ノ解除、銷除又ハ廃罷 第三 承役地ノ公用徴収 第四 拋棄 第五 混同 第六 三十个年間ノ不使用」第二項「第三者カ地役アルコトヲ知ラスシテ承役地ヲ占有シ其占有ニ不動産所有権ノ取得ニ関スル時効ニ必要ナル条件ヲ具備スルトキハ地役ハ消滅シタリトノ推定ヲ受ク」。

(43) 旧民法財産編二九〇条一項「地役ハ要役地ノ所有者カ任意タルト否トヲ問ハス其地役権ヲ行フ無クシテ三十个年ヲ経過シタルトキハ不使用ニ因リテ消滅ス」二項「右期間ハ不継続地役ニ付テハ最後ノ使用ノ行為ヨリ之ヲ起算シ継続地役ニ付テハ地役ノ自然ノ作用ニ対スル形体上ノ妨碍ノ起レル当時ヨリ之ヲ起算ス」三項「右妨碍カ承役地ニ起発シタル事変ヨリ生スルトキハ要役地ノ所有者ハ自費ニテ旧状ニ復スルコトヲ得又其妨碍カ承役地ノ所有者ノ所為ヨリ生スルトキハ

其費用ヲ以テ復旧ス」。

(44) なお、この点について、再閲修正民法草案八一二条を注釈したボワソナード氏起稿・前掲注(40)註釈第二編物権ノ部下巻〔四百八十五〕五四三頁以下〔雄松堂版六二二頁以下〕では、「是レ其地役カ不外見ナルトキニ非サレハ許容セラレサルモノナリ」と、同条の適用範囲を不表現地役権が対象の場合に明確に限定している。

(45) 先に本文に掲記し、前注(43)に条文を引用した旧民法財産編二九〇条。

(46) ちなみに、ボワソナード氏起稿・前掲注(40)註釈第二編物権ノ部下巻〔四百八十五〕五四二頁以下〔雄松堂版六二二頁以下〕には、このような事例は載っていない。

(47) ボアソナード氏起稿・前掲注(34)註釈第四編〔五五二〕一〇一二頁〔雄松堂版五一三頁〕。

(48) ここで「改民」とは、二〇一七(平成二九)年改正民法(二〇二〇年施行)のことを指す。

(49) 本第四章第二節二(1)(b)(一五八頁以下)参照。

(50) 梅『訂正増補民法要義巻之一総則編』(法政大学＝有斐閣書房、第三三版、一九一一)〔明治44年版完全復刻版(有斐閣、一九八四)にて復刻〕四〇八頁以下。

(51) 梅・前掲注(50)四二二頁。

第四節　結　語

一　本章の考察から得られる結論

以上、雑駁な内容を長々と論じてきたが、本第四章の考察から得られる結論は、以下のとおりである。まず第一に、民法起草者は旧民法債権担保編二九六条と二九七条を現行民法三九七条に統合する理由として、一方で、旧民法債権担保編二九六条と二九七条との間の、また他方で、同編二九六条と財産編一八七条二項との間の不権衡をあげていたが、本考察により、それが必ずしも合理性のある主張ではないということが明らかになった。

第二に、民法起草者が三九七条を取得時効に関する規定と解していたかどうかであるが、前述のように、富井については、この点詳らかではない。しかし、梅については、前掲各文献を参照した結果、同条の適用されるべき主な場面として、抵当不動産の第三取得者が占有を継続した場合が想定されているが、彼によれば、この局面では、取得時効は不完全な所有権を完全な所有権に昇華する効果をもたらすものとして措定されている、ということが明らかになった[52]。要するに、梅においては、抵当不動産の第三取得者の占有継続により抵当権が消滅する結果は、第三取得者の時効取得の反射効としてもたらされることになるのである。

二　今後の課題

だが、果たして、抵当権者との間でも抵当不動産の所有者として争いのない第三取得者に、改めて取得時効による所有権の取得（および、それに伴う抵当権の消滅）の主張を認めることは妥当なのであろうか。思うに、この場合については、現行民法三九七条の下でも、旧民法債権担保編二九六条と同様、第三取得者の抵当不動産に対する占有継続の結果として、たとえ既登記の抵当権であっても時効による消滅を免れない運命にある、と解さざるを得ないのではなかろうか。もっとも、このように考えれば、抵当権という権利がかなり弱い権利として捉えられることになるが、この点についての考究は、今後の課題としたい。

一方、前述のように、現行民法起草者が条文間の不均衡を理由に旧民法の二ヵ条の条文を一ヵ条に合一したことに説得力がないとすれば、旧民法債権担保編二九七条が規定していたように、債務者、物上保証人、抵当不動産の第三取得者以外の者については、抵当不動産（とされる土地・建物）に関して取得時効の適用を認める必要がある。そして、この場合は、取得時効の存在理由を尊重した解釈をしていかなければならないであろう。

ところで、以上のような解釈を指向するとすれば、民法三九七条における占有者の主観的要件、すなわち、善意・無過失か、あるいは、悪意または善意・有過失かの対象が、①占有者が抵当不動産の第三取得者である場合は、抵当権の存在、②それ以外の者である場合は、前主における所有権の存在ないしは自己を所有者と信ずること、というように異なってくるが、これは旧民法における二つの条文を強引に一つの条文にまとめた結果であり、やむを得ないことなのではなかろうか。

注

(52) なお、大久保邦彦「〔3〕判決判批」民商一四六巻六号(二〇一二)八六頁は、「民法三九七条の適用場面では抵当権の存在に物の他人性を求めることができるので、この場合には例外的に自己の物の時効取得が認められる。この時効は、『所有権を完全にする為めの時効』と称することができる」と、梅と同様の解釈を展開している(大久保「自己の物の時効取得について(二・完)」民商一〇一巻六号〔一九九〇〕五七頁も参照)。

第五章

「抵当権と時効」問題と近時の判例についての一考察

――最判平成一五・一〇・三一及び最判平成二四・三・一六の位置づけをめぐって

第一節　はじめに――問題の提起

一　「取得時効と登記」に関する判例理論との関係

（1）　Bは、A所有名義で登記されていた不動産を、民法一六二条の定める時効期間（二〇年〔同条一項〕または一〇年〔二項〕[1]）を超えて自主占有していたところ、その時効期間経過後に、当該不動産について、Aを抵当権設定者、Cを抵当権者とする抵当権が設定され、その登記がなされた。この場合において、BがCの抵当権の登記後もさらに一〇年ないしは二〇年占有を継続していれば、BはCの抵当権登記時を起算点とする取得時効を援用し、当該不動産の時効取得を理由に抵当権の消滅を主張することができるか。

以上の問題について、近時、最高裁は、〔1〕最判平成一五・一〇・三一判時一八四六号七頁、金判一一九一号二八頁と、〔2〕最判平成二四・三・一六民集六六巻五号二三二一頁という二つの判決をもってその解釈を示した。しかし、その実相はというと、〔1〕判決と〔2〕判決との間には、それらが導出した結論の点において、はなはだしい懸隔が存在している。

すなわち、冒頭にあげた設例で、Cが抵当権者ではなく、Bが占有している不動産を所有名義人Aから譲り受けた者であった場合について、大審院時代から今日に至るまで維持されている[2]「取得時効と登記」に関する判例理論は[3]、〔3〕最判昭和三六・七・二〇民集一五巻七号一九〇三頁[4]に基づき、判例理論の「第五原則」[5]として、《Bの時効完成後にCがAから譲り受けて、Bの時効取得が対抗不能となっても[6]、Cの登記後さらに一〇年または二〇年占有を継続すれば、ＢはＣに対して、時効取得を登記なしで対抗できるようになる》という原則を打ち立てている。そして、〔2〕最判平成二四・三・一六は、この原則をＣが抵当権者の場合にも適用し[7]、Ｂが占有を継続している不動産について、Ｃの抵当権設定登記時を起算点とする時効取得を認め、それによる抵当権の消滅を容認した。

　ところが、これに対して、〔1〕最判平成一五・一〇・三一は、ＢによるＡ名義の土地の占有が占有開始時以降二〇年間継続し、当該土地の取得時効が完成した後で、同土地上にＡを抵当権設定者、Ｃを抵当権者とする抵当権が設定されたため、Ｂが、Ｃの抵当権登記時を起算点とする一〇年間の占有継続に基づいて同土地を時効取得し、これによってＣの抵当権が消滅した、と主張した事案[8]であるが、最高裁は、Ｂはそれ以前に、Ａに対して最初の取得時効を援用し、これにより確定的に当該土地の所有権を取得しているのであるから、「このような場合に、起算点を後の時点にずらせて、再度、取得時効の完成を主張し、これを援用することはできないものというべきである」と判示し、この事案について、Ｂは、「本件抵当権の設定登記の抹消登記手続を請求することはできない」という結論を導き出した[9]。

〔2〕では、以上の〔1〕判決と〔2〕判決との齟齬がなぜ生じたのかというと、右述のように、最高裁によれば、〔1〕判決の事案では、Ｂは、《占有開始時を起算点とする取得時効の援用によって既に確定的に占有不動産の所有権を取得していた》ということが論拠とされているのであって、従って、そのようなＢがＣの抵当権設定登記時を起算点とする再度の取得時効の完成を主張できないのは当然であるかのごとく語られているのである。

　だが、不動産の占有者（Ｂ）が、第三者（Ｃ）の抵当権の登記後一〇年ないしは二〇年経過する以前に、当該不動産の所有名義人（A）に対して取得時効を援用するかどうかは、所有名義人Aとの間で、同土地の所有権の帰属等をめぐって紛争が生じていたか否かという個別の事情によって決まることである。[10] すなわち、仮にBの占有する不動産について、従来、Aとの間では特に争いは生じておらず、新たに登場した抵当権者Cとの間でにわかに紛争が発生したという事例を思い浮かべれば、この場合は、Bによる初めての取得時効の援用がCの抵当権登記後時効期間が経過してからなされることはありえないことではない、と思われる。[11] このように、第三者（C）の抵当権が成立した場合において、占有開始時を起算点とする取得時効の援用の有無が偶然の事情によって左右されるとするならば、先にAを相手として時効の援用がなされたかどうかによって結論を異にする〔1〕判決の論理は、必ずしも納得しうるものではないと言うことができよう。[12]

（3）（a） ところで、前述のように、〔1〕最判平成一五・一〇・三一と〔2〕最判平成二四・三・一六とでは、それぞれの判決によってもたらされた具体的結論が真っ向から対立しているのであるが、それにもかかわらず、両判決とも、その大前提となっているのは、いわゆる「取得時効と登記」に関する判例理論である。[13]

（b）（ア） しかしながら、本書第二章（七八頁以下）で詳しく論じたように、第一に、判例理論の第四原則（「取得時効を主張する者（B）は、必ず時効の基礎たる占有の開始した時点を起算点としなければならず、任意に起算点を選択し、時効の完成時点をCが所有名義人（A）から物権を取得した時以後に持っていくことはできない」）[14]に従うと、取得時効の起算点は占有開始時に固定されるはずであるが、前掲第五原則は、事実上起算点をC（所有名義人Aからの物権取得者）の登記時までずらすものであり、第四原則を前提とする以上、本来は決して認めることのできない原則と言わざるを得ない。

（イ）（α） 第二に、まずは右CがAからの譲受人である場合で考えていくと、この場合について、今日、次のような解釈が有力に主張されている。

すなわち、Bの時効完成後、Cが所有権移転登記を経由すると、もはやBはCに対して占有不動産の時効取得を一切対抗できず、この意味でBはC登記時から「他人の物の占有者」となる。そうすると、このCの登記時から、C・B間の関係が所有者と他人の物の占有者という関係で再出発するから、Bがその時から時効期間不動産を占有すれば、Bは当該不動産を、C登記時を起算点とする取得時効によって取得し、Cに対して、時効取得をその当事者として登記なくして対抗できることになる、と。

（β）しかし、これに対しては、以下のような反論が可能であろう。例えば、前段の事例で、C登記後Bが当該不動産を八年占有している時において、右解釈では、Bは他人（C）の物を占有していることになるはずである。ところが、その時点で、Cが同不動産の引渡（明渡）請求をしてきた場合、Bは占有開始時を起算点とする取得時効を援用してその請求を拒めるかというと、これについては、B・C間の関係が「登記なき時効取得者」（所有者）と第三者との関係と捉えられ、Bは、Cの請求に応じなければならない。そうすると、この場合、Bは（Cに対抗しえない）自己の物の占有者と構成されざるを得ず、右の（α）にあげた有力説の解釈とは矛盾が生ずる結果になる。

また、この有力説の下でも、Cの登記時からBの占有が一〇年ないしは二〇年の時効期間を超えた場合について、《それまで、（最初の）時効取得をしたがそれを対抗しえない自己の物の占有者であった者が、C登記時から時効期間が経過した時点において、突如「他人の物の占有者」に変わってしまう》という構成はおそらく採りえないものと思われる。そうすると、右時点の到達前の場合に関して、判例理論の第三原則に従い、「取得時効による所有権取得を登記なくしてCに対抗できない」という解釈を採用するならば、この解釈は、同時点経過後も当然維持されなければならないことになるであろう。

（ウ）　第三に、仮にCの登記によって時効取得者Bの占有が他人の物の占有になるという論理に従い、判例理論の第五原則を認めるとしよう。しかし、その場合でも、本書がテーマとする「抵当権と時効」の問題に焦点を絞ると、次のようなことが疑問点として浮かび上がってくる。

すなわち、Bの時効取得後、第三者CがAから抵当権の設定を受けて登記したとしても、Bが時効取得した所有権は抵当権の制限を受けるに過ぎず、Bは、所有権自体を奪われるわけではない。そうすると、このように、Cが抵当権者であった場合、時効取得者Bは、依然として自己の物を占有していると考えられる。とするならば、前段にあげた「他人の物の占有」という論理は、第三者Cが所有名義人Aから不動産を譲り受けた場合にのみ通用するものであって、Cが譲受人ではなく、Aから抵当権の設定を受けた抵当権者であった場合には適用しえないのではないか、とも思われるのである。

（4）　以上、本書第二章で論じたところを要約して紹介したが、これによれば、「取得時効と登記」に関する判例理論[15]の第一原則から第四原則の下では、第五原則を正当化することにはかなりの困難が伴うのであり、そのことは不動産名義人からの物権取得者が抵当権者である場合に特に顕著である、ということが明らかになった。しかし、そもそも取得時効という制度は、自己を所有者と信じて長期間土地・建物等を占有してきた者が、他の者から突然の返還請求を受けたような場合に対処するため設けられたものであると考えるならば、まずもってなすべきは判例理論の第三原則を否定することであり、それが肯定されるならば、第五原則などは最初から無用な原則ということになる。このようにして、「取得時効と登記」に関する判例理論はもはや採りえないロジックと評価されうる。ところが、それにもかかわらず、判例や学説がこの理論を所与の前提として「抵当権と時効」の問題を解釈しようとするならば、それは、厳しく批判されなければならないと思量されるのである。

二　民法三九七条の解釈として

（1）だが、その点はさておき、わが民法には、抵当権の時効に関する条文として、三九六条と三九七条という二つの明文の規定が存在する。しかし、そのうち、前者の三九六条は、債務者または物上保証人が抵当不動産を占有している場合に関する規定のため、本章のテーマとは直接は関係がなく、ここで考究しようとしている、抵当不動産（とされる物）を債務者・物上保証人以外の者が占有する場合については、後者の三九七条がその定めを設けている。

（2）（a）ところで、本書の第一章、第三章、第四章では、民法三九七条の沿革を遡り、同条は、旧民法債権担保編二九六条と二九七条とを統合した条文である。従って、旧民法の上記両条の趣旨から、現行民法三九七条は、Ⅰ抵当不動産の第三取得者が二〇年占有した場合の抵当権の消滅時効の規定である（旧民債権担保編二九六条の継受）とともに、Ⅱ抵当権付不動産（または、真実は抵当権付不動産ではないが、一般の証拠によれば抵当権付不動産と認定される不動産）について所有権の取得時効が完成した場合の抵当権の消滅に関する規定である（同編二九七条の継受）、ということを論じた。

そこで、〔1〕最判平成一五・一〇・三一及び〔2〕最判平成二四・三・一六の各事案は、右ⅠとⅡの類型のいずれかに含まれるか検討すると、本書第二章で紹介したところからも明らかなように、どちらの事案も、抵当不動産の第三取得者が当該不動産を占有していた場合には該当しない。また、Ⅰの類型は、あくまでも、既に抵当権が付けられた不動産を第三者が取得して占有する場合に関するものであるが、これに対して、両判決は、いずれも、不動産の自主占有者の占有開始後、当該不動産の所有名義人によって抵当権が設定されたという事案（「占有開始後抵当権設定ケース」）についての判決であって、既に抵当権が付いている不動産について占有が開始された事案ではない。従って、この点から見ても、Ⅰの類型には該当しないことになる。

（b）（ア）では、〔1〕判決・〔2〕判決の各事案は、右Ⅱの類型にあてはまる事案として解釈することが可能なのであろうか。

しかし、Ⅱの類型は、Ⅰ類型のように、占有者（抵当不動産の第三取得者）が単に抵当権の時効消滅を主張するものではなく、当該不動産が時効取得されたことを根拠とし、その反射効として抵当権の消滅を主張するものである。従って、「時効取得に基づく抵当権の消滅」という点を考慮するならば、この場合、抵当権消滅の前提たる取得時効の援用は、それが取得時効の存在理由に適合していることが求められると言わざるを得ないであろう[16]。

（イ）（α）よって、以下においては、まず第二節で、初めに、〔1〕判決に関し、長期占有者の時効を援用した目的が取得時効の存在理由に即したものであるかどうか考察する。そして、それが肯定される場合は、同判決の事案は、時効の援用によって時効取得が認められ、そのことによって、登記簿上抵当権者とされる者の抵当権の消滅が認容される事案と言えるのか詳細な検討を試みることにする。

（β）次に、第三節においては、最初に、〔2〕判決について、同判決は果たして取得時効の存在理由に適した目的で時効が援用された事案であるのか検証する。そして、私見によれば、もし占有者の時効援用の目的が取得時効の存在理由にそぐわぬことが援用者の自白等で明らかな場合は、時効取得とそれの反射効としての抵当権消滅は否定されることになる[17]。

しかし、そのような場合、長期の自主占有者は全く保護されないことになるのか、換言すれば、取得時効によっては救済されないとしても、他の根拠に基づいて保護する術はないのか——この点について、第三節においては、可能な限り追究を試みることにする。そして、その結果得られた試論を今後の研究に結びつけていくことにしたい。

注

（1）民法一六二条二項によれば、平穏・公然に不動産の自主占有を始めた者が、その占有開始時に善意・無過失であった場合は、時効期間が半減され、一〇年の占有継続で時効取得が認められる。

（2）本書第二章七二頁以下参照。

（3）「取得時効と登記」に関する判例理論は、一般的には、第一原則から第五原則まであるとされているが、その内容については、本書第二章七二頁以下、拙著『取得時効の研究』（信山社出版、一九九六）一二一頁以下〔初出：拙稿「取得時効と登記(1)」松商短大論叢三一号（一九八三）四四頁以下〕等参照。なお、「原則」という用語に代えて、「準則」あるいは「命題」という言葉が使われる場合もある。

（4）〔3〕最判昭和三六・七・二〇の事案と判旨については、本書第二章八〇頁以下等参照。

（5）なお、ここでは「第五原則」としたが、本書第三章注（8）（一一四頁）で記したように、「取得時効と登記」に関する判例理論の要約の仕方は、論者によって多少差異があり、ここでいう「第五原則」が「第四原則」とされる場合もある。

（6）Bの時効完成後にCが登記名義人Aから不動産を譲り受けた場合に、Bの時効取得が対抗不能となるというのは、判例理論の第三原則（「Cの譲受けがBの取得時効完成後ならば、AからB、AからCへの二重譲渡があった場合と同様に考えられ、CはBにとって『第三者』となるから、Bは登記がなければ時効取得をCに対抗できない」）による。

（7）その理由について、〔2〕最判平成二四・三・一六は、以下のように言う。「不動産の取得時効の完成後所有権移転登記を了する前に、第三者に上記不動産が譲渡され、その旨の登記がされた場合において、占有者が、上記登記後に、なお引き続き時効取得に要する期間占有を継続したときは、占有者は、上記第三者に対し、登記なくして時効取得を対抗し得るものと解されるところ（最高裁昭和三四年（オ）第七七九号同三六年七月二〇日第一小法廷判決・民集一五巻七号一九〇三頁）、不動産の取得時効の完成後所有権移転登記を了する前に、第三者が上記不動産につき抵当権の設定を受け、その登記がされた場合には、占有者は、自らが時効取得した不動産につき抵当権による制限を受け、これが実行されると自らの所有権の取得自体を買受人に対抗することができない地位に立たされるのであって、上記登記がされた時から占有者と抵当権者との間に上記のような権利の対立関係が生ずるものと解され、かかる事態は、上記不動産が第三者に譲渡され、その旨の登記がされた場合に比肩するということができる。また、上記判例によれば、取得時効の完成後に所有権を得た第三者は、占有者が引き続き占有を継続した場合に、所有権を失うことがあり、それと比べて、取得時効の完成後に抵当権の設定を受けた第三者が上記の場合に保護されることとなるのは、不均衡である」、と。なお、以上の理由については、本書第二章六一頁以下にもあげてある。

（8） なお、実際は、Cの抵当権設定後、同抵当権が被担保債権とともにY（株式会社整理回収機構）に譲渡された事案であり、そのため、B（原告X）は、抵当権の譲受人Yを被告として、Cの抵当権登記後一〇年の占有に基づく取得時効を援用したものである。

（9） 〔1〕最判平成一五・一〇・三一の事案と判旨については、拙稿「〔1〕判決判解」（時の判例）法教二八六号（二〇〇四）一〇四頁、同「〔1〕判決判批」銀法六四二号（二〇〇五）八三頁、本書第二章五八頁以下参照。

（10） ちなみに、〔1〕判決の事案に関して、池田恒男「〔1〕判決判批」判タ一一五七号（二〇〇四）一〇五頁を参考にすると、Bによる係争地の占有開始時から二〇年が経過し、最初の取得時効が完成した時点では、係争地の所有名義人Aに対する時効の援用はまだなされず、BがAに対して最初に援用したのは、占有開始から二八年後で、Cの抵当権登記後七年が経過した時点であったようであるが、このように長くかかった事情については、池田（恒）・同頁に詳述されている。なお、この点については、本書第二章七六頁、七七頁以下も参照。

（11） 実際、〔2〕平成二四年最判は、そのような事案に関するものである。

（12） 以上について、本書第二章七六頁参照。また、拙稿・前掲注（9）法教一〇五頁、同・前掲注（9）銀法八四頁も参照。

（13） 本書第二章六三頁参照。

（14） 判例理論の第三原則によれば、A→Cの物権取得が占有者Bの取得時効完成後ならば、AからB、AからCへの二重の物権変動があった場合と同様に扱われ、CがBにとっての「第三者」となるため、Bは登記がなければ時効取得をCに対抗できないはずである。しかし、もし任意に起算点を選択できるとすれば、時効の起算点を遅らせ、時効の完成をCの登記時以降に持ち込むことができることになる。そして、そうなれば、Bは取得時効によりCから所有権（Cが抵当権者である場合は、Cの抵当権喪失による抵当権の負担のない完全な所有権）を取得する「当事者」と扱われることになり、判例理論の第二原則（「原所有者Aの不動産を一方でBが時効取得し、他方でCがAから当該不動産上の物権を取得した場合、Cの物権取得がBの取得時効完成前ならば、CはBの時効取得により自己の物権を喪失する『当事者』であり、Cに対してBは登記がなくても対抗できる」）により、Bは、Cに対して登記がなくても時効取得を対抗できるようになる。起算点の任意選択を否定した第四原則は、まさにこのような事態を避けんがため設けられたものと言えよう（〔4〕最判昭和三五・七・二七民集一四巻一〇号一八七一頁参照）。

（15）「取得時効と登記」に関する判例理論の第一原則から第五原則については、本第五章前注（3）で示したように、第二章七二頁以下にあげたが、その叙述においてCとされたのは、不動産名義人Aからの譲受人であった。そこで、Cを抵当権者等も含めた物権取得者一般として、これら原則をまとめて再掲すると、以下のようになる。

第一原則　不動産の時効取得者（B）は、時効完成当時の権利者（A）に対して、登記なくして権利取得を対抗できる。

第二原則　原権利者Aの不動産を一方でBが時効取得し、他方で、CがAから物権を取得する取引行為をした場合、Cの物権取得がBの取得時効完成前ならば、BはCに対して登記がなくても対抗できる。

第三原則　Cの物権取得がBの取得時効完成後ならば、AからB、AからCへの二重の物権取引行為があった場合と同様に考えられ、Bは登記がなければ時効取得をCに対抗できない。

第四原則　取得時効を主張する者（B）は、必ず時効の基礎たる占有の開始した時点を起算点としなければならず、任意に起算点を選択し、時効の完成時点をCの物権取得時以後にもっていくことはできない。

第五原則　Bの時効完成後にAからCが物権を取得し、Bの時効取得が対抗不能となっても、Cの登記後さらに一〇年または二〇年占有を継続すれば、BはCに対して、時効取得を登記なしで対抗できるようになる。

（以上について、拙稿「判批」民商一四五巻四＝五号〔二〇一二〕一二七頁参照。）

（16）本書第三章一三六頁以下参照。

（17）私見の全体像については、拙著・前掲注（3）一頁以下等参照。

第二節　最判平成一五・一〇・三一の位置づけ

一　本件における認定事案と判旨の問題点

(1) 事案

〔1〕最判平成一五・一〇・三一判時一八四六号七頁、金判一一九一号二八頁の事案と判旨については、本書第二章（五八頁以下）に詳述したところであるが、まずは、最高裁の認定した事実を参考に、同事案を再掲すると、以下のようになる。

係争地の占有者X[18]は、一九六二（昭和三七）年二月一七日、同土地の占有を開始し、二〇年経過した一九八二（昭和五七）年二月一七日以降も占有を継続していた。一方、係争地の所有名義人Aは、一九八三（昭和五八）年一二月一三日、CのDに対する債権を担保するため係争地に抵当権を設定して登記を経由していたところ、Yは一九九六（平成八）年一〇月一日、Cから同抵当権を被担保債権と共に譲り受け、一九九七（平成九）年三月二六日、抵当権移転の付記登記がなされた。

Xは、係争地について、①一九六二（昭和三七）年二月一七日を起算点とする二〇年間の占有継続に基づきAに対して取得時効を援用し、一九九九（平成一一）年六月一五日、「昭和三七年二月一七日時効取得」を原因とする所有権移転登記を経由。さらに、②同年一〇月六日、Yに対し、Cの抵当権の登記がなされた一九八三（昭和五八）年一二月一三日から一〇年間の占有継続による取得時効を援用し、これにより本件抵当権が消滅したとして、その設定登記の抹消登記手続を請求した。

（2）判旨

右事案について、既述のように、第一審（鳥取地米子支判平成一一・三・一七金判一一九一号三六頁）及び原審（広島高松江支判平成一二・九・八金判一一九一号三五頁）は、Xが右①の時効取得の登記をしないうちにCの抵当権の登記がなされた本件の場合、Xは、Cの抵当権の登記の日からさらに善意・無過失で一〇年間、係争地の占有を継続すれば、C及び抵当権の譲受人Yに対し、登記なくして時効取得を対抗でき、時効取得によって消滅する抵当権の抹消登記手続を請求できるものとしたが、これに対して、最高裁は、次のように述べて、Xの右請求を棄却した。すなわち、Xは、①の時効の援用と時効取得の登記によって確定的に係争地の所有権を取得したのであるから、「このような場合に、起算点を後の時点にずらせて、再度、取得時効の完成を主張し、これを援用することはできない」。従って、Xは、①の「時効の完成後に設定された本件抵当権を譲り受けたYに対し、本件抵当権の設定登記の抹消登記手続を請求することはできない」と。

（3）問題点

以上のように、〔1〕判決は、不動産の占有者がいったん占有開始時を起算点とする取得時効を援用して登記を得た場合は、既に確定的に時効取得したことになるから、改めて第三者の抵当権設定登記時を起算点とする再度の時効の援用は認められない、との判示を行った。しかし、この判決には、右①の時効取得の認定の点で重大な欠陥がある、と考えられる。

すなわち、民法一六二条は、二〇年（一項）ないしは一〇年（二項〔占有者が占有開始時に善意・無過失であった場合〕）、所有の意思をもって物の占有を継続した者に所有権の時効取得を認めているのであって、単なる占有継続をもって取得時効の成立が容認されるわけではない。そして、ここでいう「所有の意思」について、〔5〕最判昭和五八・三・二四民集三七巻二号一三一頁は、「所有の意思は、占有者の内心の意思によってではなく、占有取得の原因である権原又は占有に関する事情により外形的客観的に定められるべきもの」と判示し、これがその後の判例とされている。[19]

ところが、〔1〕判決においては、その第一審から最高裁に至るまで、先の①の取得時効の成立を認めるにあたり、Xは「昭和三七年二月一七日から二〇年間占有を継続した[20]」と述べるのみであり、その占有がどのような占有権原により取得されたか、あるいは、どのような占有事情の下で継続されていたのかについては、何ら明らかにされていない。だが、これでは、同判決は、取得時効の成立要件たる「所有の意思をもって」する占有を認定しないまま時効取得を肯定している、換言すれば、要件事実を示すことなく、時効取得という効果を引き出している不完全な判決であると言わざるを得ないであろう。[21]

二　考察

(1)　占有取得権原について

では、本件において、占有者Xは、どのような原因で係争地の占有を開始し、いかなる理由で取得時効を援用したのであろうか。しかし、この点については、右述のように、第一審から最高裁までの判決文を見ただけでは、残念ながら、その真相を捉えることはほとんど不可能と言わざるを得ない。

ところで、本判決に関しては、本訴訟に至るまでの経緯を深く探究した池田恒男の判例評釈が存在する。そこで、ここでは、この池田（恒）の研究成果を借りて検討することにしたいが、それによると、本件係争地に関しては、本件に先行するX・A間の訴訟があり、その判決（広島高裁松江支部平成九年（ネ）第一五号事件、同裁判所平成一〇年四月二四日判決(22)）により確定された事案は、同評釈中、以下に引用するところであったとされる。

……係争地は、都市計画事業として遂行されたある温泉地の区画整理事業対象地であった。Xの父は、その対象地の一画を一九六二年二月にXの兄弟とともに落札し、その落札土地の所有権をXに移転し登記を経由した。Xは、同月一七日落札土地に共同落札者の兄弟とともにその敷地にフェンスを設置して平穏・公然に占有を開始し、住居を構えた。係争地はその占有した土地の一部に含まれ（係争地も落札地もともに換地前の地目は畑である。）、そこに占有開始後二〇年を経た一九八二年五月に小屋を建てたために、その頃からその土地の所有権を主張するようになったAとの間で紛争を生じ、Aはその直後から何度か提訴したがなぜかそのたびに取り下げ、ようやく一九九〇年九月に本件係争地についてXの兄弟を相手に土地所有権の確認および地上建物の収去・土地明渡を提訴した。Xも、第一次的には本件係争地を含む占有目的地全体が父らの落札地に含まれていることを、予備的には時効取得を理由として、土地所有権確認訴訟を起こし、そこでAはこれに対抗してXに対して本件係争地が自分の所有に属することの確認と建物収去・土地明渡しを請求した（鳥取地方裁判所米子支部平成二年（ワ）第一七一号、同四年（ワ）第一二号、同八年（ワ）第七五号事件）。これら三つ巴の訴訟を併合審理した上記控訴審は、Xらの第一次的主張は認めなかった（Xらの占有した土地はその整地後の形状から一体の土地のように見えるが、面積が合わないために、係争地はXの父らが落札した土地の換地に含まれず、Aが元所有していた土地の換地の一部と解される、と認定した。）ものの、予備的に主張した善意・有過失の自主占有による時効取得の成立を認めて、事件は決着した。……[23]

以上、池田（恒）の叙述を引いてみたが、〔1〕判決の訴訟に及ぶまでの状況は、これによってかなり明らかになったと思われる。そして、右に引用したところからは、本件はもともと区画整理事業対象地の落札地の換地についての境界争いに関するものであり、係争地の占有者Xは、同地が自己の父らの落札地の換地に含まれるとして、Aに対して、予備的に前掲①の時効取得を主張した事案と判断される。そうすると、本件でXが係争地を占有したのは、Xの父がXの兄弟とともに落札し、Xに所有権を移転した土地の換地に係争地が含まれていると考えたためであり、換言すれば、区画整理事業対象地の一画を落札したXの父からXへの落札地の所有権移転行為が、Xの占有取得権原であると言うことができよう。[24]

（2）取得時効の存在理由との関係

そこで、次には、Xによる①の取得時効の援用は果たして長期取得時効（民一六二条一項）、または短期取得時効（同条二項）の存在理由に適合するものであるのか、という点の考察に移るが、その存在理由という観点から見ると、XがAに対して取得時効を主張しうる場合としては、主として、次の二つがあげられるのではなかろうか。

すなわち、第一に、長期取得時効に対応するものとして、係争地がXの承継した落札地の換地に含まれるのが真実であるところ、一般の証拠によってはそれを証明できないため、これに代えて時効を援用する、要するに、時効によって係争地がXの所有地（落札地の換地）に属することの立証困難を救済するという場合、第二に、短期取得時効に対応するものとして、仮に係争地が落札地としてXの譲り受けた土地に含まれないとしても、それが落札対象地として譲り受けた土地に属すると信じて占有を開始した場合、言い換えれば、占有者の信頼の保護が目的とされる場面、をあげることができよう。

（a）長期取得時効

よって、まずは、本件が、右第一の立証困難の救済という目的で長期取得時効が援用される事例に該当するかどうかについて検討するところから始める。

（ア）長期取得時効の存在理由との関係

ところで、民法一六二条一項が定める長期取得時効が、長期間の経過により一般の証拠を失った真の所有者をその立証困難から救済しうるのは、登記などの名義如何に関わらず、長年月の占有者（占有承継の場合を含む）こそ真正な所有者であるという高い蓋然性がその根底に存在するからである。換言すれば、長期の占有者が真実の所有者である蓋然性が高いということが重要な根拠になっているのである。(25) そうすると、本件で、Xは前主たる父が落札し、続いて、自分が譲り受けた土地（換地）の一部として係争地を占有しているわけであるが、このような場合については、かかる原因に基づいて占有を取得し、そこを長期間占有しているXこそ、係争地の真の所有者に値する高度の蓋然性があるのであって、以上のことに基づいて、Xには取得時効の援用が認められるとされる可能性が存在する。そして、その場合は、真の所有者を保護するため時効取得が肯定されるのであるから、その時効取得の対抗のために登記を要しないのは、当然のことと考えられよう。

そうすると、以上の場合、Aは係争地の所有者ではないとみなされるがゆえに、AがCのためその所有地に設定した抵当権は、係争地上には存在していなかったということになる。従って、一方で、[26] Xによる係争地の時効取得に伴い、同土地上の抵当権が消滅するという結果をもたらす現行民法三九七条は、右述の趣旨で取得時効が援用された場合の抵当権の帰趨を定めるものとして適切な規定であると言うことができよう。

（イ）他人物占有規定との関係

（α）もっとも、一六二条一項は、その文理上、二〇年間、平穏・公然に他人の物を自主占有した者は取得時効によってその物の所有権を取得することができる、という定めを設けている。従って、この規定を見る限りでは、取得時効という制度は、長く続いた事実状態を尊重するために、長期間他人の物を占有した者に事実状態に即して所有権を与える――裏面から眺めれば、長年月権利を行使していない者から所有権を奪い取る――制度であるとも考えられないわけではない。

（β）しかしながら、民法は、その一四五条で、「時効は、当事者が援用しなければ、裁判所がこれによって裁判をすることができない」[27] と規定している。そして、この条文は、ボアソナードが起草した旧民法証拠編九六条一項（「判事ハ職権ヲ以テ時効ヨリ生スル請求又ハ抗弁ノ方法ヲ補足スルコトヲ得ス時効ハ其条件ノ成就シタルカ為メ利益ヲ受クル者ヨリ之ヲ援用スルコトヲ要ス」）を継受したものである。[28]

ところが、旧民法証拠編においては、九六条一項の次に第二項があり、そこには、「時効ヲ援用スル当時併セテ正当ノ取得又ハ免責ナキコトヲ追認スル者ハ時効ヲ抛棄シタリト看做ス」という規定が置かれていた。そこで、もしこの規定の趣旨が生かされるのならば、現在自分が占有している物は他人の所有物であるということを自白した者――本件に即して言えば、仮にXが自己の占有している係争地はXの父の落札地に含まれず、Aの土地に属するということを自白したとすれば、その場合のX――は、長期取得時効の援用をすることができないのであるから、他人の物の占有者は、この時効によっては保護されない結果になると思われる。とすれば、現行民法一六二条一項の条文に「他人の物」とあるのは、真実は占有者が所有しているのであるが、一般の証拠にのみ依拠するならば裁判上他人の物と認定されてしまう物を意味するのであって、長期取得時効は、そのような物を長年月の占有者が時効により取得するという構成で、真の所有者の立証困難を救済する制度である、と理解されよう。[29]

（γ）　但し、右にあげた旧民法証拠編九六条二項は、現行民法の起草過程において、旧民法が時効を「法律上ノ推定」と構成した[30]結果規定されたものであるという理由で削除されてしまった。[31]それゆえ、この改変をそのまま単純に受容するのならば、たとえ取得時効の援用者が取引等により所有権を取得していないと自白した場合であっても、取得時効により他人の物を原始取得しうるとして、この者に所有権を与える解釈が採られることは大いにありうることである。[32]

しかしながら、現在施行中の現行民法一四七条三号は、「承認」を時効中断事由として認めている。また、二〇二〇年から施行される二〇一七（平成二九）年改正民法の一五二条一項は、「時効は、権利の承認があったときは、その時から新たにその進行を始める」として、「権利の承認」を時効更新事由として掲げている。とすると、取得時効の進行中、占有者が自己の占有物は他人の物であることを承認した場合、取得時効は、その承認により中断あるいは更新されることになるが、これは、長年月の占有者こそ真正な所有者であるという高度な蓋然性を基礎とする長期取得時効においては、占有者自身が相手方の所有権の存在を承認することによって、占有者が真の所有者であるという蓋然性の形成が妨げられるからである、と思量される。[33]

そうすると、上述の理由により、長期取得時効における占有者の承認が時効中断事由ないしは時効更新事由になるとするならば、現行民法一四七条三号（または、二〇一七年改正民法における一五二条一項）は、長期占有者が時効を援用すると同時に、反対の事実——自己の占有物は訴訟の相手方が所有する物であるということ——を自白した場合にも、類推して然るべきものと考えられよう。すなわち、右条項を類推することにより、もし占有者が他人物の占有を自白したならば、この場合、同占有者の長期取得時効の援用はその効力を否定されるのである。[34]

（ウ）本件への長期取得時効の適用可能性

（α）さて、以上のところからは、真の所有者の立証困難を救済するという長期取得時効の存在理由は、現行民法における取得時効の法律構成の下でも十分維持されうる、ということが一応明らかになったと思われる。そこで、次に問題となるのが、果たしてこの存在理由は本判決（〔1〕最判平成一五・一〇・三一）の事案に関しても適用しうるものなのか、という点である。

というのは、これも先の池田（恒）の判例評釈が紹介するところであるが、前の〔1〕のところ（本章一九六頁）で引用したように、〔1〕判決の前訴にあたるA・X間の訴訟の控訴審判決は、X側で係争地も含めて占有した土地の面積が、落札した土地の換地の面積と合わないことを理由として、係争地は落札地の換地に含まれず、A所有地の換地の一部であると認定した、という経緯があるからである。[35] 占有地の面積と落札地の換地の面積との差異がいったいどの程度あるのか右評釈を参考にする限りでは不明であるが、確かに、公簿に基づいて取引（あるいは、落札）した場合において、土地の取得時効を主張する者の占有面積が、公簿の面積と大きくかけ離れているといった事態が存するようなときは、〈長期占有者こそその占有部分全体の真の所有者である〉という蓋然性に限界が生ずることもありえないわけではなく、この場合は、あるいは取得時効の成立を否定せざるを得ないことになるのかもしれない。

（β）　しかし、そのような事態が生じた場合、当然問題となるのは、いったいどのような論理をもってしたら取得時効の成立は否定されうるのか、という点であろう。よって、これについては、管見に過ぎないのではあるが、以下のような解釈を提案することにしたい。

すなわち、民法一六二条は、「所有の意思をもって」する占有を取得時効成立の要件と規定するが、私見によれば、「所有の意思」の有無は、事務管理による占有のような場合を除き、その占有を取得する原因となった事実、換言するに、その占有を取得した権原の性質によって客観的に定まる。つまり、売買や贈与など所有権の移転を目的とする行為によって占有を取得した場合、これは「所有の意思をもってする占有」（自主占有）となるが、これに対して、賃貸借や寄託などによって占有を取得した場合は、所有の意思のない他主占有になるのである[36]。

そこで、本件のように、土地面積に齟齬がある場合について極端な例をあげて検討すると、例えば、甲と土地の売買契約を結んだ乙が実測面積五〇〇〇平方メートルの土地を買受地として二〇年以上占有していたところ、丙が同土地は古くから自己の所有地であるとして返還請求をしてきたため、乙によって同土地の時効取得が主張された場合で考えてみる。この場合、乙は、甲との売買契約を権原とすることにより、所有権の取得時効の要件である自主占有が認められるはずであるが、仮にこの売買契約が登記簿等に基づいた結果、面積一〇〇平方メートルの土地の契約として売買契約書等の書類に記載された取引であったとしたら、この売買契約は、面積五〇〇〇平方メートルの土地――事例によっては、その一部分の権原として肯定される可能性はあるものの――

全体の権原としては認めがたいことになるであろう。

(γ) もちろん、今日、登記簿面積と実測面積の間に誤差がある場合が多いことは周知の事実である。従って、権原となる契約上の面積と実際の占有面積との間に多少の差異があるとしても、――どのくらいの誤差までをここでいう「多少の差異」の範疇に入れられるかは、今日の登記簿の実態との関係で考慮すべきと思われるが――その契約を自主占有権原とすることに特に問題はないかもしれない。

これに対して、本件の場合、先述のように、占有地の面積と落札地の換地の面積との差がどのくらいか明らかでないため、Xの父からXへの落札地の所有権移転行為が係争地の自主占有権原になりうるのか判断することにはかなりの困難が伴う。もっとも、前掲引用部分によれば、控訴審は、Xらの占有地が整地後の形状から係争地も含め一体の土地のように見えても、「面積が合わないために」落札地の換地に含まれないと判示しているようであるが、控訴審のこのような判示の仕方を勘案すれば、占有地と換地の間には相当程度の面積の違いがあったのではないか、とも想像される。よって、この想定が正しいとするならば、Xの自主占有は認められず、取得時効を援用できない結果も生じうることになるであろう。ちなみに、岡本詔治の本件判例評釈によれば、土地区画整理事業に基づいて、X側が市から買い受けた土地の面積が一七五坪であったのに対し、係争地の面積は一〇五坪を超えていたとされる。[37] そうすると、仮にこの事実に基づくとすれば、その場合は、X側の係争地以外の占有面積如何が取得時効の援用の可否を左右することになるのかもしれない。

なお、以上の場合、Xの長期取得時効の援用が問題とされるのは、あくまでも、Xの占有開始時を起算点とする取得時効(本第二節における①の取得時効)についてであり、〔1〕平成一五年最判が問題としたCの抵当権登記時を起算点とする取得時効(②の取得時効)についてでないことは、(a)の長期取得時効に関する項目を終わるにあたり明記しておきたい。

(b)　短期取得時効

(ア)　短期取得時効の存在理由

(α)　次に、時効の存在理由から見た本件への短期取得時効（民一六二条二項）の適用可能性について考察すると、短期取得時効の存在理由としては、取引の相手方を所有者と信頼して不動産の取引を行い、その占有を取得した者の取引の安全の保護があげられる。

但し、この場合留意すべきは、取引の安全の保護が目的とされるからといって、前主が非所有者であることが当然の要件になるわけではないという点である。すなわち、この場合、取引の相手方（前主）は、一方で、(i)非所有者であることもあるが、他方で、(ii)真の所有者であるときもあるのであって、前者の(i)の場合、短期取得時効は、一般に、動産の即時取得（民一九二条）について説明されているように[38]、無権利者（ないしは無権限者）との取引であるから本来は占有取得者は所有権を取得できないはずであるが、前主を所有者と信頼した者の取引の安全を保護するために所有権を原始取得させる制度と捉えられることになる[39]。

(β)　しかし、後者の(ii)の場合は、これとはやや異なり、占有取得者は、真正な所有者と有効な売買契約などを結び、実際に所有権を譲り受けているのであるが、そのことを一般の証拠では証明することができず、また他方で、長期取得時効の期間ほど占有を継続していないため、その者を真の所有権取得者とみなすだけの強い蓋然性も未だ勝ち得ていないという状況にある。

しかるに、このような場合であっても、占有取得者が前主を所有者と信頼して取引を行ったという点では、前主が非所有者である場合と何ら違いはないのであるから、この場合も、取引の安全の保護を目的に掲げる短期取得時効の適用は認められなければならない。このようにして、(ii)の場合、短期取得時効は、真実所有権を譲り受けた者の取引の安全を保護するとともに、取引の相手方が真正の所有者であることについての立証の負担を免れさせるという機能を併せもつということになるのである。[40]

(イ) 短期取得時効の目的物としての不動産

(α) なお、(ア)(α) においては、短期取得時効の目的物を不動産としたが、現在の民法一六二条二項は、「十年間、所有の意思をもって、平穏に、かつ、公然と他人の物を占有した者は」(傍点――引用者) と規定しているのであって、その目的物を不動産に限定していない。

だが、同項のこのような規定は、二〇〇四 (平成一六) 年の民法現代語化法にのっとった民法 (財産法) の現代語化に伴って行われた改正によるものである。すなわち、その改正前において、同項は、「十年間所有ノ意思ヲ以テ平穏且公然ニ他人ノ不動産ヲ占有シタル者カ其占有ノ始善意ニシテ且過失ナカリシトキハ其不動産ノ所有権ヲ取得ス」(傍点――引用者) と定められており、短期取得時効の目的物は、「不動産」と明記されていた。ところが、当時の通説は、取引行為によらずに善意・無過失で占有を取得した場合、規定上は、占有物が不動産であれば一〇年の占有継続だけで時効取得しうるのに、占有物が動産だったならば、二〇年の占有期間を要するという不均衡が生ずるということを理由に、「動産についても、第一九二条の適用のない場合には、第一六二条第二項を準用」すべしとの解釈を提唱していた。[41] そこで、二〇〇四年の改正においては、通説に従い、短期取得時効の目的物を「不動産」から「物」へと明文においても拡大する改正が行われたのである。[42]

(β) しかしながら、そもそも現行民法立法当時、民法一六二条二項の短期取得時効と一九二条の即時取得は全くパラレルに考えられていたのであり、例えば、一六二条の起草担当者と措定される[43]梅謙次郎は、その著書『訂正増補民法要義巻之二』において、次のように述べている。すなわち、「不動産ニ付テハ十年ノ特別時効アリト雖モ動産ニ付テハ一切特別時効アルコトナシ是レ頗ル怪シムヘキカ如シト雖モ他ナシ後ノ第百九十二条ニ至リ善意ニシテ且過失ナキ動産ノ占有者ハ占有ヲ取得スルト同時ニ所有権ヲ取得スヘキコトヲ規定セルカ故ニ之ニ付テハ時効ノ必要ナケレハナリ[44]」と。

ところで、即時取得で善意・無過失の占有取得が要件とされているのと同じく、短期取得時効に関する一六二条二項は長期占有者の善意・無過失を要求しているのであるが、この善意・無過失は占有開始時にのみ必要とされる。そして、このことにより、たとえ明文がなくても、即時取得と同様に、短期取得時効も、取引によって占有を取得した者を保護するための制度であるということが明らかとなるのである。要するに、即時取得が取引によって動産の占有を取得した者を保護する制度であるのに対し、短期取得時効は、同じく取引によって不動産の占有を取得した者を保護するための制度であると言うことができる。このようにして、短期取得時効の目的物を「不動産」から「物」へと拡大した二〇〇四年の改正は、短期取得時効の趣旨に反する誤ったものであり、この改正後も、短期取得時効の目的物は不動産に限られると解することが正当と思量されるのである[45]。

（ウ）本件への短期取得時効の適用可能性

では、本件（(1) 最判平成一五・一〇・三一）の事案において、係争地の長期占有者Ｘは、同人の占有開始時を起算点とする短期取得時効を援用し、Ｙが最初の抵当権者Ｃから譲り受けた抵当権の消滅を民法三九七条によって主張することは認められるのであろうか。

（α）Ｘの自主占有権原

そこで、まずは、Ｘの自主占有権原についてであるが、この場合は、Ｘの父の落札した土地をＸが譲り受けた行為が一応、権原として肯定される可能性があるかもしれない。よって、仮にＸが善意・無過失で係争地を含むものとして落札地（換地）の占有を開始して一〇年が経過すれば、Ｘは係争地を時効取得するとともに、三九七条によって、Ａの土地に付着する抵当権の効力が係争地に及ぶことを否定できることになろう。

しかし、(a)（ウ）の「本件への長期取得時効の適用可能性」のところ（本章二〇〇頁以下）で論じたように、

Xが占有している土地の実測面積と落札地の換地の公簿面積との差がはなはだしく、Xの占有地が同人の譲り受けた右換地の面積に比較して、かなり広範囲にわたる場合、Xの父からXへの所有権移転行為は、係争地の自主占有権原にはなりえないものと思われる。

（β）Xの善意・無過失

次に、面積の誤差が係争地に対する自主占有権原を否定しなければならないほど極端でなかった場合も、ここで俎上に載せてみることにする。そうすると、この場合は、占有地の面積を正確に計測しさえすれば、Xの譲り受けた落札地の換地の面積から推し量って、係争地が落札地の換地に含まれないことが明らかになるかもしれない。しかし、それにもかかわらず、Xが占有地の正確な計測を怠ったという場合は、Xには、占有開始時の善意・無過失が否定され、短期取得時効の援用（および、それに伴うYの抵当権の消滅の主張）は認められないことになろう。

ところで、このようなケースでさらに問題となるのは、Xの占有が二〇年以上継続した場合における長期取得時効の援用可能性である。というのは、前段のような場合、占有の始めXは善意・有過失にあたることになるが、占有者が無過失でない場合は、民法一六二条の文理から一項が適用され、二〇年の占有継続によって時効取得し、その結果、三九七条に基づいてYの抵当権が消滅するのではないか、とも考えられるからである。そして、一六二条一項の長期取得時効は、真の所有者の立証困難を救済するという本来的機能のほかに、その副次的機能として、(i)占有者が占有開始時の善意・無過失を証明できない場合や、[46] (ii)不動産を善意で譲り受けたが過失のあった場合における占有取得者の取引の安全を保護するという機能も有するということは、十分考慮しうることであろう。[47] よって、以上のところからすれば、〔1〕の事案で、右に述べた面積の誤差がさほど大きくない場合は、Xの長期取得時効の援用とそれに伴うYの抵当権の消滅が肯定される可能性もありうるかもしれない。

注

(18) 本第二節以下では、〔1〕判決・〔2〕判決の事案に即して検討を進めるため、当該訴訟における原告についてはX、被告についてはYの記号を用いた。そのため、アルファベットの適用が第一節と微妙に異なっている点に注意をされたい。

(19) 参照。〔6〕最判平成七・一二・一五民集四九巻一〇号三〇八八頁、〔7〕最判平成八・一一・一二民集五〇巻一〇号二五九一頁等

(20) 引用は第一審から。

(21) この点については、拙稿・前掲注(9)銀法八七頁、本書第二章六四頁も参照。

(22) 池田(恒)・前掲注(10)一〇五頁参照。

(23) 池田(恒)・前掲注(10)一〇五頁。なお、〔1〕事件の経緯については、岡本詔治「〔1〕判決判批」民商一三一巻二号(二〇〇四)一四四頁以下にも紹介があり、本第五章で引用した池田(恒)の評釈とは少し違った立場からの説明がなされている。

(24) なお、本章本文で前掲のように、〔1〕判決で、最高裁は、①の取得時効の起算点を一九六二(昭和三七)年二月一七日としたが、前引池田(恒)評釈によれば、この日は、Xが落札土地を父から譲り受けた後、その兄弟とともに、係争地も含め、落札地にフェンスを設置して平穏・公然に占有を開始した時点にあたる。この場合、Xの父からXへの所有権移転行為の明確な時期は不明であるが、おそらくは、同年二月の、Xが占有を開始した一七日より少し前と考えられ、この所有権移転行為がXの占有の取得権原になりうるものと思われる。

(25) 拙著・前掲注(3)四四頁、六六頁、一七六頁(初出:拙稿「取得時効の存在理由――長期取得時効を中心に――」松商短大論叢三二号(一九八四)四七頁、六五頁以下、同「取得時効と登記――取得時効の存在理由との関連で――」松商短大論叢三五号(一九八六)三一頁)、本書第一章三七頁等参照。

(26) ここで、「一方で」としたのは、本章第一節二(2)(a)(一八七頁)で述べたように、民法三九七条は、他方で、抵当不動産の第三取得者が当該不動産の占有を取得した場合の抵当権の消滅時効に関する規定(同所Iの類型)でもあるからである。

(27) これは、現在施行中の条文である。二〇一七（平成二九）年改正民法（二〇二〇年四月施行）では、一四五条は、次のように改正された。「時効は、当事者（消滅時効にあっては、保証人、物上保証人、第三取得者その他権利の消滅について正当な利益を有する者を含む。）が援用しなければ、裁判所がこれによって裁判をすることができない。」

(28) 法務大臣官房司法法制調査部監修『法典調査会民法議事速記録一 第一回―第二十六回』（商事法務研究会、一九八三）四一一頁、四一六頁における梅謙次郎現行民法起草委員の説明、『未定稿本民法修正案理由書自第一編至第三編完』一三五頁〔廣中俊雄編著『民法修正案（前三編）の理由書』（有斐閣、一九八七）所収、一九五頁〕参照。

(29) 拙著・前掲注（3）四六頁〔初出：拙稿・前掲注（25）松商短大論叢三一号四八頁以下〕参照。

(30) 旧民法証拠編七六条（「公益ニ関スル完全ナル法律上ノ推定ハ法律ノ明示シテ定メタル場合及ヒ方法ニ従フニ非サレハ反対ノ証拠ヲ許サス此推定ハ之ヲ左ニ掲ク 第一 既判力 第二 取得又ハ免責ノ時効」）、八九条（「時効ハ時ノ効力ト法律ニ定メタル其他ノ条件トヲ以テスル取得又ハ免責ノ法律上ノ推定ナリ但動産ノ瞬間時効ニ関スル第百四十四条以下ノ規定ヲ妨ケス」）参照。

(31) 法務大臣官房司法法制調査部監修・前掲注（28）四一一頁、前掲注（28）民法修正案理由書一三四頁〔廣中編著・理由書一九四頁〕参照。

(32) 拙著・前掲注（3）四九頁〔初出：拙稿・前掲注（25）松商短大論叢三一号五二頁〕参照。

(33) 拙著・前掲注（3）五〇頁以下〔初出：拙稿・前掲注（25）松商短大論叢三一号五三頁以下〕参照。

(34) 拙著・前掲注（3）五一頁〔初出：拙稿・前掲注（25）松商短大論叢三一号五四頁〕参照。

なお、本文で述べたように、占有者の長期取得時効の援用が否定されるのは、あくまでも、占有物が自己所有物でないことが自白された場合に限られるのであって、占有者がその内心で、他人物を占有していると自覚していただけでは、時効の援用は妨げられないことになる。そうすると、このような場合は、時効による他人の物の収奪という結果が生ずるのであるから、真の所有者を保護するために長期取得時効が存在するというテーゼは実定法上十分な根拠を持ちえない、という反論がなされる可能性もあるかもしれない。

しかし、内心における意識を証明することは非常に困難であり、仮に《占有物は自己所有物であると内心で意識していたと立証しなければ取得時効を援用できない》としたならば、結局、真の所有者の保護に欠ける結末になることは自明のことと言えよう。よって、このように考えるならば、たまたま他人物の占有者を保護する結果が生まれることがあったとしても、真実の所有者を保護するという目的のためには、他人物を占有していることの自白があった場合のみ時効の援用が否定されるという解釈を採らざるを得ないであろう。

(35) なお、岡本・前掲注(23)一四四頁によれば、土地区画整理事業の対象地として換地されたのは係争地を除く周辺土地であり、係争地はAが戦後に「自作農特別措置法により払い下げをうけ」た土地であるとされる。

(36) 詳しくは、拙稿「判批」リマークス一四号(一九九七)一七頁、同「取得時効における『所有ノ意思』とボアソナードの占有理論」遠藤浩先生傘寿記念『現代民法学の理論と課題』(第一法規出版、二〇〇二)一二一頁以下、同「取得時効と占有規定との関係をどう考えるのか」椿寿夫ほか編『民法改正を考える』(法時増刊)(日本評論社、二〇〇八)九八頁、同「取得時効における『所有の意思』と旧民法の占有規定——容仮占有との関連を中心に——」法と政治六二巻一号(上)(二〇一一)一〇一頁以下等。なお、岸上晴志ほか『ファンダメンタル法学講座民法1総則』(不磨書房、二〇〇〇)二三五頁〔草野〕参照。

　ちなみに、本章一九四頁で示したように、〔5〕最判昭和五八・三・二四によれば、「所有の意思」は、権原または占有に関する客観的事情により定められるとされ、これがその後の判例となっている。しかし、私見によれば、占有に関する事情は、あくまでも占有取得時の状況だけでは占有権原の性質を証明できない場合の補強証拠の役割を有するに過ぎないのであって、これを権原と並ぶ独立の要件と解釈するのは誤りと思量される。

(37) 岡本・前掲注(23)一四四頁。

(38) 例えば、舟橋諄一『物権法』(法律学全集18)(有斐閣、一九六〇)二三六頁以下では、即時取得における「前主についての要件」の一つとして、「前主が無権利者または無権限者であること」(傍点——原文)があげられている。また、我妻榮(有泉亨補訂)『新訂物権法』(民法講義Ⅱ)(岩波書店、一九八三)二一八頁以下では、「動産を処分する権限のない者から占有を承継したこと」(傍点——原文)が即時取得の要件として掲げられ、その中で最も多い類型として、「取引の相手方が所有者でないのに」「これを所有者と誤信して取引をする場合」(傍点——原文)があげられている。

(39) 拙著・前掲注(3)一七七頁参照。

(40) 拙著・前掲注(3)一七七頁、一〇八頁以下参照。

　なお、著者は、動産の即時取得(民一九二条)についても、前主が無権利者(ないしは無権限者)でなければならないとする要件は不要ではないか、と考える。すなわち、実際、動産の真の所有者と有効に取引したにもかかわらず、そのことを立証できない占有取得者も、即時取得しうる者の範疇に包含されると解するのである。もっとも、訴訟の相手方が占有取得者の前主を所有者であったと認めたならば、占有取得者は売買契約などの取引により所有権取得が認められるのであるから、この場合、即時取得を主張する必要はない。要するに、訴訟の相手方が占有取得者の前主について所有権を有していなかったと主張している場合に、動産の占有取得者は、仮に前主が無権利者だとしても、即時取得によって当該動産の所有権を取得したという形式の主張をすることになるのである。いずれにしても、この問題についてのより深い考察は、将来の課題としたい。

(41) 我妻(有泉補訂)・前掲注(38)四七九頁等。引用は、同頁から。

(42) この辺の事情について、池田真朗編『新しい民法 現代語化の経緯と解説』(ジュリブックス)(有斐閣、二〇〇五)六三頁〔沖野眞已〕参照。

(43) 仁井田益太郎ほか「仁井田博士に民法典編纂事情を聴く座談会」法時一〇巻七号(一九三八)二九頁以下資料、星野通『明治民法編纂史研究』(ダイヤモンド社、一九四三)一七六頁以下〔日本立法資料全集別巻33(信山社出版、復刻版、一九九四)にて復刻〕、福島正夫編『明治民法の制定と穂積文書――「法典調査會 穂積陳重博士関係文書」の解説・目録および資料――』(民法成立過程研究会、一九五六)五二頁以下〔穂積陳重立法関係文書の研究(日本立法資料全集別巻1)(信山社出版、一九八九)に復刻版として所収〕、小林一俊『民法総則理由概要』(三和書房、一九七四)二一頁以下参照。

(44) 梅謙次郎『訂正増補民法要義巻之一総則編』(法政大学=有斐閣書房、第三三版、一九一一)〔明治44年版完全復刻版(有斐閣、一九八四)にて復刻〕四一三頁。なお、拙著・前掲注(3)九九頁以下〔初出:拙稿「取得時効と取引の安全――短期取得時効の存在理由と適用範囲――」松商短大論叢三三号(一九八五)五五頁〕参照。

(45) 以上の点について、拙著・前掲注(3)六九頁以下〔初出:拙稿・前掲注(44)松商短大論叢三三号二五頁以下〕参照。

(46) 私見によれば、占有者は、民法一八六条一項により、善意・無過失を法律上推定される。従って、本文で述べた「占有者が占有開始時の善意・無過失を証明できない場合」とは、占有者に対して占有物の引渡(明渡)請求をする者が「占有者は占有開始時に悪意または善意・有過失であった」との反対証明に成功した場合のことである。なお、著者は、通説に反し、同項は占有者の善意のみならず、無過失をも推定する規定であるという見解を採るが、これについては、拙稿「占有の推定効に関する覚書・序説――先ずは、即時取得における無過失の推定をめぐって――」近江幸治先生古稀記念論文集『社会の発展と民法学〔上巻〕』（成文堂、二〇一九）三五九頁以下に詳述する。
（47）　拙著・前掲注（3）一七六頁以下〔初出：拙稿・前掲注（25）松商短大論叢三五号三五頁〕参照。

第三節　最判平成二四・三・一六の位置づけ

一　本件における事案の要約と判旨の問題点

（1）事案

〔1〕の最判平成一五・一〇・三一と同様、〔2〕最判平成二四・三・一六民集六六巻五号二三二一頁の事案と判旨については、本書第二章（六〇頁以下）で、詳細に紹介した。そこで、ここでは、まず、事案のうち、後述の論点と関連する事実を中心に摘記すると、以下のようになる。

①　本件各土地等に換地される前の本件旧土地（以下、「旧土地と略す」）を所有していたAは、一九七〇（昭和四五）年三月、Xに対し、旧土地を売却した。

② Xは、所有権移転登記を経ないまま、遅くとも同月三一日から、旧土地につき占有を開始し、サトウキビ畑として耕作していた。

③ Aの子A′は、一九八二（昭和五七）年一月一三日、旧土地につき、相続を原因とする所有権移転登記を了し、一九八四（昭和五九）年四月一九日、Dの債務を担保するため、同土地について、Yを抵当権者とする本件抵当権を設定し、その旨の抵当権設定登記を経由した。

④ Xは、③の事実を知らないまま、二〇〇五（平成一七）年三月における旧土地から本件各土地等への換地の前後を通じ、旧土地及び本件各土地を耕作し、その占有を継続してきた。

(2) 判旨

右事案について、先述のように、最高裁は、「取得時効と登記」に関する判例理論の第五原則を所有名義人〔本件の場合は原所有者〕（A）から[48]抵当権者（C〔本件のY〕）が抵当権を取得した場合にも適用し、「不動産の取得時効の完成後、所有権移転登記がされることのないまま、第三者が原所有者から抵当権の設定を受けて抵当権設定登記を了した場合において、上記不動産の時効取得者である占有者が、その後引き続き時効取得に必要な期間占有を継続したときは、上記占有者が上記抵当権の存在を容認していたなど抵当権の消滅を妨げる特段の事情がない限り、上記占有者は、上記不動産を時効取得し、その結果、上記抵当権は消滅すると解するのが相当である」と判示した。そして、本件については、「昭和五五年三月三一日の経過により、Xのために本件旧土地につき取得時効が完成したが、Xは、上記取得時効の完成後にされた本件抵当権の設定登記時において、本件旧土地を所有すると信ずるにつき善意かつ無過失であり、同登記後引き続き時効取得に要する一〇年間本件旧土地の占有を継続し、その後に取得時効を援用した」と事実認定し、よって、「Xは、本件抵当権の設定登記の日を起算点として、本件旧土地を時効取得し、その結果、本件抵当権は消滅したというべきである」との判決を下した。

(3)　問題点

(a)　以上のように、(2)の平成二四年最判によれば、本件土地の占有者Xは、「取得時効と登記」に関する判例理論の第三原則[49]に従い、占有開始時から一〇年の占有継続による時効取得を時効完成後の抵当権取得者Yに対して対抗することはできないが、その場合でも、Yの抵当権の登記時から、時効完成に必要な期間(Xは、Yの抵当権登記時に善意・無過失であるので、一〇年)占有を継続すれば、当該土地を時効取得することができ、その反射効として、Yの抵当権は消滅したものとされた。しかし、右判例理論が各原則間に矛盾のある不合理なものである等の理由でもはや採りえない理論であることは、すでに、本書第二章(七八頁以下)、および、本第五章第一節一(一八四頁以下)において、るる論じてきたところである。

だが、ここではさらに、(2)の判旨の問題点として次の点をあげておきたい。

(b)　すなわち、本(2)判決は、Yの抵当権登記時を起算点とするXの時効取得を認容するにあたり、前掲のように、Xは「本件抵当権の設定登記時において、本件旧土地を所有すると信ずるにつき善意かつ無過失であり、同登記後引き続き時効取得に要する一〇年間本件旧土地の占有を継続し」たと判示している。しかし、先に、(1)最判平成一五・一〇・三一に関しても指摘したところであるが、本判決でも、最高裁は、取得時効の要件として、単に一〇年間の占有継続を掲げるのみであり、その占有が自主占有であるということは何ら示していない。もっとも、右引用文において、Xは「本件旧土地を所有すると信ずるにつき善意かつ無過失であ」ったと述べている点からすれば、判決は、これをもって、暗に「所有の意思をもって」する占有（民一六二条）の継続を認定した、と取れないわけでもなかろう。

しかしながら、たとえそうだとしても、これも〔1〕判決に関して前掲したように、〔5〕の最判昭和五八・三・二四以降の判例では、一六二条で言うところの「所有の意思」の存否は、(i)占有取得権原、または(ii)占有事情によって外形的・客観的に定められることになっている。そうすると、本〔2〕判決においても、Yの抵当権の登記時を起算点とする取得時効を認めようとするならば、その場合の(i)「権原」、あるいは、権原が不明だったならば、(ii)「客観的占有事情」を示さなければならないはずである。ところが、本判示では、これらについては何ら触れられておらず、この点で、本〔2〕判決は、〔1〕判決と同様な欠陥を持つ判決とも思量される。

(c) そこで、以上の点を勘案してみた場合、左記のことが認められるのではなかろうか。すなわち——

① 本件では、先に、〔1〕の「事案」のところであげたAとXとの間の旧土地の売買契約のみがXの自主占有権原となることができる。

② Yの抵当権の登記時から占有期間を計算するとしても、同抵当権登記、さもなくば、同抵当権の設定がXの自主占有権原になるはずはなく、その場合も、自主占有権原になりうるのは、①と同じく、AとXとの間の旧土地の売買契約である。

③ 以上の点から、仮にXの取得時効の援用が肯定されるとしたならば、それは、一九七〇（昭和四五）年三月におけるA・X間の売買契約を自主占有権原とするものであり、その権原に基づく自主占有は、遅くとも同月三一日から開始したことになる。

二　考察

それでは、本件の場合、A・X間の売買契約を自主占有権原とする取得時効は成立しうるのであろうか。以下、この点が重要な論点となるわけであるが、これについて、まずは、取得時効の存在理由という観点から考察を始めてみたい。

（1）取得時効の存在理由との関係

（a）そこで、本〔2〕判決の事案を再検証してみるに、本件は、〔1〕最判平成一五・一〇・三一が境界紛争に関する事案であり、係争地の元来の所有者について原被告間で主張が相対立していたのとは全く異なった事案である。すなわち、もともと本件は、換地前の旧土地について、一方で、原所有者AからXが買い受けて登記を経ないまま占有を開始し、他方で、その後、Aの相続人A′からYが抵当権の設定を受けたという二重の物権変動の事案（本書第二章〔六四頁〕で言うところの「占有開始後抵当権設定ケース」のうちの「未登記譲受人占有後抵当型」）であり、旧土地の元の所有者がAであるという点については、X・Y間で争点とはなっていない。

（b）（ア）では、何ゆえXは取得時効を援用したのかというと、元の所有者がAであるという点について、XとYとの間で何ら争いがないのであるから、先に長期取得時効の趣旨として掲げた「真の所有者の立証困難の救済」という存在理由は、本件には妥当しないことになる。

これに対して、Xの取得時効の援用が短期取得時効の趣旨に適合しうるかというと、前述のように、民法一六二条二項が定める短期取得時効の存在理由としては、取引の相手方（前主）が真の所有者かどうか争われている場合に、前主を所有者と信頼して有効に不動産の取引を行い、当該不動産の占有を取得し、その占有を継続している者の取引安全の保護（前主が真実、当該不動産の所有者であった場合は、このことに加えて、その者が真正な所有者であったことについての立証負担の免除）があげられる。ところが、右述のように、本件においては、X・Y間で、Aが旧土地の原所有者であったことについては争点となっていないのであるから、Xの取得時効の援用は、ここで掲げた短期取得時効の存在理由にも合致しないことになろう。

（イ）それならば、本件で、XがYの抵当権登記時を起算点とする取得時効を援用した目的は何かというと、まず、Xは旧土地をAから買い受けたものの未登記であったため、民法一七七条に基づき、その所有権移転は、後にAの相続人A′から抵当権の設定を受けた第三者Yに対抗できないものとされる。この場合、その対処方法として、今日の判例・通説によれば、買受不動産の占有を継続している未登記譲受人に、同不動産の時効取得の主張が容認されることになる。

だが、前掲の「取得時効と登記」に関する判例理論に従えば、このことが認められるのは、未登記譲受人の取得時効の完成前に第三者が登場した場合に限定されるのであって、既出した同判例理論の第三原則によれば、第三者が取得時効完成後に出現した場合は、時効取得者（未登記第一譲受人）は時効取得の登記をしない限り、所有権取得を第三者に対抗できないのである。

（ウ）XがYの抵当権登記時を起算点とする取得時効を援用したのは以上の理由による。しかし、そうだとするならば、Xが右取得時効を援用した究極の目的は、旧土地のAからの譲受けが未登記のため、この譲受けを抵当権者Yに対抗できないとされるがゆえに、登記欠缺による対抗力の不備を補完せんとしたためであった、と解してよいと思われる。

しかるに、前述した長期取得時効・短期取得時効の存在理由に照らしてみるならば、果たしてこのような目的で取得時効を援用することが可能なのかは大いに疑問が湧くところである。要するに、本件〔2〕の事案については、取得時効の趣旨から考察すれば、未登記譲受人Xの長期占有を理由に、原所有者Aの相続人A′から抵当権の設定を受けた第三者Yの抵当権の消滅を認めることはできない、ということになるのではなかろうか。

(2) 民法一六二条の法律構成との関係

もっとも、不動産の占有者が以上の目的で取得時効を援用したとしても、民法一六二条は、その物を一〇年または二〇年、(50) 平穏・公然に自主占有した者の時効取得を是認している。従って、二重の物権変動の事案において、例えば、原所有者から不動産を買い受けた未登記第一譲受人は、時効期間占有を継続すれば、取得時効を援用する目的如何に関わらず、条文の法律構成上、取得時効を援用しうるのではないか、という反論は十分予想されるところである。しかしながら、このような批判に対しては、次のような指摘をすることができるであろう。

すなわち、一六二条はその条文で、「他人の物」の占有を要件としているが、これは、訴訟における占有者の相手方が係争物の所有権を争っている場合に、(i)同係争物の真の所有者たる占有者の立証困難を救済する（一項）、あるいは、(ii)その係争物（不動産）が前主の所有物であると信じて取引した占有取得者の信頼を保護する（二項）という目的をもって、《係争物が仮に相手方のものであるとしても、取得時効によって占有者の所有権の取得を認める》という法律構成がなされたものと考えることができる。(51) とすれば、本事案では、Xの前主Aが本件旧土地の所有者であった（換言すれば、Xは所有者Aから買い受けた旧土地を自己の物として占有していた）ことは、訴訟の相手方Yも争っていないのであるから、結局のところ、本件のような二重の物権変動の事案は、民法一六二条の要件を充たさず、占有者は取得時効を援用できない結果になる。要するに、本件では、一六二条の法律構成という視点からも、Xが時効取得し、その反射効として、Yの抵当権が消滅するという解釈は採りえないことになるのである。

三　試論の展開

では、本件のような二重の物権変動の事案で、占有取得者たる未登記第一譲受人の取得時効の主張が認められないとするならば、この場合は、対抗問題の原則に戻り、民法一七七条により、第一譲受人は登記を経由していない以上、その所有権取得を原所有者からの物権取得者に対抗できない、という結論に至らざるを得ないのであろうか。この点、本書第一章（四六頁以下）の段階（初出は[52]、一九九八〔平成一〇〕年）では、端的に、「未登記の譲受人は取得時効の主張をすることはできず」、「民法一七七条が適用されて然るべきであろう」と述べるにとどまり、それ以上の検討にはほとんど及んでいなかった[53]。

しかし、〔2〕の事案のXは、旧土地を真の所有者Aから（Aが所有者であることについては、Yの争うところではない）有効に買い受け、一九七〇（昭和四五）年から、換地の前後を通じて旧土地及び本件土地を三〇有余年もの長い間自主占有していた者である。しかるに、このような事情に鑑みるならば、たとえAからの譲受けに際し登記を経由していなかったとしても、真正な所有者から買い受け、旧土地及び本件土地を占有してきたXが一切救済されないという解釈には、何かしら釈然としない感が伴うことは否めないものと思われる。

そうすると、〔2〕判決のような、「未登記譲受人占有後抵当型」の事案——さらには、より広く二重譲渡の事案等——をめぐっては、もし原所有者からの未登記譲受人の時効取得を認めることができないとするならば、占有者たる第一譲受人はそれ以外の法的根拠に基づいて保護されえないのか、換言すれば、ローマ法以来の永い歴史を経て構築されてきた民法体系の中には、実はこのような者を保護するための法制度が存在するのではないか、ということの探究こそ次なる課題として重要になってくるのではなかろうか。そこで、以下においては、未だ現時点における試論に留まっているのではあるが、この点に関する卑見を可能な限り展開してみることにしたい。

(1) 占有による推定

(a) 民法一八六条一項の推定

まず、民法一八六条一項は、「占有者は、所有の意思をもって、善意で、平穏に、かつ、公然と占有をするものと推定する」と定めている。すなわち、同項に従うと、物の占有者は、その物を「所有の意思をもって」占有していると推定されるのである。

そこで、この「所有の意思」をもってする占有の意味するところであるが、私見によれば、これは決して、占有者がその内心に「所有者として振る舞おうとする意思」[54]を抱いて目的物を占有するというようなものではない。そうではなく、本章第二節（二〇一頁）でも示したように[55]、「所有の意思」をもってする占有が推定されるというのは、売買契約や贈与契約などの所有権取得権原に基づく占有が推定される意味だ、と解されるのである。但し、この推定は、あくまでも、売買契約等の所有権移転行為に基づいて占有が取得されたということを推定するだけであって、(i)売買契約の売主など所有権移転行為の前主が所有権を有していたとか、(ii)その所有権移転行為が有効であるとかいったことは、一八六条一項によって推定されるものではない。

（b）民法一八八条の推定——旧民法からの沿革

次に、民法一八八条は、「占有者が占有物について行使する権利は、適法に有するものと推定する」との規定を設けている。そして、同条の重要な機能として、今日の判例（〔8〕最判昭和四一・六・九民集二〇巻五号一〇一一頁等）・学説によってあげられるのが、動産の即時取得（民一九二条）の要件である占有取得者の無過失の推定である、ということは周知の事実であろう。(56)

（ア）旧民法財産編一九三条

しかし、現行民法一八八条はそもそも旧民法財産編一九三条に由来するものであるが、同編一九三条の条文は、次のようなものであった。

法定ノ占有者ハ反対ノ証拠アルニ非サレハ其行使セル権利ヲ適法ニ有スルモノトノ推定ヲ受ク其権利ニ関スル本権ノ訴ニ付テハ常ニ被告タルモノトス

すなわち、BがA占有の不動産を、Aの所有する不動産としてAから買い受け、占有を取得したところ、その不動産の所有者と称するCが、Bに対して、当該不動産に関する所有物返還請求の訴えを提起してきたという場合を例にあげるとしよう。そうすると、このような訴訟で、Bは、常に被告の立場になり不動産の所有者と法律上推定されるため、自己が所有権を得たことを自分のほうから進んで証明する必要はないことになる。そして、もしCの側で、この推定を打ち破る反対証拠が提出できたとすれば、Cは勝訴し、不動産を手中に収めることができるが、そうでない限りは、Bが不動産の所有者であるとの推定が維持されてCの請求は棄却され、Cが敗訴する――旧民法財産編一九三条は、以上のような趣旨の条文と解されるのである。(57)

（イ）現行民法一八八条

ところで、現行民法一八八条の起草担当者と目される穂積陳重は、一八九四（明治二七）年五月二九日に開かれた第一六回法典調査会(59)において、現行民法一八八条の原案（「占有者カ其占有物ノ上ニ行使スル権利ハ反対ノ証拠ナキトキハ之ヲ適法ニ有スルモノト推定ス」(60)）について、以下のような説明を行っている。(58)

本条ハ財産編第百九十三条ノ規定ト少シモ変ツタコトハゴザイマセヌ唯其文字ヲ改メマシタノト夫レカラ其規定ノ一部分ヲ省キマシタノデアリマス事柄ニ於テハ酷ク違ヒハアリマセヌ……又百九十三条ノ中ニ「本権ノ訴ニ付テハ常ニ被告タルモノトス」ト云フ文章ガゴザイマス是ハ固ヨリ此権利行使ノ推定ノ結果デアリマシテ殊更ニ此処ニ書カナクテモ本権ノ訴デハ自身ニ被告トナルノデ書イテアルガ為メニ被告トナルト云フコトハ訴訟上出ルノデハアリマセヌカラシテ是ハ書ク必要モナシ又分リ切ツタコトデアリマスルカラ此処ニ之ヲ省イタノデゴザイマスル……(61)

すなわち、右にあげた穂積の説明を参考にすれば、現行民法一八八条は、確かに旧民法財産編一九三条の文言を改め、同条の規定の一部を省略しており、特に、「占有者は常に被告となる」旨の後段の部分は全部削除されている。けれども、これは、占有者は所有権等の本権を有する者と推定されることの当然の結果であって、ことさら明文で定めるまでもない分かりきったことであるがゆえに省かれたに過ぎない。以上のところから、現行民法一八八条の趣旨は旧民法財産編一九三条のそれと何ら異なるところはなく、現行民法一八八条の下でも、占有者は、自ら所有権等本権を証明しなくても、――相手方が反対証明に成功しない限りは――本権者としての保護が与えられる。要するに、同条は、占有者自身を保護するための規定である、と解されることになろう。[62]

（c） 検討

（ア） さて、先の（a）で述べたように、占有者は、民法一八六条一項により、その占有物を所有権取得権原に基づいて占有していることが推定される。しかし、これだけでは、占有者が所有者であることの推定は未だなされていない。ところが、同条の推定に一八八条の推定が加わると、占有者は、売買契約など所有権移転行為によって占有物の所有権を取得し、現在占有している物に対して所有権を有している、と推定されることになるのである。

（イ）（α） もっとも、この点に関して、現行民法一八八条は「占有者が占有物について行使する権利は」（傍点――引用者）と規定しているに過ぎないため、この文言からすれば、同条は、どんな占有でも本権推定効が認められるということを定めた条文であるかのように取れないわけでもない。それゆえ、佐久間毅の主張するように、占有者「の所有権が推定されると、取得が立証された所有権を、他者に占有があるという一事をもって喪失させ」、「所有者は不法占有者すら排除できないことになりかね」ないのであるから、一八八条の推定は「所有権に基づく返還請求に対しては働かない」のではないか、[63]という疑念が生ずることはありえないことでもなかろう。だが、ここで再度、旧民法財産編一九三条の条文を振り返るならば、その冒頭に「法定ノ占有者ハ」という語句がある点が注目されなければならない。

すなわち、旧民法財産編一八六条は、「占有者ハ常ニ自己ノ為メニ占有スルモノトノ推定ヲ受ク但占有ノ権原又ハ事情ニ因リテ容仮ノ証拠アルトキハ此限ニ在ラス」と規定しているのであるが、例えば、訴訟で、占有者が売買契約等の所有権移転行為によって占有物を取得したと述べている場合に、占有者の相手方が、その占有は(i)

侵奪によって始まった、あるいは、(ii)貸借や寄託等に基づいて開始されたということを立証できれば、「自己のためにする占有（法定占有）[64]」——本例で言えば、売買契約等所有権移転行為を権原とする占有——の推定は打ち破られることになる。[65] そうすると、前段から明らかなように、同編一九三条の適用は法定占有の場合に限定されるため、右の(i)や(ii)の場合の占有者については、決して所有権等の本権が推定されることにはならないのである。

（β）　では、現行民法一八八条は、なぜ単なる占有にも推定効を与えるような文言の規定を設けたかというと、これについて、穂積は、法典調査会で次のような説明をしている。

……併ナガラ前ニ既ニ占有ト云フモノハ既成法典ニ所謂法定ノ占有ノミナラズ外ノモノモ含ムト云フコトニナッテ居リマスカラシテ夫故ニ此百九十三条ノ法定ノ占有云云ノ法定ト云フ字ハ此処ニ除イテ事柄ハ此点ニ於テ広クナッテ居ルノデアリマス……[66]

つまり、この穂積の言によれば、現行民法は旧民法より占有の概念を広げたので、一八八条においても、推定効を認める占有について、「法定ノ」という制限が除かれる結果になったとされる。ちなみに、この点に関連し、穂積は、第一四回法典調査会[67]における第一八〇条案[68]の説明の中で、次のような発言を行っている。すなわち、「既成法典ハ占有ノ意思ハ所有ノ意思デナケレバナラヌト云フ主義ヲ採ツテ居リマス」[69]と。そして、この発言からすると、穂積は、旧民法は占有に関して「所有者意思説」を採っていたと理解し、その上で、旧民法財産編一九三条については、そこに規定されている「法定ノ占有者」を、〈所有者として目的物を占有している者〉と解していた、との推測が可能となるであろう。

しかし、実のところ、旧民法における「法定占有」(「自己のためにする占有」)の概念は、占有者が所有権取得権原をもって、所有者として占有していた場合のみならず、現行民法では「他主占有」に区分される占有、例えば、賃貸借契約に基づいて借家人が賃借家屋を自己のために占有するような場合をも含むものであった。[70] とすると、右に示したような穂積の旧民法に対する認識は、明らかに誤解に基づくものであったと言うことができよう。[71]

(γ) 以上要するに、現行民法の起草者は、賃貸借契約のような他主占有権原に基づく占有についても、占有の推定効を定めた一八八条が適用されなければならないと考え、そのための方法として、一八八条の占有から「法定ノ」という語句を削除したと思量される。だが、そこで想定されていたのは、あくまでも、何らかの占有取得権原をもって取得された占有について、その権原に基づく本権推定の効力を認める(例えば、権原として地上権設定契約が想定されるならば、その契約の有効・無効にかかわらず、占有者を地上権者と推定する)というものであって、決して、(i)侵奪行為による占有を根拠に本権を推定するとか、(ii)他主占有権原に基づく占有に所有権推定の効力を与えるとかいったものではない、と考えられる。そこで、現行民法一八八条がこのように解釈されるとすれば、前述の佐久間の懸念も払拭され、先に(ア)で述べたとおり、一八六条一項と一八八条により、占有者が売買契約等所有権移転行為によって取得したものとして目的物を占有している場合、その者は、同目的物について所有権を有するとの推定を受けることになるのである。

(ウ) それでは、Aが所有していた不動産を、最初にB(第一譲受人)が買い受け、登記を経ないまま占有していたところ、その後で、同じ不動産を、ⓐ原所有者AからC(第二譲受人)が買い受けて先に登記を経由してしまったとか、ⓑAがC(抵当権者)のために抵当権を設定したとかいった二重の物権変動行為の事案では、この問題はどうなるのであろうか。

この点、まず、民法一八六条一項により、Bは自己の占有が「所有の意思をもって」する占有、すなわち、売買契約という所有権取得行為を権原とする自主占有であることが推定される。次に、Bは、同項によって自主占有権原に基づく占有が推定されていることを前提に、一八八条に基づき、占有不動産の所有者として推定される。そこで、これら規定に従えば、Bは、当該不動産の所有者と称する者（Z）から所有物返還請求の訴えを起こされた場合でも、自己が不動産の所有権を取得していることを証明する必要はなく、Zの側がB（あるいは、AなどBの前主、前々主等）の占有取得は(i)侵奪行為、ないしは、(ii)使用貸借契約等の他主占有権原によるものであるということを立証しない限り、Zの請求を拒否できるはずである。しかるに、ここでの問題は、Bに占有不動産を引き渡せ（明け渡せ）と請求してくる第三者は、Bと何らの関係もないZではなく、BがAから譲り受けたその不動産について、原所有者Aから物権を取得しようとした者であるという点であり、このような二重の物権変動行為が行われた場合でも、上記論理で当該不動産の占有者Bを保護することができるのか、というのがまさに焦点となるのである。

（2）民法一七七条が規定する「対抗」の意味

（a）一般的解釈

そこで、以上の点をさらに追究してみるに、右（1）（c）（ウ）にあげた二重の物権変動の事例（Bと無関係な第三者Zが登場するケースではなく、Cが二重の権利取得者として登場してくるケース）では、上述したように、まずは民法一八六条一項、一八八条により、Bは、原所有者Aから所有権取得行為（売買）に基づいて占有不動産の所有権を取得し、現在、当該不動産について所有権を有している旨の推定を受けることになる。

ところが、次に、民法一七七条に目を向けてみると、そこには、売買契約による所有権移転等「不動産に関する物権の得喪及び変更は」、「その登記をしなければ、第三者に対抗することができない」という規定が設けられ、不動産の物権変動においては、登記が対抗要件になるとの大原則が謳われているのである。そうすると、右Bは、一八六条一項、一八八条によって所有者と推定されたとしても、C（第二譲受人、または、B譲受後の抵当権取得者等）の側から、《AからBへの所有権移転については登記が経由されていないので、Bはその所有権取得をCに対抗できない》との主張[72]がなされれば、その所有者としての地位は否定され、Bの占有に基づく所有権の推定は、何ら意味を持たないことになる。一七七条が規定する不動産物権変動における対抗要件としての登記の意義について、一般的見解に従えば、叙上のごとく解されることになろう。

（b）試論的解釈

（ア）（α）しかしながら、翻って、民法一七六条を見ると、同条は、「物権の設定及び移転は、当事者の意思表示のみによって、その効力を生ずる」と定めている。従って、例えばA・B間でA所有の不動産の売買契約が結ばれた場合は、これによって当該不動産の所有権がAからBに完全に移転し、以後Aは無権利者となるというのが、一七六条から帰結される本来の解釈のはずであろう。そして、Bが右売買によって既に目的不動産の占有を取得していれば、先述のように、一八六条一項、一八八条により、Bは、当該不動産を買い受けてその占有を開始した時にAから所有権を取得し、以後現在までその所有権を維持しているということが法律上推定されることになる、と思われる。

（β）なお、右論述に関連し、ここで、藤原弘道の民法一八八条に関する次のような主張について言及しておきたい。すなわち、藤原によれば、同条は、「占有者の本権を積極的に根拠づけるものではなくて、占有者を所有物返還請求における被告の地位に立たせ、そのことによって所有権の立証の負担をまず原告に負わせようとするものであるにすぎない」。「換言すれば、民法一八八条は、占有による権利推定を規定したものというよりはむしろ、挙証責任分配の法則から生ずる当然の結果を内容とするものであって、あえてこのような明文の規定をおくほどのことはなかったといっても過言ではない[73]」、とされる。

このように、藤原は、一八八条を挙証責任分配の法則がもたらすものだとして、すべて同法則に還元してしまう。しかし、仮にこの言説に従い、同条が挙証責任分配の原則を規定したものに過ぎないと措定するならば、占有者は、その相手方が所有物返還請求の訴えを提起した時点における証明責任は免れるものの、それより前の、占有開始時から所有権を得ているという点については、自ら立証する責任が生ずることになろう。これに対して、私見によれば、占有者は、占有開始時[74]における売買契約等所有権取得行為に基づいて所有権を獲得したということについても、民法一八六条一項と一八八条によって推定されるのであり、ここにこれら条文の定める占有の推定効の重要な意義がある、と解されるのである。

(イ) さて、前述のように、例えば、売買契約によって原所有者Aから不動産を買い受けたBは、民法一七六条によって、登記の有無にかかわらず、その買受けに基づいて当該不動産の所有権を完全に取得する。そして、買受不動産の占有を取得したBは、一八六条一項と一八八条によって、占有開始時から同不動産の所有者と推定されるため、Bの所有権を争う者が登場した場合でも、自ら進んで所有権の取得を証明する必要はない。

そこで、このようなBに対して、第三者Cが、自分こそAからⓐ所有権を譲り受けた者である、あるいは、ⓑ抵当権を取得した者であると主張するためには、当該Cは、Bの占有開始より前の行為によって権利を取得した、すなわち、ⓐ目的不動産をBの占有取得より前にAから自分が買い受けた、または、ⓑBの占有開始より前に、目的不動産の上にAから抵当権の設定を受けた、ということを証明しなければならない。要するに、

Bの所有権取得以後、Aは無権利者になってしまうのであるから、Cはそれ以後の行為によってAからいかなる権利も取得することはできない。換言すれば、CがAから所有権・抵当権等の権利を取得するためには、Bの所有権取得より前の行為によることが必須であるが、Bは目的不動産の占有開始時には所有権を取得していると法律上推定されるため、Cは、〈Bの占有取得より前の行為によって物権を取得した〉ということを証明できて初めて、Bの所有権の推定を打ち破ることができるのである。

(ウ)(α) では、以上のように解した場合、民法一七七条の規定する登記には、いったいどのような意味があるのであろうか。この点、二重の物権変動における対抗問題についての一般的見解によれば、これも前述のごとく、原所有者Aからの第一譲受人Bが未登記である限り、Bは第二の権利取得者(第二譲受人・抵当権取得者等)たるCに自己の所有権取得を主張できず、一方、Cは、自分の側が所有権移転登記・抵当権設定登記などの登記を備えた場合、ⓐAからCへの所有権移転とか、ⓑ目的不動産上への抵当権の取得などCの権利取得をBに認めさせることができる、とされるのは周知のことであろう。

(β) しかしながら、ⓐCが不動産を占有するBに対して、自分こそ当該不動産の譲受人だとして、占有不動産の引渡(明渡)請求の訴を提起してきた場合、または、ⓑCが自分はAから当該不動産上に抵当権の設定を受けたとして、B占有不動産について競売を申し立ててきたため、Bが競売の不許を求めて第三者異議の訴え(民執一九四条、三八条)を提起するような場合[75]、私見に従えば、Aから買い受けた不動産を占有するBは、当該不動産の所有者と推定されるわけであるから、それら訴訟において、そもそも自分の側から所有権の存在を積極的に主張・立証する責任はないものと思われる[76]。ところが、このように、訴訟上、占有者Bの側で、AからBへの所有権移転行為の主張・立証をすることが不要だと解するならば、所有権移転行為を対抗するための要件としての登記は、この場合、最初から問題となりえないことになるはずである。

一方、（イ）で論じたように、Aとの間で、現在Bが占有している不動産について権利取得行為（当該不動産の譲受け、同不動産上の抵当権取得など）を行ったCは、占有者Bにおける所有権取得の推定を覆すためには、Bの当該不動産の占有取得より前に、自分自身の権利取得行為が行われたことを主張・立証しなければならない。そして、この場合については、民法一七七条が適用され、Cは、その権利取得行為に関する登記（所有権移転登記、抵当権設定登記等）を経由しなければ、自分がBの占有開始より前に当該不動産の所有権ないしは抵当権などの権利を得たということを、Bに対して主張することができないことになる。私見では、登記は不動産取引において、以上のような効果をもたらすものと把握されるが、右のような場合に登記が求められることによって、Cが真実はBの占有開始以後に無権利者Aとの間で権利取得行為を行ったにもかかわらず、自分はBの占有取得前に当該不動産の権利を取得したと主張するような事態は、(77)——わが国の登記制度・登記実務の下では、かなり限界はあるものの——ある程度は防ぐことができるようになるかもしれない。

（3）最判平成二四・三・一六の事案の解釈

（a）（ア）それでは、以上の試論の下、〔2〕最判平成二四・三・一六の事案はどのように解釈されるのであろうか。この点、先に本書第二章（六〇頁以下）で詳述し、また、本章本第三節冒頭（二一一頁以下）で略述したように、本事案においては、①Xが換地前の本件旧土地を原所有者Aから買い受けて占有を開始したのが一九七〇（昭和四五）年三月であり、②Aの相続人A′がYのために旧土地に抵当権を設定し、その旨の登記をしたのは、一九八四（昭和五九）年四月である。すなわち、本件は、前述の「未登記譲受人占有後抵当型」にあたり、Yが原所有者A（A′）から本件不動産について抵当権を取得したのは、XがAから同不動産を譲り受けて占有を取得した後ということになる。

そこで、前述の試論に従えば、Xは、一九七〇年三月の旧土地買受時から、旧土地及び換地後の本件各土地を占有しているため、民法一八六条一項、一八八条に基づき、同買受けによって旧土地の所有権を取得し、換地後は本件各土地の所有権を有して訴訟時に至っている、と法律上推定される。よって、前述のように、Yの側は、占有者Xの占有開始前に、Aから旧土地の抵当権の設定を受け、その旨の登記を経由したということを証明しない限り、この推定を覆すことはできないのである。

しかしながら、右述のとおり、Aの相続人A′が旧土地にYのため抵当権を設定したのは、Xが当該土地の売買契約によって所有権を取得し、占有を開始してから一四年後のことになる。すなわち、この場合、A′・Y間では、無権利者によって抵当権の設定行為がなされたわけであるから、この行為に基づいてYが抵当権を取得するいわれはない。このようにして、本件では、Xの時効取得を云々するまでもなく、Yは最初から抵当権者とはなっていないため、たとえ登記簿に抵当権者として登記されていても、その抵当権設定登記は無効な登記であり、Yによる抵当権の実行は認められない、という結果がもたらされることになる。要するに、本件のXのような立場にある不動産の占有者は、既に占有した以上、たとえ登記がなくても所有権を奪い取られることがないのである。

(イ)　以上のように、二重の物権変動の事案においては、通常、取得時効は問題とならないと思量される。但し、これには例外がないわけではなく、例えば、本件のような事案で、Yの側がA・X間の売買契約は成立していない、あるいは、無効であるとの反対証拠を示し、その立証が成功する可能性があるという場合は、それにあたると言えよう。すなわち、この場合において、A・X間では、真実有効な契約を結んだのであるが、長年月の経過によって、それを立証する証拠が失われているというとき、Xは右契約が有効に成立していることの証明に代えて取得時効を援用し、自己の立証困難を補うことができる。そして、この場合、取得時効が援用される目的はXの立証困難の救済にあるのだから、Xは、民法一六二条二項が規定する短期取得時効ではなく、同条一項が定める長期取得時効を援用すべきことになる。換言すれば、占有期間としては、二〇年を要すると考えられよう。

なお、右に述べたような事例は実際の判例にも存在するのであって、その例としてあげられるのが、〔9〕最判昭和四二・七・二一民集二一巻六号一六四三頁である。すなわち、〔9〕判決は、二重の物権変動と認定された事案で、係争家屋の未登記（第二）譲受人たる占有者について、自己の物の時効取得が可能かどうか議論された判例であるが、本訴訟で、占有者の相手方は、当初、占有者が主張した原所有者からの贈与の存在を争っていた。そこで、もし相手方による贈与の不存在の立証が実現しそうな場合、占有者の側は、これを覆す手段として、長期取得時効を利用することは十分認められうるのである。[78]

（b）さて、叙上のところに従えば、本件〔2〕判決の事案では、登記簿上は所有名義人であるが、真実は無権利者であるA′から換地前の旧土地に抵当権を設定されたYは、一切抵当権を有しておらず、それゆえ、抵当権の実行として本件各土地を競売にかけることはできない、と解される。しかし、そうだとすれば、不動産に抵当権を付けようとする者は、抵当権設定者以外の者が当該不動産を占有していないか現地検分をすることが必要不可欠であり[79]、もし抵当権設定者以外の者が占有していた場合は、たとえその者が登記簿に登場していなくても、同人に所有権が移っている可能性は十二分に存するため、慎重な調査が求められることになろう。

ところで、仮にここまで論述してきた解釈が採用されるとするならば、このことによって、今日一般に行われている担保取引の実務に多大な影響が生ずるのは必定のことと思われる。しかしながら、本件のような場合、所有権移転登記がなされないために、原所有者の下に登記名義が残っているとはいえ、抵当権の目的物とされる不動産は、既に売買契約などによってその所有権が買主等の所有権取得者に移転されている物であり、しかも、上記の者に現実の支配たる占有も移っている不動産である。そこで、このような点を鑑みるならば、実は既に所有権を手放して占有も移転している原所有者（あるいは、その相続人）を抵当権設定者とし、この者による抵当権設定契約の締結を許容する解釈こそ反省されて然るべきではないか、と考えられるのである。

注

(48) 但し、本件の場合、実際は、Aの相続人であるA′から。

(49) 「取得時効と登記」に関する判例理論の第三原則については、本書第二章七三頁以下、本第五章前注（6）参照。

(50) 但し、一〇年の時効取得については、占有開始時の善意・無過失が必要（民一六二条二項）。なお、私見によれば、動産は短期取得時効の目的物にはならず、一〇年の時効取得の対象は不動産に限られるという点については、本第五章第二節二〇四頁以下。

(51) なお、拙稿「自己の物の時効取得について」半田正夫教授還暦記念論集『民法と著作権法の諸問題』（法学書院、一九九三）一六二頁以下参照。

(52) 初出：拙稿「抵当権と時効」玉田弘毅先生古稀記念『現代民法学の諸問題』（信山社出版、一九九八）八三頁。

(53) もっとも、本書第一章の初出論文である、拙稿・前掲注（52）八三頁以下注（96）、従って、本書第一章四八頁注（96）では、拙著・前掲注（3）二三八頁以下の考察に倣い、次のような叙述を行っている。すなわち、不動産の未登記第一譲受人が「当該不動産に後から抵当権が設定されたことを否定しており、自称抵当権者の主張する抵当権設定時から二〇年以上譲受人による占有が継続していれば、抵当権設定の不存在ないしは無効の蓋然性が示されたと考えられないであろうか。そして、このことが了解されるならば、譲受人は、抵当権の負担のない完全な所有権を確保するため、民法三九七条の類推適用により、抵当権の消滅を主張することが可能になると思われる」（傍点——原文）と。

(54) なお、この「振る舞おうとする」という語句は、辻伸行『所有の意思と取得時効』（有斐閣、二〇〇三）一九頁、四七頁〔初出：同「『所有の意思』の判定基準について(1)――不動産所有権の取得時効を中心にして――」獨協法学二九号（一九八九）一二八頁以下、一五一頁〕等に倣ったものである。
(55) 文献については、前注(36)参照。
(56) この点については、拙稿・前掲注(46)三五九頁以下参照。なお同稿では、判例・学説のこのような解釈を批判し、即時取得における占有取得者の無過失は、善意と同様、民法一八六条一項に基づいて推定されるとの主張を行っている。
(57) 以上の点については、城數馬訳『民法理由書財産編物権第四』（手稿本、法務図書館蔵）一七丁裏以下〔『民法理由書第一巻財産編物権部』（ボワソナード民法典研究会編『ボワソナード民法典資料集成第Ⅱ期後期四第1巻』）（雄松堂出版、二〇〇一）所収、四六六頁以下〕等参照。
(58) 前注(43)参照。
(59) 第一六回法典調査会の議事速記録については、法務大臣官房司法法制調査部監修・前掲注(28)六四一頁以下参照。
(60) 法務大臣官房司法法制調査部監修・前掲注(28)六四一頁。
(61) 法務大臣官房司法法制調査部監修・前掲注(28)六四一頁以下〔穂積陳重委員説明〕。
(62) なお、以上について、拙稿・前掲注(46)三七一頁以下参照。
(63) 佐久間毅『民法の基礎2物権』（有斐閣、二〇〇六）二六八頁。
(64) 旧民法における「法定占有」の意味については、旧民法財産編一八〇条（第一項「法定ノ占有トハ占有者カ自己ノ為メニ有スルノ意思ヲ以テスル有体物ノ所持又ハ権利ノ行使ヲ謂フ」第二項「権利ハ物権ト人権トヲ問ハス法定ノ占有ヲ受クルコトヲ得其種種ノ効力ハ場合ニ従ヒ下ニ之ヲ定ム」）参照。
(65) なお、旧民法と現行民法との間の占有概念の捉え方の違い、旧民法における法定占有と容仮占有という区別と、現行民法における自主占有・他主占有という区別との間の微妙な差異等については、拙稿「日本民法学史における取得時効要件論――『所有の意思』を中心に――」平井一雄＝清水元編『日本民法学史・続編』（信山社出版、二〇一五）一一三頁以下参照。
(66) 法務大臣官房司法法制調査部監修・前掲注(28)六四一頁以下（前の(b)(イ)の引用文で途中省略した部分）。
(67) 一八九四（明治二七）年五月二二日開催。第一四回法典調査会の議事速記録については、法務大臣官房司法法制調査部

(68) 監修・前掲注(28)五六九頁以下参照。
「占有権ハ自己ノ為メニスル意思ヲ以テ物ヲ所持スルニ因リテ之ヲ取得ス」(法務大臣官房司法法制調査部監修・前掲注(28)五九二頁)。なお、この条文案は、二〇〇四(平成一六)年の民法現代語化以前の一八〇条条文と全く同じである。

(69) 法務大臣官房司法法制調査部監修・前掲注(28)五九三頁。

(70) ボワソナード氏起稿『再閲修正民法草案註釈第二編物権ノ部下巻』(発行所・刊行年無記載)〔二百五十五〕一一頁以下〔ボワソナード氏起稿『再閲修正民法草案註釈第二編物権ノ部』(ボワソナード民法典研究会編『ボワソナード民法典資料集成後期一―二第I巻』)(雄松堂出版、二〇〇〇)三五六頁以下〕等。

(71) なお、拙稿・前掲注(65)一一三頁以下参照。

(72) 但し、登記による対抗の意義に関する学説の中で、第三者主張説のうちの反対事実主張説(舟橋・前掲注(38)一四一頁以下等)によれば、本文の例で、Cは、Bが未登記であることを積極的に主張する必要はなく、A・B間の物権変動と反対ないし両立しない事実を主張すればそれで足りるものとされる。そこで、仮にこの説に従うとすれば、A・B間の物権変動に関する登記については、Bの側に主張責任があるということになろう。従って、例えば、CがAによってCのために抵当権の設定がなされたという事実を主張した場合、第一譲受人たるBは、Cの抵当権の登記がなされる以前に、A・B間の所有権移転について登記が経由されていることを主張・立証すれば、抵当権の負担のない完全な所有権をCに認めさせることができるものと思われる。

(73) 藤原弘道「占有の推定力とその訴訟上の機能」司法研修所論集一九六八―I(通巻三九号)(一九六八)三一頁〔時効と占有(日本評論社、一九八五)所収、一九三頁〕。ほぼ同旨――鈴木禄弥『物権法講義五訂版』(創文社、二〇〇七)九〇頁。

(74) なお、売買契約等所有権移転行為の効力発生時期と買主等所有権取得者による目的物の占有取得時期とがずれることは十分ありうることであるが、その場合でも、占有に基づいて推定されるのは、占有開始以前の所有権取得者(買主など)の売買契約など所有権移転行為による所有権取得と思量される。もっとも、この場合、占有取得者は、〈占有開始以前における所有権移転行為の時から所有権を取得していた〉と推定されるわけではない。というのは、そのような推定が認められるとしたら、占有者は、占有開始以前における所有権取得の蓋然性を伴わない任意の時期に、所有権移転行為が行われたと主張することができ、その時から、所有権取得の法律上の推定を享受できることになってしまうからである。従って、以上のような場合、民法一八六条一項及び一八八条による法律上の推定は、《占有者は遅くとも占有開始時にはそれ以前の所有権移転行為によって所有権を取得していた》という形でなされることになろう。そこで、この推定を覆さんとする者は、占有者の占有開始より前に自己の側が当該目的物について所有権等の物権を取得していたということを、――本文で後述するように、当該目的物が不動産の場合は登記を経由した上で――立証すればよいことになる。

(75) 〔2〕最判平成二四・三・一六の事案がまさにこれにあたる。

(76) なお、ⓑの占有者Bが第三者異議の訴えを提起するという例について言うと、この場合は、占有者のほうが原告になるわけであるが、これは、第三者異議の訴えの特殊性に基づくものである。すなわち、この訴えは、占有者の占有物に対して競売の申立てがなされた場合、それに対抗するものとしてなされるのであるが、これが、競売申立てという攻撃に対する防御的な性格を有するものであることは、占有物に対する引渡（明渡）請求の訴訟で被告の立場に立つ場合と何ら異ならない、と思われる。このように見れば、占有者Bが第三者異議の訴えを原告として提起する場合についても、その占有に基づき本権が推定されることに全く問題はないこととなろう。

(77) 鷹巣信孝『物権変動論の法理的検討』（佐賀大学経済学会叢書―5）（九州大学出版会、一九九四）一一五頁によれば、「契約証書の日付遡記や売主Aの証言次第で取引の順位が変更されてしまう可能性」がある、とされる。

(78) もっとも、〔9〕の事案では、控訴審において、原所有者から占有者への贈与が認定された。
　ところで、〔2〕判決の第一審では、判決の「前提事実」として、AがXに対し、旧土地を売り渡した事実が「当事者間に争いがないか、証拠（……）及び弁論の全趣旨により容易に認められる」とされているが、このような書式の判決文では、YがA・X間の売買契約の成立、あるいは有効性を争ったのか、それとも、最初から認めていたのかを判断することが不可能である。従来のように、訴訟当事者がどのような主張をしたか明らかになる判決文に復帰することが強く望まれるところである。

(79) なお、抵当不動産の時効取得による抵当権消滅を防止する観点からであるが、「抵当権者としては、抵当権設定時に現地調査を丁寧に行う必要がある」と論ずる、大島一悟「不動産の時効取得後の抵当権と再度の時効取得」大阪経済法科大学法学論集七六号（二〇一七）七九頁が非常に示唆的である。

第四節　残された課題——結びにかえて

以上、雑駁ながら私見を展開してきたところであるが、〔1〕最判平成一五・一〇・三一の事案と、〔2〕最判平成二四・三・一六の事案との間には、係争不動産の占有者の占有取得後に抵当権者が登場したという点で、確かに共通項は存在する。しかし、紛争の実相に踏み込んで検討すると、一方で、〔1〕判決は、(簡単に言ってしまえば)境界紛争の事案に抵当権者が絡んできたものであったのに対し、他方で、〔2〕判決は、二重の物権変動行為における第二物権取得者が抵当権者である事案である、という差異が明らかとなった。そうすると、〔1〕と〔2〕では紛争類型が全く異なるのであるから、この点から見れば、これら事案を形式的論理の枠の中にあてはめて統一的に解釈しようとする試みは肯認しがたいことになる、と思われる。よって、本章では、各事案の類型に応じた解釈を追究してきたわけであるが、既述のとおり、それら解釈がこれまでの判例・学説からはなはだしく乖離したものになったことは否めず、この点で、批判を浴びる可能性は大いにある。中でも、前第三節で試みた〔2〕最判平成二四・三・一六の位置づけについては、それが未だ検討不十分なままであることは著者においても自認するところであり、現段階では、暴論の誹りを免れえないものであるとも考えられる。

そこで、以下、今後に残された課題を示すと、とりわけ問題となるのが、第二節で展開した〔2〕判決の事案に関する私見の妥当性を詳細に論証する、という点であることは言うまでもなかろう。すなわち、前第三節では、同事案に関して、取得時効を適用するのではなく、民法一八六条一項、一八八条が定める占有の推定効、および、一七六条、一七七条が規定する物権変動とその「対抗」の側面から、不動産について二重の物権変動行為があった場合の占有取得者の保護を図るべきであるということを提言したが、このような解釈を主張するためには、これら条文、特に、一七七条の旧民法・フランス民法にまで遡った沿革の検証が欠くべからざることになってこよう。物権変動における対抗問題の沿革的研究については、わが国でも、これまで、滝沢聿代『物権変動の理論』(80)などの優れた文献が存するわけであるが、本書では、残念ながら、それらに触れる余裕は一切なかった。従って、今後は、これらわが国の文献も批判的に検討した上で、沿革の考察を徐々に進めていくことが重要になるということを肝に銘じた上で、本書を閉じることにしたい。

注

(80) 滝沢聿代『物権変動の理論』(有斐閣、一九八七)一頁以下。

あとがき

一　はしがきでも述べたように、そもそも本書の第二章以下は、安井宏先生の退任記念論集にあたる『法と政治』六七巻一号への寄稿を企図して、構想したものであった。しかし、その構想に基づく作品の完成は、その後、三年の歳月を経て、本書でようやく果たせるに至った。そこで、遅ればせながら、本拙著を安井先生に献呈申し上げることにしたい。

本書の校正にあたっては、第三校の段階で、三重短期大学の川上生馬講師に、業務多忙の中、非常に丁寧に目を通していただいた。川上講師には、自分が見落としていた誤植等の誤りを多数指摘してもらったが、講師の助力のお陰で、執筆上のミスを減らすことができ、深く感謝申し上げる次第である。また、関西学院大学出版会の田中直哉氏と辻戸みゆき氏には、出版の企画から、発行に至るまで大変お世話になった。ここに厚く御礼申し上げる。

二　本書が上梓される三月、著者は関西学院大学法学部を定年退職する。しかし、著者には未だ多くの研究課題が残されたままである。今後、新しい場で、引き続き研究を展開していけることを望みつつ、いったん筆を擱くことにしたい。

二〇一九年一月

著　者

事 項 索 引

あ 行

か 行

さ　行

た　行

な 行

は 行

ま　行

や　行

ら　行

わ 行

条 文 索 引

民法

民法
（2017年改正後）

借地借家法

民事執行法

旧民法

財産編

債権担保編

証拠編

再閲修正民法草案

フランス民法
（本書第1章初出論文執筆当時の条文）

判 例 索 引

大判明治43・1・25民録16輯22頁 …… 5,67
大判大正7・3・2民録24輯423頁 …… 73,115
大判大正9・7・16民録26輯1108頁 …… 6,46,47,50,53,76,92
大判大正11・6・9新聞2030号20頁 …… 73
大判大正13・10・29新聞2331号21頁 …… 73
大連判大正14・7・8民集4巻412頁 …… 73
大判昭和4・4・11新聞3006号10頁 …… 92
大判昭和5・11・19新聞3209号15頁 …… 92
大判昭和6・4・7新聞3262号12頁 …… 73
大判昭和7・3・15新聞3394号14頁 …… 73
大判昭和8・10・5新聞3621号10頁 …… 73-
大判昭和9・5・28民集13巻857頁 …… 92,140
大判昭和9・7・10法学3巻12号110頁 …… 74
大判昭和9・9・15新聞3801号9頁 …… 92
大判昭和9・10・27法学4巻4号119頁 …… 74
大判昭和10・5・28新聞3853号11頁 …… 5,67
大判昭和11・3・19民集15巻530頁 …… 74
大判昭和12・1・26判決全集5輯3号95頁 …… 73
大判昭和13・2・12判決全集5輯259頁 …… 6,50,52
大判昭和13・5・7判決全集5輯11号520頁 …… 74
大判昭和13・11・14新聞4349号7頁 …… 5,67
大判昭和14・10・13判決全集6輯29号1261頁 …… 74
大判昭和15・8・12民集19巻1338頁 …… 7,10,50,52,92,140
大判昭和15・11・26民集19巻2100頁 …… 5,50,51
最判昭和33・8・28民集12巻12号1936頁 …… 74
最判昭和35・7・27民集14巻10号1871頁 …… 74,83,191
最判昭和36・7・20民集15巻7号1903頁 …… 74,**80-**,98,107,182
最判昭和41・6・9民集20巻5号1011頁 …… 220
最判昭和41・11・22民集20巻9号1901頁 …… 73
最判昭和42・7・21民集21巻6号1643頁 …… 47,50,53,92,122,231
最判昭和42・7・21民集21巻6号1653頁 …… 73
最判昭和43・12・24民集22巻13号3366頁 …… 7,50,52,122
最判昭和44・12・18民集23巻12号2467頁 …… 104
最判昭和45・12・18民集24巻13号2118頁 …… 73
最判昭和46・11・5民集25巻8号1087頁 …… 73
最判昭和46・11・19金法635号43頁 …… 74
最判昭和47・6・30金法657号25頁 …… 73
最判昭和48・10・5民集27巻9号1110頁 …… 74
最判昭和48・12・14民集27巻11号1586頁 …… 5,51
最判昭和54・9・7民集33巻5号640頁 …… 73

最判昭和57・2・18判時1036号68頁 …… 74
最判昭和58・3・24民集37巻2号131頁 …… 194, 214
最判昭和60・11・26民集39巻7号1701頁 …… 6
最判平成7・12・15民集49巻10号3088頁 …… 207
最判平成8・11・12民集50巻10号2591頁 …… 207
最判平成11・10・21民集53巻7号1190頁 …… 67
鳥取地米子支判平成12・3・27金判1191号36頁 …… 59, 193
広島高松江支判平成12・9・8金判1191号35頁 …… 58, 193
最判平成15・10・31判時1846号7頁、金判1191号28頁 …… 50, 55, **58-**, 64, 75, 76, 77, 97, 110, 111, 113, 146, 150, 182, 183, 184, 187, **192-**, 200, 205, 215
鹿児島地名瀬支判平成21・6・24民集66巻5号2330頁 …… 61
福岡高宮崎支判平成21・11・27民集66巻5号2341頁 …… 60
最判平成23・1・21判時2105号9頁、金判1365号18頁 …… 50, 57, 110, 150
最判平成24・3・16民集66巻5号2321頁 … 50, 55, **60-**, 64, 75, 76, 79, 93, 99, 106, 110, 111, 112, 113, 131, 146, 150, 182, 183, 184, 187, **211-**, 213, 229

著者略歴

草野 元己（くさの・もとみ）

1950 年　長野県に生まれる
1974 年　名古屋大学法学部法律学科卒業
1977 年　明治大学大学院法学研究科修士課程修了（法学修士）
1981 年　明治大学大学院法学研究科博士後期課程退学（4 年間在学）
同　年　松商学園短期大学専任講師に就任。同助教授、教授を経て、
1997 年　三重大学人文学部社会科学科教授
2004 年　関西学院大学法学部法律学科教授、現在に至る（民法専攻）

主要著書

〈単著〉

『取得時効の研究』（信山社出版、1996）

〈共著〉

岸上晴志＝中山知己＝清原泰司＝鹿野菜穂子＝草野元己『ファンダメンタル法学講座 民法 1 総則』（不磨書房、2000）

中山知己＝草野元己＝清原泰司＝岸上晴志＝鹿野菜穂子＝鶴井俊吉『ファンダメンタル法学講座 民法 2 物権・担保物権』（不磨書房、2005）

ほか多数

関西学院大学研究叢書　第 209 編

抵当権と時効

2019 年 3 月 31 日初版第一刷発行

著　者　草野元己

発行者　田村和彦
発行所　関西学院大学出版会
所在地　〒 662-0891
　　　　兵庫県西宮市上ケ原一番町 1-155
電　話　0798-53-7002

印　刷　株式会社クイックス

Printed in Japan by Kwansei Gakuin University Press
ISBN 978-4-86283-276-4

関西学院大学出版会の誕生と私

荻野《おぎの》　昌弘《まさひろ》
関西学院理事長

一九九五年は、阪神・淡路大震災が起こった年である。関西学院大学も、教職員・学生の犠牲者が出て、授業も一時中断した。この年の秋、大学生協書籍部の谷川恭生さん、岡見精夫さんと神戸三田キャンパスを見学しに行った。新しいキャンパスに総合政策学部が創設されたのは、震災が起こった一九九五年の四月のことである。震災という不幸にもかかわらず、神戸三田キャンパスの新入生は、活き活きとしているように見えた。

その後、三田市ということで、三田屋でステーキを食べた。その時に、私が、そろそろ、単著を出版したいと話して、具体的な出版社名も挙げたところ、谷川さんがそれよりもいい出版社があると切り出した。それは、関西学院大学生活協同組合出版会のことで、たしかに蔵内数太著作集全五巻を出版している。生協の出版会を基に、本格的な大学出版会を作っていけばいいという話だった。

震災は数多くの建築物を倒壊させた。それは、不幸なできごとであったが、そこから新たな再建、復興計画が生まれる。何か新しいものを生み出したいという気運が生まれてくる。私は、谷川さんの新たな出版会創設計画に大きな魅力を感じ、積極的にそれを推進したいという気持ちになった。

そこで、まず、出版会設立に賛同する教員を各学部から集め、設立準備有志の会を作った。岡本仁宏（法）、田和正孝（文）、田村和彦（経＝当時）、広瀬憲三（商）、浅野考平（理＝当時）の各先生が参加し、委員会がまず設立された。また、経済学部の山本栄一先生から、おりに触れ、アドバイスをもらうことになった。

出版会を設立するうえで決めなければならないのは、まずその法人格をどのようにするかだが、これは、財団法人を目指すなど、焦燥感だけが募る毎日。

この書籍は、そのような状況にたまりかねた著者が、仲間うちの教育関係者に訴えかけて円卓会議を開いた、そのときに話された内容を記録したものです。まずは、僭越ながら著者が基調講演をおこない、続いて小学校から高等学校までの現場の先生方、そして教育委員会の指導主事の先生方にグループ討議をしていただきました。それぞれの教育現場における課題や懸念、今後やるべき取り組みやアイデアの提示を自由に話し合い、互いに共有しました。そして、それを受けて、大学の異なるご専門の先生方から、大学としていかなる変革が必要となるか、コメントを頂戴しました。実に有益なご示唆をいただくことができました。

では、私たちはどのような一歩を歩み出すべきなのでしょうか。社会の変化は非常に早い。

そこで、小学校から高等学校までの学校教育に多大な影響を及ぼしている大学教育に着目しました。それはまた、輩出する卒業生を通して社会に対しても大きな影響を及ぼす存在です。

一九七〇年にOECDの教育調査団から、まるでレジャーランドの如くという評価を受けてから半世紀以上が経ちました。もはや、このまま変わらずにはいられない大学教育に関して、大胆かつ具体的に、これからの日本に求められる理想としての大学の姿を提示してみました。遠いぼんやりした次世紀の大学ではなく、シンギュラリティが到来しているかもしれない、二〇五〇年を具体的にイメージしたとき、どういう教育理念で、どのようなカリキュラムを、どのような教授法で実施するのか。いま現在の制約をすべて取り払い、自らが主体的に動ける人材を生み出すために、妥協を廃して考えた具体的なアイデアを提示する。この奇抜な挑戦をやってみました。

このような大学がもし本当に出現したなら、社会にどのようなインパクトを及ぼすでしょうか。消滅しつつある、けれど本来は資源豊かな地方に設立されたら、どれほどの効果を生み出すでしょうか。その影響が共鳴しだせば、日本全体の教育を変えていくことにもつながるのではないでしょうか。

そんな希望を乗せて、この書籍を世に出させていただきました。批判も含め、大いに議論が弾む、その礎となることを願っています。

任意団体にすることにした。そして、何よりの懸案事項は、出版資金をどのように調達するかという点だった。あるときに、たしか当時、学院常任理事だった、私と同じ社会学部の高坂健次先生から山口恭平常務に会いにいけばいいと言われ、単身、常務の執務室に伺った。山口常務に出版会設立計画をお話し、資金を融通してもらいたい旨お願いした。山口さんは、社会学部の事務長を経験されており、そのときが一番楽しかったという話をされ、その後に、一言「出版会設立の件、承りました」と言われた。事実上、出版会の設立が決まった瞬間だった。

　その後、書籍の取次会社と交渉するため、何度か東京に足を運んだ。そのとき、谷川さんと共に同行していたのが、今日まで、出版会の運営を担ってきた田中直哉さんである。東京出張の折には、よく酒を飲む機会があったが、取次会社の紹介で、高齢の女性が、一人で自宅の応接間で営むカラオケバーで、バラのリキュールを飲んだのが、印象に残っている。

　取次会社との契約を無事済ませ、社会学部教授の宮原浩二郎編集長の下、編集委員会が発足し、震災から三年後の一九九八年に、最初の出版物が刊行された。

　ところで、当初の私の単著を出版したいという目的はどうなったのか。出版会設立準備の傍ら、執筆にも勤しみ、第一回の刊行物の一冊に『資本主義と他者』を含めることがかなった。新たな出版会で刊行したにもかかわらず、書評紙にも取り上げられ、また、読売新聞が、出版記念シンポジウムに関する記事を書いてくれた。当時大学院生で、その後研究者になった方々から私の本を読んだという話を聞くことがあるので、それなりの反響を得ることができたのではないか。書店で『資本主義と他者』を手にとり、読了後すぐに連絡をくれたのが、当時大阪大学大学院の院生だった、山泰幸人間福祉学部長である。また、いち早く、論文に引用してくれたのが、今井信雄社会学部教授（当時、神戸大学の院生）で、今井論文は後に、日本社会学会奨励賞を受賞する。出版会の立ち上げが、新たなつながりを生み出していることは、私にとって大きな喜びであり、出版会が、今後も知的ネットワークを築いていくことを期待したい。

『資本主義と他者』1998年

資本主義を可能にしたものは？　他者の表象をめぐる闘争から生まれる、新たな社会秩序の形成を、近世思想、文学、美術等の資料をもとに分析する

草創期をふり返って

宮原《みやはら》　浩二郎《こうじろう》
関西学院大学名誉教授

関西学院大学出版会の刊行書が累計で五〇〇点に到達した。ホームページで確認すると、設立当初の一〇年間は毎年一〇点前後、その後は毎年二〇点前後のペースで刊行実績を積み重ねてきたことがわかる。あらためて今回の「五〇〇」という大台達成を喜びたい。

草創期の出版企画や運営体制づくりに関わった初代編集長として当時をふり返ると、何よりもまず出版会立ち上げの実務を担った谷川恭生氏の面影が浮かんでくる。当時の谷川さんは関学生協書籍部の「マスター」として、関学内外の多くの大学教員や研究者を知的ネットワークに巻き込みながら、学術書を中心に本の編集、出版、流通、販売の仕組みや課題を深く研究し、全国の書店や出版社、取次会社に多彩な人脈を築いていた。谷川さんに連れられて、東京の大手取次会社を訪問した帰りの新幹線で、ウィスキーのミニボトルをあけながら夢中で語り合い、気がつくともう新大阪に着いていたのをなつかしく思い出す。

数年後に病を得た谷川さんが実際に手にとることができた新刊書は当初の五〇点ほどだったはずである。今や格段に充実した刊行書のラインアップに喜び、深く安堵してくれているにちがいない。それはまた、谷川さんの知識経験や文化遺伝子を引き継いだ、田中直哉氏はじめ事務局・編集スタッフによる献身と創意工夫の賜物でもあるのだから。

草創期の出版会はまず著者を学内の教員・研究者に求め「関学の」学術発信拠点としての定着を図る一方、学外の大学教員・研究者にも広く開かれた形を目指していた。そのためすでに初期の新刊書のなかに関学教員の著作に混じって学外の大学教員・研究者による著作も見受けられる。その後も「学内を中心としながら、学外の著者にも広く開かれている」という当初の方針は今日まで維持され、それが刊行書籍の増加や多様性の確保にも少なからず貢献してきたように思う。

他方、新刊学術書の専門分野別の構成はこの三〇年弱の間に大きく変わってきている。たとえば出版会初期の五年間と最近五年間の新刊書の「ジャンル」を見比べていくと、現在では当初よりも全体的に幅広く多様化していることがわかる。「社会・環境・復興」（災害復興研究を含むユニークな「ジャンル」）や「経済・経営」は現在まで依然として多いが、いずれも新刊書全体に占める比重は低下し、「法律・政治」「福祉」「宗教・キリスト教」「関西学院」「エッセイその他」にくわえて、当初は見られなかった「言語」や「自然科学」のような新たな「ジャンル」が加わっている。何よりも目立つ近年の傾向は、「哲学・思想」や「文学・芸術」のシェアが顕著に低下する一方、「教育・心理」や「国際」、「地理・歴史」のシェアが大きく上昇していることである。

こうした「ジャンル」構成の変化には、この間の関西学院大学の学部増設（人間福祉、国際、教育の新学部、理系の学部増設など）がそのまま反映されている面がある。ただ、その背景には関学だけではなく日本の大学の研究教育をめぐる状況の変化もあるにちがいない。思い返せば、関西学院大学出版会の源流の一つに、かつて谷川さんが関学生協書籍部で編集していた書評誌『みくわんせい』（一九八八―九二年）がある。それは当時の「ポストモダニズム」の雰囲気に感応し、最新の哲学書や思想書の魅力を伝えることを通して、専門の研究者や大学院生だけでなく広く読書好きの一般学生の期待に応えようとする試みでもあった。出版会草創期の新刊書にみる「哲学・思想」や「文学・芸術」のシェアの大きさとその近年の低下には、そうした一般学生・読者ニーズの変化という背景もあるように思う。

関西学院大学出版会も着実に「歴史」を刻んできたことにあらためて気づかされる。これから二、三十年後、刊行書「一〇〇〇点」達成の頃には、どんな「ジャンル」構成になっているだろうか、今から想像するのも楽しみである。

『みくわんせい』
創刊準備号、1986年

この書評誌を介して集った人たちによって関西学院大学出版会が設立された

関西学院大学出版会への私信

田中《たなか》　きく代《よ》
関西学院大学名誉教授

私は出版会設立時の発起人ではありませんでしたが、初代理事長の荻野昌弘さん、初代編集長の宮原浩二郎さんから設立のお話をいただいて、気持ちが高まりワクワクしたことを覚えています。発起人の方々の熱い思いに感銘を受けてのことで、「田中さん、研究発進の出版部局を持たないと大学と言えないよね」という誘いに、もちろん「そうよね‼」と即答しました。皆さんの良い本をつくりたいという理想も高く、何度も会合がもたれました。ことに『理』の責任者であった生協の書籍におられた谷川恭生さんのご尽力は並々ならないものであったと感謝しております。谷川さんを除けば、皆さん本屋さんの出版にはさほど経験がなく、苦労も多かったのですが、苦労よりも新しいものを生み出すことに嬉々としていたように思います。

私は、設立から今日まで、理事として編集委員として関わらせていただき、一時期には理事長の要職に就くことにもなりましたが、荻野さん、宮原さん、山本栄一先生、田村和彦さん、大東和重さん、前川裕さん、田中直哉さん、戸坂美果さんと、指を折りながら思い返し、多くの編集部の方々のおかげで、やってくることができたと実感しています。五〇〇冊記念を機に、まずは感謝を申し上げ、いくつか関西学院大学出版会の「いいとこ」を宣伝しておきたいと思います。

「関学出版会の『いいとこ』は何?」と聞かれると、本がとても「温かい」と答えます。出版会の出版目録を見ていると、それぞれの本が出来上がった時の記憶が蘇ってきますが、どの本も微笑んでいます。教員と編集担当者が率先して一致協力して運営に関わっていることが、妥協しないで良い本をつくろうとすることからくる真剣な取り組みとなっているのです。出版会の本は丁寧につくられ皆さんの心が込められているのです。

また、本をつくる喜びも付け加えておきます。毎月の編集委員会では、新しい企画にいつもドキドキしています。私事ですが、私は歴史学の研究者の道を歩んできましたが、同時にどこかでいつか本屋さんをやりたいという気持ちがあったことは否定できません。関学出版会では、自らの本をつくる時など特にそうですが、企画から装丁まですべてに自分で直接に関わることができるのですよ。こんな嬉しいことがありますか。

皆でつくるということでは、夏の拡大編集委員会の合宿も思い出されます。毎夏、有馬温泉の「小宿とうじ」で実施されてきましたが、そこでは編集方針について議論するだけではなく、毎回「私の本棚」「思い出の本」「旅に持っていく本」などなどの議題が提示されました。自分の好きな本を本好きの他者に「押しつけ?」、本好きの他者から「押しつけられる?」楽しみを得る機会が持てたことも私の財産となりました。夕食後には皆で集まって、学生時代のように深夜まで喧々諤々の時間を過ごしてきたことも楽しい思い出です。今後もずっと続けていけたらと思っています。

記念事業としては、設立二〇周年の一連の企画がありましたが、記念シンポジウム「いま、ことばを立ち上げること」では、田村さんのご尽力で、「ことばの立ち上げ」に関わられた諸氏にお話しいただき、本づくりの大切さを再確認することができました。今でも「投壜通信」という「ことば」がビンビン響いてきます。文字化される「ことば」に内包される心、誰かに届けたい「ことば」のことを、本づくりの人間は忘れてはいけないと実感したものです。

インターネットが広がり、本を読まない人が増えている現状で、今後の出版界も変革を求められていくでしょうが、大学出版会としては、学生に「ことば」を伝える義務があります。ネット化を余儀なくされ「ことば」を伝えるにも印刷物ではなくなることも増えるでしょう。だが、学生に学びの「知」を長く蓄積し生涯の糧としていただくには、やはり「本棚の本」が大切だと思います。出版会の役割は重いですね。

『いま、ことばを立ち上げること』
K.G. りぶれっとNo. 50、2019年
2018年に開催した関西学院大学出版会設立20周年記念シンポジウムの講演録

ふたつの追悼集

田村《たむら》　和彦《かずひこ》
関西学院大学名誉教授

荻野昌弘さんの原稿で、一九九五年の阪神淡路の震災が出版会誕生の一つのきっかけだったことを思い出した。今から三〇年前になる。ぼく自身は一九九〇年に関西学院大学に移籍して間もなくだった。震災との直接のつながりは思いつかないが、新たな出発に向けての思いが大学に満ちていたことは確かである。

ぼく自身と出版会とのかかわりは、当時関学生協書籍部にいた谷川恭生さんに直接声をかけられたことから始まる。谷川さんの関西学院大学出版会発足にかけた情熱については、本誌で他の方々も触れているとおりである。残念ながら、出版会がどうやら軌道に乗り始めた二〇〇四年にわずか四九歳で急逝した谷川さんには、翌年に当出版会が出した追悼文集『時（カイロス）の絆』に学内外の多くの方々が思いを寄せている。出版会についていえば、前身には発足の十年近く前から谷川さんが発行していた書評誌『みくわんせい』があったことも忘れえない。『みくわんせい』のバックナンバーの書影は前記追悼集に収録されている。出版会を立ちあげて以来発行されてきたこの小冊子『理』にしても、最初は彼が構想する大学発の総合雑誌の前身となるべきものだったと記憶している。「理」を「ことわり」と読むことにこだわったのも彼である。谷川さんのアイデアは尽きることなく広がり、何度かの出版会主催のシンポジウムも行われた。そんななか、出版会が発足してからもいつもは外野のにぎわわせ役を決めこんでいたぼくに、谷川さんから研究室に突然電話が入り、「編集長になりませんか」という依頼があった。なんとも闇雲な頼みで、答えあぐねているうちにいつの間にやら引き受けることになってしまった。その後編集長として十数年、その後は出版会理事長として谷川さんが蒔いた種から育った出版会の活動を、不十分ながら引き継いできた。

関学出版会を語るうえでもう一人忘れえないのが山本栄一氏で

ある。山本さんは阪神淡路の震災の折、ちょうど経済学部の学部長で、ぼく自身もそこに所属していた。学部運営にかかわる面倒なやり取りに辟易していたぼくだが、震災の直後に山本さんが学部活性化のために経済学部の教員のための紀要刊行費を削って、代わりに学部生を巻きこんで情報発信と活動報告を行う経済学部広報誌『エコノフォーラム』を公刊するアイデアを出したときには、それに全面的に乗り、編集役まで買って出た。それをきっかけに学部行政以外のつき合いが深まるなかで、なんとも型破りで自由闊達な山本さんの人柄にほれ込むことになった。発足間もない関学出版会についても、学部の枠を越えて、教員ばかりか事務職にまで関学随一の広い人脈を持つ山本さんの「拡散力」と「交渉力」が大いに頼みになった。一九九九年に関学出版会の二代目の理事長に就かれた山本さんは、毎月の編集会議にも、当時千刈のセミナーハウスで行なわれていた夏の合宿にも必ず出席なさった。堅苦しい会議の場は山本さんの一見脈絡のないおしゃべりをきっかけに、どんな話題に対しても、誰に対しても開かれた、くつろいだ自由な議論の場になった。本の編集・出版という作業は、著者だけでなく、編集者・校閲者も巻きこんで、まったくの門外漢や未来の読者までを想定した、実に楽しい仕事になった。山本さんは二〇〇八年の定年後も引き続き出版会理事長を引き受けてくださったが、二〇一一年に七一歳で亡くなられた。没後、関学出版会は上方落語が大好きだった山本さんを偲んで『賑わいの交点』という追悼文集を発刊している。

出版会発足二八年、刊行点数五〇〇点を記念するにあたって特にお二人の名前を挙げるのは、お二人のたぐいまれな個性とアイデアが今なお引き継がれていると感じるからである。二つの追悼集のタイトルをつけたのは実はぼくだった。いま、それを久しぶりに紐解いていると関西学院大学出版会の草創期の熱気と、それを継続させた人的交流の広さと暖かさとが伝わってくる。

『時（カイロス）の絆』
谷川恭生追悼文集、
2005年（私家版）

21名の追悼寄稿文と、谷川氏の講義ノート・『みくわんせい』の軌跡を収録

『賑わいの交点』
山本栄一先生追悼文集、
2012年（私家版）

39名の追悼寄稿文と、山本先生の著作目録・年譜・俳句など

連載

スワヒリ詩人列伝

第8回　政権の御用詩人、マティアス・ムニャンパラの矛盾

小野田　風子

スワヒリ語詩、それは東アフリカ海岸地方の風土とイスラム的伝統に強く結びついた世界である。そのなかで、内陸部出身のキリスト教徒として初めてシャーバン・ロバート（本連載第2回〔『理』59号〕参照）に次ぐ大詩人として認められたのが、今回の詩人、マティアス・ムニャンパラ（Mathias Mnyampala, 1917–1969）である。

ムニャンパラは一九一七年、タンガニーカ（後のタンザニア）中央部のドドマで、ゴゴ民族の牛飼いの家庭に生まれる。幼いころから家畜の世話をしつつ、カトリック教会で読み書きを身につけた。政府系の学校で法律を学び、一九三六年から亡くなるまで教師や税務署員、判事など様々な職に就きながら文筆活動を行った。これまでに詩集やゴゴの民族誌、民話など十八点の著作が出版されている（Kyamba 2016）。

詩人としてのムニャンパラの最も重要な功績とされているのは、「ンゴンジェラ」（ngonjera）注1という詩形式の発明である。

独立後のタンザニアは、初代大統領ジュリウス・ニェレレの強い指導力の下、社会主義を標榜し、「ウジャマー」（Ujamaa）と呼ばれる独自の社会主義政策を推進した。ニェレレは当時のスワヒリ語詩人たちに政策の普及への協力を要請し、詩人たちはＵＫＵＴＡ（Usanifu wa Kiswahili na Ushairi Tanzania）という文学団体を結成した。ＵＫＵＴＡの代表として政権の御用詩人を引き受けたムニャンパラが、非識字の人々に社会主義の理念を伝えるのに最適な形式として創り出したのが、ンゴンジェラである。これは、詩の中の二人以上の登場人物が政治的なトピックについて議論を交わすという質疑応答形式の詩である。ムニャンパラがまとめた詩集『ＵＫＵＴＡのンゴンジェラ』（*Ngonjera za Ukuta I & II*. 1971, 1972）はタンザニア中の成人教育の場で正式な出版前から活用され、地元紙には類似の詩が多数掲載された。

ムニャンパラの詩はすべて韻と音節数の規則を完璧に守った定型詩である。ンゴンジェラ以外の詩では、言葉の選択に細心の注意が払われ、表現の洗練が追求されている。詩の内容は良い生き方を諭す教訓的なものや、物事の性質や本質を解説するものが目立つ。詩のタイトルも、「世の中」「団結」「嫉妬」「死」など一語が多く、詩の形式で書かれた辞書のようでさえある。美徳や悪徳、無力さといった人間に共通する性質を扱う一方、差別や植民地主義への明確な非難も見られ、人類の平等や普遍性について

書いた詩人と大まかに評価できよう。

一方、ムニャンパラのンゴンジェラは、それ以外の詩と比べて深みや洗練に欠けると言われる。ムニャンパラは「庶民の良心」であることを放棄し、「政権の拡声器」に成り下がったとも批判されている（Ndulute 1985: 154）。知識人が無知な者を啓蒙するというンゴンジェラの基本的な性質上、確かにそこには、人間や物事の単純化や、善悪の決めつけ、庶民の軽視が見られる。人間の共通性や普遍性に焦点を当てるヒューマニズムも失われている。表現の推敲の跡もあまり見られず、政権のスローガンをただ詩の形式に当てはめただけのようである。以下より、ムニャンパラのンゴンジェラが収められている『UKUTAのンゴンジェラI』と、一般的な詩が収められている『ムニャンパラ詩集』（*Diwani ya Mnyampala*, 1965）、そして『詩の教え』（*Waadhi wa Ushairi*, 1965）から、実際にいくつか詩を見てみよう。

『UKUTAのンゴンジェラI』内の「愚かさは我らが敵」では、「愚か者」が以下のように発言する。「みんな私をバカだと言う　学のない奴と／私が通るとみんなであざけり　友達でさえ私を笑う／悪口ばかり浴びせられ　言葉数さえ減ってきた／さあ、確かなことを教えてくれ　私のどこがバカなんだ?」それに対し、「助言者」は、「君は本当にバカだな　そう言われるのももっともだ／だって君は無知だ　教育されていないのだから／君は幼子、背負われた子どもだ／教育を欠いているからこそ　君はバカなのだ」と切り捨てる。その後のやり取りが続けられ、最後には「愚か者」が、「やっと理解した　私の欠陥を／勉強に邁進し　愚かさから抜け出そう／そして味わおう　読書の楽しみを／確かに私は　バカだったのだ」と改心する（Mnyampala 1970: 14-15）。

一方、『詩の教え』内の詩「愚か者こそが教師である」では、「愚か者」についての認識に大きな違いがある。詩人は、「愚か者はこし器のようなもの　知覚を清めることができる／愚か者こそが、賢者を教える教師なのである」（Mnyampala 1965b: 55）と、ンゴンジェラとは異なる思慮深さを見せる。また、上記のンゴンジェラに見られる教育至上主義は、『詩の教え』内の別の詩「高貴さ」とも矛盾する。

たとえば人の服装や金の装身具／あるいは大学教育や宗教の知識に驚かされることはあっても／それが人に高貴さをもたらすわけではない　そういったものに惑わされるな／服は高貴さとは無縁だ　高貴さとは信心なのだ

高貴さとは信心である　読書習慣とは関係ない／スルタンであることや、ローマ人やアラブ人であることでもない／それは心の中にある信心　慈悲深き神を知ること／騒乱は高貴さには似合わない　高貴さとは信心なのだ（Mnyampala 1965b: 24）

同様の矛盾は、社会主義政策の根幹であったウジャマー村についての詩にも見出せる。一九六〇年代末から七〇年代にかけて、平等と農業の効率化を目的として、人工的な村における集団農業の実施が試みられた。『UKUTAのンゴンジェラ』内の詩「ウジャマー村」では、政治家が定職のない都市の若者に、村に移住し農業に精を出すよう諭す。若者は「彼らが言うのだ　私たちは町を出ないといけないと／ウジャマー村というが　何の利益があるんだ?」と疑問を投げかけ、「この私がどんな利益を上げられるだろう?／体には力はなく　何も収穫することなどできない」、「なぜ一緒に暮らさないといけないのか　どういう義務なのか?／せっかくの成果を無駄にして　もっと貧しくなるだろう」と移住政策の有効性を疑問視し、「私はここの馴染みだ　私の人生は町にある／私はここで丸々肥えて　いつも喜びの中にある／もし村に住んだなら　骨と皮だけになってしまう」と懸念する。それに対し政治家は、「町を出ることは重要だ　共に村へ移住しよう／恩恵を共に得て　勝者の人生を歩もう」、「みんなで一緒に住むことは　国にとって大変意義のあること／例えば橋を作って洪水を防ぐことができる／一緒に耕すのも有益だ　経済的成果を上げられる」とお決まりのスローガンを並べるだけである。にもかかわらず若者は最終的に、「鋭い言葉で　説得してくれてありがとう／怠け癖を捨て　鍬の柄を握ろう／そして雑草を抜いて　村に参加しよう／ウジャマー村には　確かに利益がある」と心変わりをするのである（Mnyampala 1970: 38-39）。

この詩は、その書かれた目的とは裏腹に、若者の懸念の妥当性と、政治家の理想主義の非現実性とを強く印象づける。以下の詩を書いたときのムニャンパラ自身も、この印象に賛同してくれるはずである。『ムニャンパラ詩集』内の詩「農民の苦労」では、農業の困難さが写実的かつ切実につづられる。

はるか昔から　農業には困難がつきもの／まずは原野を開墾し　枯草を山ほど燃やす／草にまみれ　一日中働きづめだ／農民の苦労には　忍耐が不可欠

忍耐こそが不可欠　心変わりは許されぬ／毎日夜明け前に目を覚まし／すぐに手に取るのは鍬　あるいは鍬の残骸／農民の苦労には　忍耐が不可欠

森を耕しキビを植え　草原を耕しモロコシを植え／たとえ一段落しても　いびきをかいて眠るなかれ／動物が畑にやってきて　作物を食い荒らす／農民の苦労には　忍耐が不可欠（三連略）

いつ休めるのか　いつこの辛苦が終わるのか／イノシシやサルに　怯えて暮らす苦しみが?／収穫の稼ぎを得る前から　疑念が膨らむばかり／農民の苦労には　忍耐が不可欠

キビがよく実ると　私はひたすら無事を祈る／すべての枝が花をつける時　私の疑いは晴れていく／そして鳥たちが舞い

降りて　私のキビを狙い打ち／農民の苦労には　忍耐が不可欠（一連略）
農民は衰弱し　憐れみを掻き立てる／その顔はやせ衰え　見る影もない／すべての困難は終わり、農民はついに収穫する　みずからの終焉を／農民の苦労には　忍耐が不可欠
(Mnyampala 1965a: 53-54)

ウジャマー村への移住政策は遅々として進まず、一九七〇年代に入ると武力を用いた強制移住が始まる。しかしムニャンパラはタンザニア政治が暴力性を帯びる前、一九六九年に亡くなった。『詩の教え』内の「政治」という詩には、「国民に無理強いするのは、政府のやることではない」という一節がある (Mnyampala 1965b: 5)。ムニャンパラがもう少し長く生き、社会主義政策の失敗を目の当たりにしていたなら、「政権の拡声器」か「庶民の良心」か、どちらの役割を守っただろうか。

ムニャンパラは、時の政権であれ、身近なコミュニティであれ、そこから期待された役割を忠実に演じきった詩人と言えるだろう。そのような詩人を前にしたとき、われわれはつい、詩人自身の思いはどこにあるのかと問いたくなる。しかしスワヒリ語詩において重要なのは個人の思いではなく、詩がその時代や社会において良い影響を与え得るかどうかである。社会情勢が変われば詩の内容も変わる。よって本稿のように、詩人の主張が一貫していないことを指摘するのは野暮なのだろう。

社会主義政策は失敗に終わったが、ンゴンジェラは現在でも教育的娯楽として広く親しまれている。特に教育現場では、子どもたちが保護者等の前で教育的成果を発表するための形式として重宝されている。自由詩の詩人ケジラハビ（本連載第6回〔『理』71号〕参照）は、ムニャンパラの功績を以下のように称えた。「都会の人も田舎の人もあなたの前に腰を下ろす／そしてあなたは彼らを楽しませ、一人一人の聴衆を／ンゴンジェラの詩人へと変えた！」(Kezilahabi 1974: 40)。

（大阪大学　おのだ・ふうこ）

注1　ゴゴ語で「一緒に行くこと」を意味するという(Kyamba 2022: 135)。

参考文献

Kezilahabi, E. (1974) *Kichomi*, Heineman Educational Books.
Kyamba, Anna N. (2022) "Mchango wa Mathias Mnyampala katika Maendeleo ya Ushairi wa Kiswahili", *Kioo cha Lugha* 20(1): 130-149.
Kyamba, Anna Nicholaus (2016) "Muundo wa Mashairi katika *Diwani ya Mnyampala* (1965) na Nafasi Yake katika Kuibua Maudhui" *Kioo cha Lugha* Juz. 14: 94-109.
Mnyampala, Mathias (1965a) *Diwani ya Mnyampala*, Kenya Literature Bureau.
—— (1965b) *Waadhi wa Ushairi*, East African Literature Bureau.
—— (1970) *Ngonjera za UKUTA Kitabu cha Kwanza*, Oxford University Press.
Ndulute, C. L. (1985) "Politics in a Poetic Garb: The Literary Fortunes of Mathias Mnyampala", *Kiswahili* Vol. 52 (1-2): 143-162.

【4～7月の新刊】

『未来の教育を語ろう』
關谷 武司［編著］
A5判 一九四頁 二五三〇円

【近刊】 ＊タイトルは仮題

『宅建業法に基づく重要事項説明Q&A 100』
弁護士法人 村上・新村法律事務所［監修］

『教会暦によるキリスト教入門』
前川 裕［著］

『ローマ・ギリシア世界・東方』
ファーガス・ミラー古代史論集
ファーガス・ミラー［著］
藤井 崇／増永理考［監訳］

KGりぶれっと60
『学生たちは挑戦する』
開発途上国におけるユースボランティアの20年
村田 俊一［編著］
関西学院大学国際連携機構［編］

【好評既刊】

『ポスト「社会」の時代』
社会の市場化と個人の企業化のゆくえ
田中 耕一［著］
A5判 一八六頁 二七五〇円

『カントと啓蒙の時代』
河村 克俊［著］
A5判 二二六頁 四九五〇円

『学生の自律性を育てる授業』
自己評価を活かした教授法の開発
岩田 貴帆［著］
A5判 二〇〇頁 四四〇〇円

『破壊の社会学』
社会の再生のために
荻野 昌弘／足立 重和／山 泰幸［編著］
A5判 五六八頁 九二四〇円

KGりぶれっと59
『基礎演習ハンドブック 第三版』
さぁ、大学での学びをはじめよう！
関西学院大学総合政策学部［編］
A5判 一四〇頁 一三二〇円

※価格はすべて税込表示です。

好評既刊

絵本で読み解く 保育内容 言葉

齋木 喜美子［編著］

絵本を各章の核として構成したテキスト。児童文化についての知識を深め、将来質の高い保育を立案・実践するための基礎を学ぶ。

B5判 214頁 2420円（税込）

スタッフ通信

弊会の刊行点数が五百点に到達した。九七年の設立から二八年かかったことになる。設立当初はまさかこんな日が来るとは思っていなかった。ちなみに東京大学出版会の五百点目は一九六二年（設立一一年目）、京都大学学術出版会は二〇〇九年（二〇年目）、名古屋大学出版会は二〇〇四年（二三年目）とのこと。特集に執筆いただいた草創期からの教員理事長をはじめ、歴代編集長・編集委員の方々、そしてこれまで支えていただいたすべての皆様に感謝申し上げるとともに、つぎの千点にむけてバトンを渡してゆければと思う。（田）

コトワリ No. 75 2025年7月発行
〈非売品・ご自由にお持ちください〉

知の創造空間から発信する
K.G. University Press
関西学院大学出版会

〒662-0891 兵庫県西宮市上ケ原一番町1-155
電話0798-53-7002 FAX0798-53-5870
http://www.kgup.jp/ mail kwansei-up@kgup.jp